U0507181

经典篇

都成 主编

国内游客心目中的大美拉萨

以全新视角 诠释拉萨印象
听游客心声 重识雪域高原

西藏人民出版社

图书在版编目（CIP）数据

国内游客心目中的大美拉萨 / 都成主编 . -- 拉萨：
西藏人民出版社，2023.10
（幸福拉萨文库 . 经典篇）
ISBN 978-7-223-07430-8

Ⅰ . ①国… Ⅱ . ①都… Ⅲ . ①旅游指南－拉萨 Ⅳ .
① K928.975.1

中国国家版本馆 CIP 数据核字（2023）第 104664 号

国内游客心目中的大美拉萨

主　　编　　都　成
责任编辑　　仁青才让
策　　划　　计美旺扎
封面设计　　颜　森
出版发行　　西藏人民出版社（拉萨市林廓北路 20 号）
印　　刷　　三河市祥达印刷包装有限公司
开　　本　　710×1040　　1/16
印　　张　　20
字　　数　　256 千
版　　次　　2024 年 10 月第 1 版
印　　次　　2024 年 10 月第 1 次印刷
印　　数　　01-10,000
书　　号　　ISBN 978-7-223-07430-8
定　　价　　88.00 元

版权所有　翻印必究

（如有印装质量问题，请与出版社发行部联系调换）

发行部联系电话（传真）：0891-6826115

《幸福拉萨文库》编委会

主　　　任　　齐扎拉　　白玛旺堆

常务副主任　　张延清　　车明怀

副　主　任　　马新明　　达　娃　　肖志刚

　　　　　　　庄红翔　　袁训旺　　占　堆

　　　　　　　吴亚松

主　　　编　　《幸福拉萨文库》编委会

执 行 主 编　　占　堆　　吴亚松

副　主　编　　范跃平　　龚大成　　李文华

　　　　　　　许佃兵　　拉　珍　　赵有鹏

本 书 主 编　　都　成

委　　员　张春阳　张志文　杨年华

　　　　　张　勤　何宗英　格桑益西

　　　　　蓝国华　陈　朴　王文令

　　　　　阴海燕　杨　丽　其美江才

　　　　　刘艳苹

前言
QIAN YAN

　　游客心中的拉萨，和拉萨人心目中的拉萨，很可能不完全是同一个拉萨。当我动笔写这个题目时，很多朋友好心劝我一定要多向藏族学者学习，要多读一些西藏的典籍，我听了以后，觉得他们说得对。但我想的却是，如此一来，我写的拉萨，不就更多是拉萨人的拉萨、当地人的拉萨吗？我们的美丽拉萨，可以从很多的文化角度进行阐释，无论是自然风光、生态环境，还是人文社会、历史传统，拉萨人认为家喻户晓的东西，游客可能觉得稀奇；拉萨人认为司空见惯的东西，从游客的视角看却可能有崭新的含义。特别是拉萨人世世代代早已经审美疲劳的一些东西，游客可能认为是一种青春永驻的文化。因此，我写的拉萨，一定是要跳出拉萨写拉萨；我写的西藏，一定是要离开西藏写西藏，这样才可能有拉萨大美和西藏文化的创新性挖掘，而不会是一些老生常谈的东西。

　　为了从高原之外看拉萨，从游客的角度写好拉萨，我写作时访问的对象不再像我以前那样，去西藏的农区、牧区、新发展的城镇，到农牧民家里、牧场上，坐在西藏的甜茶馆里，或者晚上去朗玛厅，去酒吧，在拉萨、日喀则、那曲、山南等城市的大街小巷瞎逛，而是找第一次来拉萨的人。最好是以前对拉萨一无所知，然后，一下子被投放到拉萨的人，这样拉萨会给他们造成视觉上、嗅觉上、触觉上、听觉上的巨大冲击，而后他们就会有新鲜的、与众不同的、与传统的说法不一致的心灵感受和思想感悟。用这样的方法诠释的美丽拉萨，带来的是全新的文化视角，得到的一定是内容全新的拉萨，充满新创意的拉萨，很可能拉萨人民做出的很多成就，焕发出的很多精神风采，呈现出的大量生活风貌，他们自己都没有发现，却被人家发现了；自己都不觉得珍贵，别人反而奉为至宝；自己认为可有可无的东西，其他地方的人却认为要坚持住。当然，更多的是他们自己一向引以为豪的东西，在一批批游客心中得到了印证，这就增强了西藏的文化自信。

我这样写拉萨，也是出于一种开放性愿望。各个民族都有丰富灿烂的文化，同样各种文化都应该是自信和开放的。学会欣赏、赞美兄弟民族的文化，是一种美德，只会取长补短，不断创新自己的文化、发展自己的文化，让自己的文化不断发扬光大；只会增进大家的友谊，强化大家庭的团结。文化影响经济社会和环境的发展，是强国之基、富民之本，也是一个基本民生问题。文化相互融合又各自坚持个性发展，是一个大家庭得以繁荣昌盛的法宝，也是社会稳定的一个基本前提。我写的这本《国内游客心目中的大美拉萨》，是从千千万万的游客，以及来西藏的各行各业区建设者身上萃取的对拉萨感受的精华，同时也是一首首关于西藏的赞美之歌、欣赏之歌、认同之歌、友谊之歌、团结之歌、祝福之歌、感恩之歌，它表达了西藏人民对美好生活的向往。

谨以此书献给西藏人民和这片高原厚土！

目录
MU LU

第一章 拉萨印象

第二章　屋脊风光

第三章　天堂佛地

第四章　藏 人 故 事

第五章 游客风景

第一章

DI YI ZHANG

拉萨印象

文化之光

　　拉萨以八廓街为代表的老城区，陷在过往的历史中，泡在久远的记忆中，浸在悠久的文化中，整个城市被文化的符号到处涂抹着，被文化的图腾四处驾驭着，被文化的思想处处浸润着，被文化的感觉不断左右着，被文化的气氛时时笼罩着，被文化的人物，包括人和神佛，无处不在地引领着。

　　与其说拉萨城有建筑、院子、房屋、道路、装饰、物什，还不如说拉萨城是由文化堆积而成的。外在的物象虽是物质，但实质的内容却是一种文化。文化是这座城市最根本的建筑材料，如要对这些文化材料进行区分，那就是宗教文化、民俗文化、传统文化、新文化……

　　文化是拉萨城的全部，所有的大街小巷都是文化的广场，所有的屋子都是文化的窗口或者展台。当前，以文化产业、文化事业为支撑的文化实体已经完全改造了拉萨城，民居变成了酒吧、餐馆，民房变成了旅馆、文化商场。曾经彼此隔离的院落如今已经被文化产业打通，曾经不能通行的残路断径，在文化事业的支持下早已四通八达。

　　拉萨城集藏文化之大成，是中华民族特色文化的涵养地，整个城市作为文化城正吸引着来自世界各地的旅游者、采风者、文化爱好者、研究者。同时如云的商贾，正借着文化的东风，为拉萨文化事业添柴加薪，为中华文化产业，乃至世界文化产业添砖加瓦。

　　拉萨的建设者，既有从古至今勤劳勇敢、智慧通达的藏族人民，又有历朝历代，特别是中华人民共和国成立以来为西藏做出无数贡献的区外人民。正因为他们，拉萨作为一座古城、一座现代之城、一座文化之城，才能焕发出如此璀璨的光芒。

附录一：八廓街简介

　　拥有 1300 多年历史的拉萨八廓老城区，是一座闻名中外的古城。作为承载西藏厚重文化与历史的老街，八廓街是拉萨驰名中外的最具特色的文化遗产。现在，承载着西藏文化的拉萨老城区仍以八廓街历史街区为核心，总面积约 1.33 平方公里，常住人口达 8 万人，除了拥有世界文化遗产大昭寺，还拥有小昭寺等大小寺院 27 座，古建大院 56 座，民族和宗教特色浓郁。

　　八廓街，历史文脉清晰，文化个性鲜明，是世界范围内最具特色和魅力的传统文化街区之一。纵横交错的深街窄巷、斑驳的石墙、梯形带黑框装饰的窗户，还有一座座古建大院，虽饱经风霜，却独具味道，细数着老拉萨鲜为人知的历史文化记忆。2012 年以来，拉萨大力推进老城区改造工程，目的就是向世界传递一张"亮丽"的城市名片。（中国西藏新闻网）

附录二：八廓街的院子

　　拉萨八廓街分布着很多古建大院，如冲赛康扎康大院、木如宁巴大院、邦达仓大院、拉让宁巴大院等。截至 2015 年 3 月，八廓街内 56 座古建大院中 26 座已完成了建筑测绘、历史记录、图片拍摄等资料收集工作。西藏和平解放 60 年来，党和国家高度重视西藏的文化事业发展和文化遗产保护工作，中央在推动西藏经济社会跨越式发展的同时，制定专门法律法规，投入巨大的人力物力财力，继承、保护和弘扬西藏文化遗产事业，先后 3 次对老城区进行维修保护，从道路、给排水管网等方面对老城区 56 座古建大院进行了改造。拉萨老城区是历史与现代交汇在一起共同构筑的多功能城市中心，同时，也是展示西藏民族文化和地域文化的重要窗口，是集商贸、宗教、居住、旅游、文化等多功能为一体的城市中心区。八廓街内 56 座古建大院全部是世界文物保护单位，自治区各部门本着对子孙后代高度负责的态度，统筹兼顾，正加快古建大院详细资料的收集工作，为维修、保护、利用好古建大院打下坚实的基础。同时，文物、城建部门抓紧时间对古建大院进行详细的规划，在古建大院得到充分保护的前提下合理开发利用，在保护、利用好古建大院的同时要深挖古建大院的文化，使这些具有悠久历史的文化遗产被更多的人熟知。（中国西藏新闻网）

附录三：根敦群培纪念馆

根敦群培纪念馆

2015年3月，作为拉萨老城区56座古建大院重点修缮工程项目之一的根敦群培纪念馆正式对外开放，近代藏族历史上的传奇人物——根敦群培再一次走进了公众的视野，成为大家谈论的热门话题之一。实际上，根敦群培并未走远，一直深受各族群众的爱戴。究其根本原因，根敦群培是一位爱国主义者。历史早已证明，爱国主义者最受人民爱戴。

爱国主义者最受人民爱戴，因为他们胸怀国家，心系百姓，既不追逐荣华富贵，也不考虑个人得失，只全身心投入人民群众的事业中，一心一意为国为民，甚至牺牲自己的生命。从范仲淹的"先天下之忧而忧，后天下之乐而乐"，到林则徐的"苟利国家生死以，岂因祸福避趋之"，从江孜宗山抗英斗争的英雄们到抗日战场上的先烈们，无不体现着爱国主义的气节和精神。爱国主义者以天下为己任，把人民放心头，自然能得到人民的永远爱戴。相反，那些祸国殃民、卖主求荣者，必将遭到人民的唾弃，也终将会受到历史的审判。

爱国主义者最受人民爱戴，也必将被人民铭记。根敦群培纪念馆，也再次证明了这一点。在不同的历史时期，爱国主义的具体内容也有所不同，但爱国主义精神的本质都是一样的。目前，我国正处于全面建成小康社会的关键阶段，我们更应继续传承和发扬爱国主义精神，自觉维护民族团结和祖国统一，自觉维护祖国和人民的利益，为西藏的跨越式发展和长治久安做出新的贡献。从某种意义上说，这是对前人最好的交代，也是对后人最好的交代。（中国西藏新闻网）

根敦群培先生纪念馆，让世人充分了解先生

走进纪念馆，就能看到根敦群培先生的一座半身肖像。虽然该纪念馆面积不大，但是充分体现出了先生的一生。在根敦群培纪念馆院落中心，

沙地中特别设计了根敦群培先生的脚印，围绕着水井一圈，表示根敦群培先生善于思索的一生、探索的一生和刻苦钻研的一生。根敦群培先生纪念馆展区按照先生生前主要经历共分为先生故居、求学、旅居南亚、革命情操等，可以充分领略到根敦群培先生传奇一生中的不同阶段的生活状态。在纪念馆中，放有两座根敦群培先生高分子蜡像，一个是他年幼时坐在卡垫上学习的蜡像，另一个是他成年后的蜡像，栩栩如生。

顺着具有藏族特色的阿嘎土筑成的楼梯，来到根敦群培先生故居，笔者发现这里与影像资料展示的青海省同仁县双朋西村的根敦群培故居一模一样，是1:1复制而成。大到火灶、土炕、厨房、碗柜，小到案板、门上雕花、门闩尺度，都是按照故居原址的陈设复制过来的。同时，纪念馆中陈列了根敦群培先生用来摆放经书的书架、阅读经书时放置经书的书桌、先生曾经考察的西藏地形图，以及先生为革命党设计的党徽等一系列具有标志性的物品。

此外，根敦群培先生纪念馆在许多细节方面也充分体现出了民族特色的建筑风格，如筑造楼梯台阶的阿嘎土，不仅具有藏族特色，还具有吸热、散热、防潮的作用，纪念馆中的楼梯台阶、地板和顶棚都是用阿嘎土做成的，散发着古朴的气息。还有安多泥墙的设计，生动地反映了根敦群培先生当时所处的生活环境。

全面搜集藏品馆内只有3件文物是复印件

2012年7月启动根敦群培先生纪念馆修缮工程，距今已有一年多，负责根敦群培先生纪念馆展览项目的工作组曾先后三次赶往了青海省同仁县双朋西村根敦群培故居和家乡进行考察，收集文物，并在根敦群培先生纪念馆内展示，其中有3件文物因为原件遗失，只能展出复印件。工作组还将根敦群培先生故居中的遗物带回了拉萨，有根敦群培生前用过的皮箱、碗套、木碗、木质酥油盒、木质糌粑盒、烤馍印花版木盘、高腰皮靴、皮质裙褴、写字板等；还有一个装手稿的铁皮箱。根敦群培回西藏时随身携带东西很少，其中最大的行李就是这只铁皮箱，里面装满了手稿，但大部分已遗失，还有一盏汽灯、一盏煤油灯。

为了确保纪念馆藏品和辅助性设施完整，工作组走访了西藏、青海、甘肃等地，与有关人士、文物收藏者等进行沟通，还与北京有关专家学者一起探讨，力求详尽、准确地展现根敦群培先生的一生。为个人学者修建一座纪念馆，这在拉萨文化史上是第一次。（文：央金、曲宗）

附录四：根敦群培是西藏人文主义先驱

作为 20 世纪藏族史上最为知名的学术大师、启蒙思想家、爱国主义者，根敦群培备受学界关注，围绕其生平、著作、思想的研究层出不穷。仅 2010 年以来，中国知网（CNKI）收录的关于根敦群培的相关论文就达到 60 多篇。为展现一个学者眼中的根敦群培，笔者专访了根敦群培的研究者之——西藏大学文学院党委书记达瓦。

笔者：根敦群培的著作给您留下了什么印象？

达瓦：与传统的史书相比，根敦群培的著作有许多创新之处：一是视野开阔，他是把西藏放在整个中国乃至世界的背景下研究，对当时西藏与国民政府、英帝国主义的复杂关系，封建专制制度与世界历史发展的潮流等问题都有过深刻的见解；二是史料特别翔实，尤其是对古代碑文、历史文献的运用，其著作中引用了多处吐蕃古藏文碑刻，以及我国敦煌、新疆出土的吐蕃古藏文、吐蕃历史文献资料等。他所确立的人文史观、科学研究方法和通俗化的文风与学风，为后世藏学研究者开辟了新的道路。

笔者：根敦群培学术造诣涉及历史、语言、宗教、考古、地理、医学等领域，谈谈您个人对根敦群培的研究吧。

达瓦：我对根敦群培的研究主要集中在他与"西藏革命党"的关系上。在印度噶伦堡期间，根敦群培深受"三民主义"思想及世界各国民主思潮的影响，逐渐与当时的"西藏革命党"产生了共同的奋斗目标和思想基础。根敦群培虽然不是正式的"西藏革命党"，但他为"西藏革命党"的事业做过大量工作，例如为"西藏革命党"设计党徽、制定规章等。在 1945 年离开印度时，他还受革命党人所托，化装成乞丐，以朝佛为名，来到已被英国人侵占了的门达旺地区侦察敌情，绘制了非法的"麦克马洪线"一带的地图。

笔者：您是怎么看待根敦群培的破旧立新思想的？

达瓦：根敦群培曾指出，必须改革旧西藏政府，削弱僧人的权力和影响，使人民接受教育……在可能的范围内，应当做出一种选择，抛弃旧社会中的消极面，保留对重建一个新西藏有用的风俗习惯和精神价值。我认为，根敦群培在这一时期的社会活动，充分体现了他崇尚民主、反对专制，热爱祖国、反对分裂，反对宗教干涉政治事务等诸多思想，他无疑是那个时代的觉醒者，有着强烈的革命愿望。

笔者：您认为根敦群培为后人留下了哪些精神财富？

达瓦：根敦群培被誉为西藏人文主义先驱、藏族的启蒙思想家，他在其论著中运用到的实证、语言学和田野等现代科学方法，对藏学研究产生了划时代的影响；同时，他的人文主义启蒙思想犹如旧西藏社会里的一盏明灯，为西藏的发展指明了方向，也为后人正确地进行新旧西藏对比，倍加珍惜民族团结、国家统一的局面提供了丰富的史料支持。（文：廖云路）

站得高看得远的拉萨

在中国省区一级的首府中，拉萨站得最高，见得更大，看得更远。

在拉萨，蓝天从来就是直接架在人的脖子上的，那么亲，那么近，抬头可张望，伸手可触摸，脚踏一下即可达。这里建筑物的高度都有严格的规定，被摩天大厦压抑已久的人们到了拉萨，会有一种轻松的感觉，一种放飞的快乐，看到天上飞鸟阵阵，自己好像也要像雄鹰一样在空中翱翔。

　　人在拉萨，山川、河湖，人在城中即可全收眼底。夜晚，山上下起的是皑皑白雪。到朝霞初起时，群山已是一个个白头翁，银光闪闪。上午太阳普照，山上的冰雪化为汩汩的流水，沿拉萨河蜿蜒而下。拉萨河直接流进拉萨城，河在城中，城沿河立，河水流出的是拉萨城的圣洁，拉萨城为拉萨河念出的是平安的经声。

　　拉萨城地处拉萨河滩及拉萨河与雅鲁藏布江交汇的地带，四周群山环绕，在一片辽阔的蓝天白云之下，拉萨城的古代创建者、现代建设者们无论有多大的建设高楼大厦的冲动，都必须匍匐在佛天之下，最高的建筑不能盖过神佛的高度，雄伟的布达拉宫是拉萨的最高点，还有大昭寺，周边的建筑都不能高过它。

　　像这样站得高，看得远，心情欢畅，心不受高楼大厦压抑，胸怀宽广，人不受高空杂物遮挡，所以轻松、开阔、欢畅、远大、飞翔的感觉，也是拉萨的大美。

附录：拉萨控高

西藏自治区人民政府2009年7月下发《关于进一步加强拉萨市城市总体规划实施的意见》（以下简称《意见》），明确要求拉萨市保护好城市格局，特别是控制建筑的高度、体量、色彩和形式，以维护城市传统风貌特色。《意见》明确要求拉萨市根据"东延西扩南跨"城市发展战略和"一心两线多点"城镇空间格局，统筹协调古代文明与现代文明、旧城区与新城区、人文资源与自然资源的关系，切实保护好城市格局，控制建筑的高度、体量、色彩和形式，维护城市传统风貌。

据了解，拉萨市针对布达拉宫周边环境，将控制城市建筑高度，以突出布达拉宫在城市空间轮廓中的标志性地位。同时，对沿拉萨河南岸拉萨大桥至柳梧大桥之间观赏布达拉宫的整个视野范围内的建筑高度进行控制，达到沿线可以充分观赏布达拉宫的效果，对影响观赏的建筑适时进行改造。此外，布达拉宫北部的拉鲁湿地附近也将进行建筑高度控制，以保证这一区域可以充分观赏玛布日山山体主体部分的效果。（中国西藏新闻网）

登高见大美

在拉萨的街道上，或者坐车，或者步行，走马观花，你都只能得到拉萨一个狭小的视角，一座建筑、一个寺院、几个商店，还有匆匆的行人，看到的永远都只是拉萨的一个角落，甚至连你居住的旅馆，你尊敬的布达拉宫，都只是一些残缺的片段，只有把拉萨城的这些片段，这些部分组合在一起，你才可能得到一个拉萨的整体印象、完美印象。而要做到这一点，人就不能老是待在平地上，要登上拉萨的山，只有在山上，你才能在一个高于拉萨的位置上看好拉萨。

哲蚌寺后面的山是看全拉萨、读懂拉萨的好去处。在雪顿节期间，跟着潮流汹涌的人群，先是一条盘山公路，把游人和朝佛者带到哲蚌寺前，拉萨城在我们的视野里渐渐远离，如同单反相机拉开的焦距。至此既能看到哲蚌寺，又能一览被我们渐渐拉远的拉萨城，它的细节和局部不再误导我们，同

时，阻碍我们看拉萨城的障碍物也越来越少了，拉萨城更无保留，更加完完全全地展露在我们眼前。

沿着哲蚌寺的后山拾级而上，拉萨城会更加全面地展示在我们面前。正如人不可以离得太近，否则他的缺点或者优点，他的些许细节，都可能阻碍我们对他的全面和公平的评判。由于把拉萨城看得全了，你对它的印象也更加公正，更深厚的感觉油然而生。虽然拉萨是一座不大的城市，按人口规模来说仅为中小城市，但一大片建筑群横陈在拉萨河谷的气势，还有拉萨河依着夏日搅动起来的声势浩大，足以令拉萨给人以大高原的震撼。

老实说在平地的街道，你看到的只是局部和狭小的一部分，拉萨的大美只是一些碎片，在哲蚌寺的后山上，登高远眺之后，你看到的才是全面真正的拉萨。或者说，在地上看到的大美拉萨其实更多是天上，是蓝天白云，是天堂。地面上的阻碍太多，唯有往上看才痛快淋漓。由此见到的是高原上的宽广和博大无比。而在山上，你才可以真正看到地面，地上的美景唯登山可览到。

所以在拉萨，你要看到这座城市更完全的大美，需要登几座山看看。

附录一：拉萨，融在阳光、浪漫、信仰、幸福里的圣地

　　阳光之城、浪漫之城、信仰之城、幸福之城，"拉萨倾城"。拉萨的藏语意为"圣地""神地"，当我们听到拉萨，我们就可以感受到一种神圣，只要我们肯体会，那种神圣感中就会包含着阳光、浪漫、信仰及幸福。

　　无论夏日还是冬天，拉萨的阳光总会保持着温柔与温暖，历史悠久的寺院曾托起过世界屋脊的信仰时代，悠闲而善良的品格，使生活在这里的人倍感幸福。不管是来自哪里的人，不论民族、地域、肤色，只要你去认识拉萨，了解拉萨，那么你就会深深地爱上它，迷上它。

　　阳光是没有颜色的，但拉萨的阳光却是五彩缤纷的。白色的藏式民居，在阳光下，在月光下，会绽放耀眼的光芒。在阳光下，走在八廓街的小巷里，你会感受到一种抵挡不住的阳光，让你抵挡不住的不仅仅是那高挂于天空中的烈日，还有那大昭寺的金顶。

附录二：信仰

信仰的力量无穷无尽，拉萨的魅力亦无穷无尽。有了坚定的信仰，再去为此执着努力，没有什么不可能。在拉萨，功成名就的人不少，其中，就有不少人最先仅仅是为了追求自己的信仰而开始，慢慢地在这里成长、壮大。唐卡画师次丹朗杰从小生活在农村，因为喜欢绘画，孩童时的他就在地上用树枝描绘着自己的未来。经过人生变幻，坚定了信仰的他来到了拉萨，并于20世纪90年代在八廓街开了自己的唐卡画店，这个唐卡画店也成为整个八廓街第一家开放式的唐卡画室，次丹朗杰最终也成为在拉萨八廓街功成名就的唐卡画师和商人。只要我们有自己的信仰，这座信仰之城就会是我们实现信仰于现实的"圣地"。

幸福是人们毕生的追求，拉萨多次被评选为最幸福的城市。幸福之城，多么美妙的称呼，生活在这里的人都能感到幸福吗？我不敢肯定。但在这里感到幸福的人，他的幸福感会强于任何一个地方的人，这是我相信和感同身受过的。

拉萨人的生活是悠闲的，那种悠闲并不是一种懒散，而是一种轻松、悠哉、开心的市井生活。你可以为了名和利而追求终生，但当你走到人生的终点站时，尽管你可能会得到许多，但你失去的却可能更多。与之比较，悠闲也并非一件坏事，尽管悠闲的生活可能不能让我们有太大的"功成名就"，但我们可以更细腻地品尝人生百味，点滴的幸福也会有很强的感受。

幸福之城拉萨的幸福是与众不同的，在这里若是得到了幸福，那么幸福会在你记忆中回荡很久，因为没有人会恶意地夺取你的幸福，更多的人反而会幸福着你的幸福。幸福有时候也会是一种精神，那一种精神是任何人任何事都磨灭不了的。在拉萨，幸福是需要分享的，不停地分享你我之间的幸福，是让幸福长久的最完美的智慧……

拉萨恰似一位纯洁的美女，倾国倾城。从7世纪藏王松赞干布迁都拉萨至今，拉萨一直在成长着。如今的拉萨已经是一个大家庭，五湖四海的人相聚于此。我们爱拉萨，我们付出了多少爱，拉萨就会同等地回报我们。希望它的美，它的好，永远长久下去……（中国西藏新闻网）

物质和精神统一之城

哲蚌寺的下面是繁华的拉萨城,这是一座物质之城,道路宽敞,设施先进,小楼密布,一派现代气息,生活的诱惑无处不在。而拉萨城上面的哲蚌寺是精神之城,千百年不变的还是那些红衣僧人,晨钟暮鼓中还是那些经声,柜子里藏着的还是那些经书,脑袋里追求的还是那些佛理。

哲蚌寺下的拉萨城繁华热闹,但哲蚌寺却不为所动,哲蚌寺仍然保持着旺盛的香火,往来香客络绎不绝,其人气不输给拉萨城中的大街小巷,这就是拉萨的大美之处,既有物质也有精神,既有现代又有传统。工业化并没有损伤传统信仰,信仰也并不排斥现代生活,拉萨因此而完美,它的大美是物质和精神的统一,是金钱和道德的协调。

世界上少有一座城市,能够像拉萨这样完美统一。而具备这种统一,得

益于拉萨与内地的和谐。拉萨的物质生活是拉萨和内地的结合。民主改革以来拉萨实现了跨越式发展，工农业产值不断攀升，自我供给能力逐步增强。但西藏毕竟资源有限，高原生产条件艰辛，靠自我供给远远满足不了人民群众日益增长的物质需求，内地的资源和产品供给是解决西藏物质生活需求的根本基础。

　　拉萨的精神文化生活也是拉萨和内地的结合。西藏和平解放以后，特别是民主改革以来，广大人民群众的精神枷锁被打破。拉萨传统文化不仅得以保持，还获得了进一步发展。同时在跨越式迈向现代新文化的过程中，内地的经营理念、生活观念、科学精神、新技术、新方法得以传播到西藏，因而拉萨的精神文化建设，在短短几十年间，步伐迈得很快，取得了前所未有的成就。

　　站在哲蚌寺后面的山头，可看到哲蚌寺的全貌，也可以由近及远观赏拉萨城的全景。寺院虽然不能代表拉萨的全部文化，但可以作为一种精神的佐证，这种精神就是对文化的执着。拉萨的物质和精神状况，及两者的全面性，由此可得一些注解。

附录：拉萨，我只能幸福地坐在你身旁

幸福，在《新华字典》里的解释是：使人心情舒适的境遇和生活。如果在百度里搜索"幸福"，你能发现超过一亿个相关结果，并且被百度百科定义为"一种持续时间较长的对现有生活的满足感，并希望保持现有状态的稳定心情"。

连续 4 年，拉萨在中央电视台、国家统计局、中国邮政集团公司联合推出的"CCTV 经济生活大调查"中荣膺"全国幸福比例最高的 10 座城市"第一名，因此有人说，除了缺少氧气，拉萨人什么都不缺，甚至拥有更多。民生的改善，物质的富足，文化的繁荣，环境的美化，交通的便利……看病吃药有保障，学好技能保就业，文化需求有满足，这些都是拉萨市民引以为荣的幸福感。

说拉萨是全国最幸福的城市，一点儿也不夸张。临近冬日的拉萨，清晨总是来得特别迟缓。早上 9 点，初升的太阳才照亮山顶，再缓缓地下移，直到街道也泛起一层金光。老阿妈们摇着转经筒走过大昭寺，走过布达拉宫广场，阳光把她们的脸变得美丽而通透，步履从容。晨曦混合着煨桑冉冉上升的烟雾，所有的愿望和想象，在泛黄的落叶的亲密簇拥下，缓缓升起。在这种祥和而慵懒的气氛中，拉萨人一天的新生活即将开始。

没有半点脚步声。在仓姑寺甜茶馆喝一杯香浓的热甜茶，晒一晒百年藏式老屋外最热烈的太阳，抑或在阿罗仓慢慢品味一碗滚烫的羊肉萝卜汤，一切岁月静好……

闲暇时分，一个人徜徉在布达拉宫广场上，孤独地面对着高贵的神明，用整具洁白的魂魄与之对话，感受那一段又一段静默的历史。或是约上三五朋友，一起逛逛阡陌纵横的八廓街，用自己的双眼欣赏这里琳琅满目、带有浓厚民族地域特色的各式手工艺品，夹在熙来攘往、络绎不绝的游客中间，体验自我独特的审美眼光和恬淡随意的生活态度，用孩童般天真的神情找回本色纯净的自己。

老城区的幽深小巷，宗角禄康公园的小桥流水，罗布林卡的亭榭楼台，无处不在向世人展示着一段又一段幸福的拉萨生活。在拉萨，你可以在公

交车上随时看到主动给老年人让座的青年，拿到养老金的农牧民悠闲地散步、转经、喝茶；只要是晴朗的夜晚，宽阔的露天广场上就会游人如织，人们在轻柔的音乐声中穿梭，载歌载舞，灵动的身影传递着火热的情感和好客的传统；夏天再热，在这里你也不用开空调，更不用担心蚊子的骚扰。拉萨，晴空之上，终年白云开，阳光普照，拉萨河水清灵流淌，莫要寻，莫要找，回首处，已是幸福乡。

有关幸福是什么，在一问一答之间，想必你已深深地感悟。所以幸福之城，我们采用了问答的形式，以最深刻、明了、真挚的方式来为"拉萨倾城"系列画下一个圆满的句号。

有人说，幸福就是人生最美的时刻，一个又一个幸福的时刻构成了生命中最美的诗篇。天空最美的时刻就是有几朵纯白的云横过天际的时刻，云的纯白，反衬出天空的湛蓝。云不能太多，否则天空会显得凌乱；云不能太大，否则天空会显得狭窄。因此，天空最美的时刻，也正是云最美的时刻。幸福，便是如此，有人衬，有人陪，到头来，笑一场，泪两行，彼此都为着一颗真心着想。拉萨，慈悲与共，幸福同行。（中国西藏新闻网）

藏族特色文化之保持

同一支曲子，却是两支不同的歌。这支曲子来自拉萨，在拉萨时，这支曲子用藏语唱，在成都时，这支曲子用汉语唱。同一支曲子，同一个歌手，两种不同语言，却是不一样的味道。拉萨的很多内容是不能复制的，即便是一首歌和曲，它也得匹配，源于西藏的曲子一定要用西藏的语言歌唱。

西藏的文化需要保护，当然也要发展，拉萨的大美何尝不是如此，有些大美不能移植，正如那歌。有些大美可以借鉴，比如内地的很多文化创意加入了藏族元素。藏文化需要按藏地本身的逻辑发展，保护好了拉萨的大美，保护好了西藏的文化，就保护好了中国的大美，世界的特色文化。

拉萨的大美，总之到目前为止，它还是独特的、新奇的、博大的，它吸引了中外游客，也是国际藏学界关注的中心。但事物总是发展变化的，真希

望这种大美能在发展中一如既往，永远植根于高原，保持住高原的特色。

人见到美好的东西，尤其拉萨这样的大美，就会珍惜它、留恋它，并希望一直看到它，不仅自己今生愿见、想见，还希望子孙后代能见、想见。见到大美，拥有大美，人往往易伤感，怕失去，一个不恰当的比方，就像林黛玉见到贾宝玉，有点患得患失。

很多到拉萨来的游人，都会自觉维护拉萨的旅游秩序，爱护景点，并讨伐各种不文明行为，对拉萨风景和文化的开发很在意、很关心。曾经有一个游客，几乎每年都来拉萨，2013年时值大昭寺广场、八廓街改建，城建部门在规划、施工过程中有些方案与拉萨的传统文化不相符，看到此种情况该游客详详细细写了一份上万言的意见书，呈送给有关部门，终于引起了相关部门的重视。如今，重新装饰后的八廓街之所以能获得社会的广泛认可，与众多游客和热心群众的关注分不开。

大美的拉萨，它不是静止的，它会变化和发展，但随时随地需要更多人留意、关心和支持。

拉萨的慢节奏

在青藏高原上，人的步伐应该是缓慢的。在北方的平原上，你可以像马儿一样跑，奔向一望无际的远方，但在拉萨的郊野上，你只能像牦牛一样不紧不慢地漫步，无论山离你多近，你都要一步一步地到达，切不可三步并作两步，这就是在拉萨行走的自然节奏。

在青藏高原上，人的劳动也应该是不紧不慢的。工作速度太慢，影响效率，也影响跨越式发展；而工作速度太快，会直接形成氧气供给的短板，老天爷就是这样扯你的后腿。所以拉萨的劳动节奏与内地不同，掌握好拉萨的节奏，有利于在拉萨长期生活，长期工作。外地人可能不习惯，劳动强度太大，劳动节奏过快，不是拉萨的劳动习惯。

在高原上，人的心态也应该是和顺的。高原人大多数在不同程度上信佛，所以于人本身，讲究不急、不躁，凡事与人为善、敬老爱幼、互相帮助。湖南、湖北人，吃了辣椒后容易心急上火，所以性格刚硬，人易逞强斗气；而四川、贵州，气候温热，更兼饮食麻辣，因此这两个地方的人争强好胜、冲动激越。

内地人来到拉萨，可以对自己平时的生活节奏重新审视，是不是太急太快了。过快的现代生活节奏易致各种疾病，于身心无益，不如学学我们的藏族同胞，生活节奏缓下来，享受岁月的悠长。内地人还应该对自己的心态重新审视，是不是太过于急功近利，追名逐利，太与自己过不去，太与周围人，包括领导、同事、客户、亲友、邻里过不去，是不是更应该对自己谦和一点，对他人谦和一点，甚至对自然和环境也更谦和一点。

换言之，在拉萨生活，适当的慢节奏有利于人的身心调整、身心协调、身心恢复、身心再造，所以在拉萨旅游，不仅是风光游、文化游，更是健康游。

附录：拉萨慢生活

　　生活的乐趣不在于节奏的快慢，只需懂得接受和享受即可，但充实和机械性重复却是两回事。紧迫的快节奏不失为坏事，只是我更喜欢慢生活。

　　曾有一个被大多数人用来说事的故事，它关乎生活的意义——一对朋友，两种生活。一人在上海那般的大都市中朝九晚五，颇有规律；一人在拉萨这样的城市中行摄风光，优哉游哉。前者称后者浪费青春，选错了奋斗的方向；后者则觉得前者不懂生活。这个简短的故事直接反射了两种生活状态，两种人生选择，但无论哪种，主体愿意接受和享受便已足够。生活的乐趣并不在于节奏的快慢，但内心清醒的充实和自我催眠的机械性重复却是两回事。紧迫的快节奏不是坏事，悠闲的慢生活也不是坏事，只是个人喜好，若无法随心选择，那选择背后的无奈或许也算几分理由。我无从道清孰对孰错，对错本就没有标准，只是我更喜欢拉萨慢生活罢了。

　　一朋友戏谑地说：在拉萨必须养成三个习惯：转经，晒太阳，喝甜茶。而这三者某种程度上便构成了拉萨慢生活。

转经

　　冬日时节，游人少了，到拉萨朝拜的信徒却多了起来，而这彼此错开的时间段恰好构成了近乎完整的一年。内地游人习惯靠右行走，而信徒则是靠左转经，从佛祖的角度看，刚好是顺时针方向。

　　信徒左手持念珠，口中呢喃佛经，绕着大昭寺转经道缓缓而行；或有信徒三步一拜，五体投地，朝圣佛祖；而我寻求的只是那份心静，随信徒信步，虽似转经，却更有丝所谓思考的韵味。宗教与哲学密不可分，藏传佛教是他们心中的信仰，而唯心主义是我的信仰，只是相比他们，我的虔诚程度远不及他们。我不够那般纯粹，我不够那般没心没肺地信任，佛祖、轮回、思想的力量等抽象之物均不可见、不可触摸，信徒深信不疑，而我总心存怀疑，于心有愧。

　　我每晚行至大昭寺，只为偶尔的感动，寻求坚定不移的信念。这些日子，我长租的宾馆中已住满了前来拉萨朝拜的信徒，偶尔还能听到他们在走廊中的欢声笑语。我有缘结识一对夫妇，他们带着小孩，坐着朝圣车，一家三口来到拉萨，妻子打算磕十万次头；又在转经道长凳休憩时认识一位来自甘肃的喇嘛，他当时在拉萨已有一个月，几乎每日在大昭寺转经磕

头。后与内地朋友聊天提及此事，朋友一句"为何"难住了我，而这也是我一直没法磕头念经的缘故——我心中没有那样的信念，依样照做，我充其量也只是形式罢了。

纵使这般，转经道上的行走仍值得坚持，悸动的异乡之情、坚定的信仰之力，糅合入心间，百感交集，或许自能孕出另一种"境界"。这也便是人性复杂的好处之一，由简入繁，再返璞归真。

晒太阳

自然赐给拉萨的礼物太多太多，而阳光正是其中之一。拉萨平均每年日照时间超过3000小时，时常天蓝无云，离天近了，阳光更是肆无忌惮地抚摸行人露于表外的每一寸肌肤。对我来说，错过白日的阳光实为可惜。

一日闲逛帕崩岗，一位喇嘛独坐长凳，迎着太阳，念着经，当阳光被阻挡后的阴影落于他身上时，他不紧不慢地起身，换坐到阳光能照到的另一条长凳上，继续未念完的经。那幅画面如果硬要一个主题的话，"无欲无求"似乎较为合适。无欲无求在佛家为空，一切为空，无所谓得到，自无所谓失去。不争不执着，听到的、见到的，任其自然，不入心来。

这样的心境于我仍是奢侈的。目前看来，与三五好友晒着太阳，聊着天，不使坏也不压抑内心，便已是闲情至极。大昭寺广场上阳光泛滥，几人坐在广场边，看着行人过往，拍拍照，开开玩笑，偶尔帮游客忙，替他们拍照留影，情侣、夫妻在镜头中搂在一块儿，大笑、微笑、作怪、严肃……

喝甜茶

酥油茶和甜茶几乎每个茶馆都有，但我更喜欢甜茶的味道，而一道的朋友也都更喜欢甜茶。对于游人，酥油茶似乎更有名一些，所以他们大多会选一家茶馆，点"正宗的酥油茶"。

甜茶是用红茶、牛奶、白糖等制成，色泽淡雅，入口香味醇厚，唇齿留香，这也是我们喜欢甜茶的缘故。朋友数人，甜茶数杯，香烟数包，我们便能聊上一下午，天文地理，人情世故，无话不谈。

在众多的茶馆中，仓姑寺茶馆是禁止吸烟的。茶馆是仓姑寺开设，另外，仓姑寺还开有药房。仓姑寺内均为尼姑，她们煮着甜茶、做着包子面条，赚着香火钱。愿意到那里喝茶的人不少，相比其他茶馆，仓姑寺本身就已是这家茶馆的特色。

离大昭寺最近，环境也稍有讲究的便是朗赛茶馆，它位于朗赛市场三楼，靠窗处可看到大昭寺和布达拉宫，或许这也是一些游人选择那里的缘故吧——可以拍到布达拉宫全景、大昭寺盛景和远处的山。

去过的光明茶馆应该是最容易被人发现的一家，它就位于路边，醒目的招牌写着店名。光明茶馆内人头攒动，我头一次进到内里时，就跟朋友开玩笑道：这就像小时候去过的澡堂子。倒也形象，倒也热闹，倒也别有特色。光明茶馆内常有阿哥阿姐走来走去，替客人添茶收碗。客人需要添茶时，唤一声"阿佳"，阿姐就会提着茶壶过来，倒满杯子，自觉从桌上拿走相应的茶钱，这便是光明的特色了。客人坐下会把零钱都放桌面上，倒一杯茶，阿姐会自个儿取走茶钱——论杯收钱。

关于拉萨慢生活，这自然只是其中一部分。有言"读万卷书，行万里路"，心向往之便来吧，幸福拉萨欢迎您（拉萨大桥上的标语）！（文：彭常来）

拉萨的开放美

　　拉萨是一个开放性城市，其开放体现在诸多方面，比如区域开放性。拉萨是全国为数不多的大区域中心城市之一，不仅常住人口来自五湖四海，全国每个省区在此都可以找到自己的人口代表，比如四川人、陕西人、河南人、湖南人、黑龙江人，而且每年短暂居住、到访的人也来自五湖四海。全国每个省区不知道有多少人想到过要来西藏，西藏潜在旅行或者经商需求大，当然，能够成行的人只是少数。

　　与这些人相伴而来的是拉萨衣食住行、商业设施的开放式发展。比如餐饮，除了特色藏餐，更有川菜、湖南菜、东北菜、鲁菜等。从全国每个地方来拉萨的人在此几乎都可以找到自己的"口味"。再如穿着，全国各地该有的

服饰在拉萨都能找到自己的位置。拉萨人除了穿传统的藏装，对各地服饰也广泛接纳，特别是小姑娘小伙子，内地流行的各种装扮，他们一样也不会落下；穿着打扮一样时髦。在日用品方面，除了藏地传统商品，全国各地的名优特品也能在拉萨大行其道。以往进藏，人们总担心平时用的东西在西藏买不到，随着交通物流设施的改善，特别是随着青藏铁路火车的开行，今天的拉萨人已经不再需要从区外大包小包地拎回东西了。

拉萨也是全国为数不多的国际性城市之一。因为独特的高原地貌和高原文化，这里吸引了全世界的眼球。西藏对全球各地游客的吸引力高居中国各大城市的前列。其国际性也得益于地理位置，拉萨地处南亚大陆桥的要冲，是中国面向南亚开放的前沿。印度文化、尼泊尔文化、克什米尔文化在拉萨都可以找到影响的痕迹，彼此交相辉映。走在拉萨的八廓街和北京路上，南亚各地的商品应有尽有。

拉萨文化由此深层次地受到了南亚文化的影响，据说甜茶就是印度文化的舶来品，现在遍布拉萨大街小巷的甜茶馆就是由此而来。又如藏文字，也受到了印度文化的直接影响，创始人吞米·桑布扎在吐蕃时期远涉印度，回来后创立了吐蕃文字，也就是今天的藏文。还有藏传佛教本身，也是印度和尼泊尔文化直接影响的结果。

附录：探索古蜀文化在青藏高原的足迹

一、古蜀国的文明

古蜀国是古代长江流域上游华夏文明之一。《史记·五帝本纪》载："黄帝居轩辕之丘，而娶于西陵之女，是为嫘祖。嫘祖为黄帝正妃，生二子，其后皆有天下：其一曰玄嚣，是为青阳，青阳降居江水；其二曰昌意，降居若水，昌意娶蜀山氏女，曰昌仆，生高阳……黄帝崩，葬桥山。其孙昌意之子高阳立，是为帝颛顼也。"据专家们考证：嫘祖是炎帝族人，是华夏养蚕始祖，"西陵"在今四川盐亭。蜀山氏族生活的地域在今茂汶、都江堰一带，"江水"是岷江中上游一段，"若水"是指今嘉陵江上游的一段。《华阳国志·蜀志》载："蜀之立国，肇于人皇，与巴同囿。至黄帝，为其子昌意娶蜀山氏之女，生子高阳，是为帝颛顼，封其支庶于蜀，世为侯伯。历夏、商，周武王伐纣，蜀与焉，其地东接于巴，南接于越，北与秦分，西奄峨嶓，原曰华阳。""有周之世，限于秦巴，虽奉王职，不得与春秋盟会，君长莫同书轨，周失纲纪，蜀先称王。有蜀侯蚕丛，其目纵，始称王。死，作石棺石椁，国人从之，故俗以石棺椁为纵目人冢也。次王曰柏灌。次王曰鱼凫……杜宇教民务农……七国称王，杜宇称帝，号曰望帝，更名蒲卑。自以为功德高诸王，乃以褒斜为前门，熊耳、灵关为后户，玉垒、峨眉为城郭，江、潜、绵、洛为池泽，以汶山为畜牧，南中为园苑。会有水灾，其相开明决玉垒山以除水害。帝遂委以政事，法尧、舜禅授之义，遂禅位于开明。"开明传七世，于公元前316年被秦灭。

蚕丛氏是什么族？蔡正邦先生的《嫘祖》说："十三州志载，蚕丛是嫘祖的远孙，前三代蜀王族群来源不一，先后进入成都平原，建立酋邦社会，发展农桑，形成蜀族。""于白龙江南下的戎羌族及嫘祖皆龙族"（中国文联出版社2008年出版，见该书23页、29页）。

古蜀国是部落联盟的诸侯国，有蜀人、巴人、羌人、氐人、笮人等。各族部逐步融合，形成古蜀文化，也称"巴蜀文化"。《蜀志》说：古蜀国有七王，是指参加部落联盟的七个族部的酋长，故古蜀国文化呈多元性，形成多元一体。

20世纪50年代后，都江堰遗址、新津宝墩遗址、温江鱼凫遗址、郫县古城遗址、广汉三星堆遗址、成都金沙遗址等考古发掘出土的文物表明，古蜀国建立的时间，当在夏朝以前。四川大学林向教授在《从考古发现看蜀与夏的关系》中说："古蜀国的筑城史，可追溯到新石器时代的晚期。古蜀国遗址早期以新津龙马乡的宝墩城遗址面积最大，内涵丰富，具有代表性。故总称为宝墩文化，可分为四期，第一期以宝墩文化为代表，文化内涵与三星堆遗址第一期相同，经碳14测定约在公元前2400年；第二期以芒城遗址为代表；第三期以郫县古城为代表；第四期以鱼凫遗址为代表，其文化内涵与三星堆遗址第二期接近，经碳14测定，在公元前1700年左右（《中华文物论坛》1998年第4期）。这表明古蜀国持续的时间是在公元前316年至公元前2400年之间。"

　　三星堆遗址和金沙遗址出土的文物有：石蛇、石虎、蛇形玉佩、玉琮、玉璧、象牙、青铜太阳神树、兽首冠青铜人像、大型青铜面具、青铜立身人像、青铜鸟首、太阳神鸟金饰、金面谷、金蟾、金腰带，以及其他刻有鱼形纹、鸟形纹的祭祀神器，反映了古蜀国的石器文化、玉器文化、青铜器文化和金器文化的辉煌。在青铜戈上还发现一种统一的图形符号。共发现图形文字两百多个。

　　古蜀国是一个巫文化盛行的部落联盟，每年要举行多次大型的祈祷祭祀活动，各部落的首领都要参加祭祀和会盟活动。早期的蜀王就是主持祭祀会盟的大巫师。蜀王保持着一个共主的统治秩序。这个秩序主要靠祭祀和会盟活动来维系。

　　殷墟出土的甲骨文就有"蜀"字。历代学者对"蜀"字的考证有不同的解释：一种认为"蜀"的古写像一条"蚕"，故其祖先嫘祖是华夏养蚕的始祖，第一代蜀王叫蚕丛。另一种认为"蜀"字的古写像一条"蛇"，"蛇"是蜀山氏族的图腾，故金沙遗址出土的神器有石蛇、蛇形玉佩等。

　　古蜀国的地理位置处于川西平原与青藏高原东部边缘的连接地带，既有高原畜牧文化和旱作农耕文化，还有稻作农耕文化与江河地带的渔猎文化，富于包容性和交融性。古蜀国立国历时2000年，对古代青藏高原各族部的文化不会不产生影响。

二、追踪古蜀文化在青藏高原的足迹

（一）拉萨曲贡文化遗址与成都三星堆、金沙文化遗址出土文物的联系

1. 石棺葬文化的联系

石棺葬文化是古蜀国乃至古代长江流域上中游地区的一种殡葬习俗。古蜀国第一代王蚕丛的墓葬，就是用石棺石椁。曲贡遗址也出土了石棺葬，有石椁，反映了古代曲贡人与古蜀人的文化有联系。

2. 蛇纹陶器上的蛇图腾文化的联系

曲贡遗址出土的一件陶器上有蛇形纹饰，它不是一般的装饰纹。这件有蛇形纹饰的陶器，应是一件祭祀神器，与金沙遗址出土的石蛇神器文化有联系，反映曲贡地方的先民有蛇图腾崇拜。

3. 崇玉文化的联系

古代华夏文化有崇玉的思想。三星堆遗址出土了大量的玉琮、玉璧、玉佩。以玉琮礼天，以玉璧礼地，祭祀天地。贵族下葬多以玉器殉葬。曲贡遗址的石椁中出土了磨制精美的石器和玉器，显示了墓主人是当地部族的首领。这是目前发掘的远古时期墓葬唯一发现有磨制玉器的一座，表明当时这部分曲贡人也开始有了崇玉文化的思想。

4. 青铜箭镞的联系

1991年曲贡遗址出土了一枚青铜箭镞，是经过冶炼的铜锡合金铸造的。1999年2月，金沙遗址在史前文化层中，也出土一枚铸造的青铜箭镞。曲贡遗址出土的青铜箭镞和金沙遗址出土的青铜箭镞都只有一支，不像是当时的狩猎工具，而像一件祭祀神器，因为远古人崇拜弓箭而视为神器。曲贡遗址四周未发现铜矿和冶炼铜的场所，而三星堆遗址和金沙遗址不远的彭州龙门山镇却有铜矿、金矿和玉石矿，同时发现了炼铜的场所和磨制玉石的场所。公元前15世纪，青藏高原西部邻近的中亚、新疆等地都没有青铜器，欧洲的青铜器是公元前5世纪后才传入中亚和新疆叶尔羌地区，所以曲贡的青铜器只能是古蜀国传去的。

5. 带柄铜饰的联系

1992年曲贡遗址的石椁中曾出土了一面带柄铜饰，一些专家认为这种

铜牌饰是一种身份的象征，有的专家认为是一件带柄铜镜。在四川雅安地区荥经县一处古墓中也出土了一面带柄铜饰。古代雅安地区是属于古蜀国的地域。

（二）古蜀国巫术与雅隆部"笃苯"巫术文化的联系

古蜀国巫术盛行，各族部都有自己的巫术。巫师称为"端公""神汉"和"大仙"，为部落占卜、祈祷、禳拔、驱魔镇鬼、殡葬超度。远古青藏高原各氏族部落、各族部都有自己的苯术和苯经师，称为"拉哇"（神汉）、"堆玛苯"和"仙"（与蜀人"大仙"同音同义）。古代雅隆悉补野的巫术——"笃苯"（意为涌现苯）也从事占卜、祈祷、禳解灾祸、驱魔镇鬼、为部落首领殡葬超度等。古蜀人的巫术有血祭的仪轨。"笃苯"又称"因苯巧那派"，"巧那"就是"血祭"的意思。古蜀人的"神汉"的巫术是"降神"仪轨，充当神鬼与人间的传声人。雅隆部的藏文"拉哇"也是如此。藏文《土观宗教源流》说："雅隆部第六世赞普时，在卫部（今拉萨地区）翁雪纹地方，有一名藏文'辛'氏家族的儿童，年15岁时被鬼牵引，走遍藏地。到26岁，始进入人世，由于非神鬼力量，胡说什么地方有什么神鬼，他能作如何如何的福祸，应当做这样的祭祀，或作攘拔送鬼等术，始能效云"。古代雅隆部"笃苯"的巫术与古蜀国的巫术是如此相似。

（三）关于"龙族"与"鲁族"的文化联系

成书于公元1362年由陇钦·赤美俄色著的宁玛巴教史《宝库集》说："在苯教徒的信仰中，最早期的吐蕃人出身于鲁族。"（转引自［法］石泰安《西藏的文明》耿昇译文225页）。藏文史籍《西藏王统记》曾记述雅隆悉补野王系在23代前，王室赞普的婚配一直在"神女龙女"中选择。有好几代赞普都以"龙女"为妃，表明"龙族"在雅隆部的地位。《王统记》还记述了第29世赞普仲年德如的王妃"龙女"鲁杰恩措姆喜欢吃鱼肉养颜的故事。这在藏文史籍中绝无仅有。显然"龙女"的家族独有吃鱼肉的习惯，而青藏高原其他部族所没有。

古蜀人进入青藏高原有无文字记载呢？据藏文《德格土司传》的汉译文说："初，雪域洪荒跃辟，光明天子降于东方夏若辣则山顶，民惊以为异，有崇奉之者。天子生而灵明，有道德，志淡泊，能抚众，号曰大龙。其子孙有德行，数传至大腋，大腋之子座艾，座艾之子持莲花手，即空王域也，为藏王松赞干布臣。"（转引自杨嘉铭《甘孜藏区封建农奴制度下的政教关系》，《西藏研究》1991年3期42页）。夏若栋辣即古代松潘一带有名的神山，松潘、茂汶一带是古蜀国的地域，可能是蜀山氏族的一支，越过夏若栋辣山顶，进入甘孜草原，被尊为王，号曰大龙。以后这支"龙族"又成为雅隆悉补野的部落联盟的一员。（文：史鉴）

拉萨的包容美

　　拉萨的风景中如果没有朝佛者，就不会有那么多的庄严、神圣、感恩和博大。朝佛者千里迢迢来到拉萨，很多都是风餐露宿跪拜而来，他们一路连成了到达拉萨的风景，拉萨也因为他们而更加提升了、巩固了圣城的地位。朝佛者既是拉萨风景的仰慕者、膜拜者、欣赏者，也是拉萨风景的参与者、创造者和贡献者。

　　拉萨的风景中如果没有游人，就不会有那么多的热度、多样性、吸引力。游客们远道而来，自踏上旅途的那一刻起，游客的心就是西藏的心、拉萨的心，所有的思想和活动都围绕着西藏、围绕着拉萨在转，为这里欢呼，为这里雀跃，回去后还要为这里不断歌唱，到处说这里的好话，把西藏的风景越唱越美，越说越好看，大美的风景被诠释出更加深远的意义，被充实出更加博大的内涵，游客们在西藏的一举一动，更是西藏的风景、拉萨的景象，游客和拉萨互为风景，共同融汇、一统为大风景。

　　所以要表达拉萨的大美，离不开它应有的开放性的说明。如果拉萨不善待朝佛者，不给他们应有的关怀，不给他们家一般的便利，或许朝佛者就不能在拉萨获得更多，同时也就不能为拉萨贡献更多。如果拉萨不真诚款待游客，不给他们宾至如归的感觉，不给他们在外万事方便的关照，不处处为他们着想，游客们就会在拉萨感觉失望，比如出现宰客，会让他们感到愤怒，如果他们带回去的是遗憾，那么拉萨给自己创造的也是遗憾，拉萨获得的支持就会减少。

拉萨之所以能有今天的大美，正是因为其博大和包容，一种广纳四方的美的文化。从古至今，拉萨的常住人口并不多，但拉萨的神圣、拉萨的繁华，从来不减。作为青藏高原的中心，作为中国西部的重镇，拉萨的地位从来没有动摇过，靠的就是四方的朝佛者，区内外、海内外的游客。大美的拉萨，正因为包容的美的传统，而更加大美。美丽的西藏，也正因为博纳的美的风尚，而不断美丽。

拉萨的生存美

人在区外，只要不是生老病死，生命力大多数时候都是极为旺盛的，无生存之忧。于是人们，尤其是许多年轻人，从来不拿自己的身体甚至自己的生命当一回事，仿佛那是滔滔的长江水，不绝而来；仿佛那是天上的太阳，每天都会被赐予；仿佛那是无须经营的小草，不需要照顾也能存活。生存和生命在区外被看作是一件再简单不过的事情。

但在西藏，在拉萨，区外人大概在到来的头几天，需要过生命的适应关。当然，无须把这一关过分夸大，说成如何艰难，如何困苦，如何对生命进行考验，甚至说成是什么样的生死搏斗，因为绝大多数人都能缓解这种高原反应，都能活得好好的，都能顺利过关，只是要稍待时日，先要做几天老天的奴仆，然后很快就可以做高原的主人了。区外来拉萨的人基本上都能够欢天喜地地回家。

但毕竟是一个生活适应关，也不可太掉以轻心。在区外，自然的赋予应

有尽有，像空气一类的东西因为供给太丰富了，太充分了，无处不有，无时不在，所以反而让区外人怀疑它是否有存在的经济价值，是否需要感谢一下大自然的这一恩赐，因为太多，空气反而不被感恩了。自然太过慷慨，所以人们反而没有对自己生存环境的感激之情了。

但西藏教训了一群群自高自大、刚愎自用、不知珍惜的人们。很多东西，区外人一向认为是天所赋予，是免费午餐。在拉萨应有尽有、无条件获取的东西，现在变了，比如空气和温暖，并不是老天要必然给予。拉萨教会了人们，自然的赋予并非没有代价，并非无穷无尽。我们生存的地球并不是可以肆意摧残，并非什么东西都应有尽有，很多东西要靠我们保护、珍惜和再创造。在许多情况下还需要我们克服、适应，甚至抗争才能得到。所以大美的拉萨，不仅仅在于其自然美、人文美，更在于其因珍惜而焕发的美，因感恩而呈现的美，因爱护自然敬重上天而修成的美。

拉萨所有的山都被敬为神山，拉萨所有的湖都被拜为圣湖，拉萨的一草一木，连同青稞，都被人珍惜。拉萨的牲畜，连同牛羊，都被看作和人的生命一样重要。拉萨人的心里总是装着一个上天，感恩造物的赐予。人之所以为人，是获得了莫大的赐予。很多藏族群众都敬神拜佛，他们的感恩之心值得尊敬。

耐玩耐看

要在拉萨玩好，两天三天刚好适应气候，一个星期两个星期刚够走马观花，一个月两个月才刚刚够好。如果要把拉萨玩够、玩透，就要经常来拉萨，要时时关注拉萨，而且每次来拉萨，都不能待得太短；不能光夏天来，一年四季都要来。还有，不能仅仅待在拉萨城里，拉萨周围的县、乡、村也得去。

拉萨的城市耐玩，风景耐看，文化耐读。城市是一个博物馆、游乐场，风景是一个万花筒，是蓝天白云统率的高原神奇万象。文化是一本本书，是一本本囊括古今的厚书，包括俗书和经书。在拉萨游玩，绝不同于在内地城市的游玩，内地的许多城市有的看一眼就行了，因为雷同太多。实有特别之处，玩一两天也就差不多了，少有城市需要花费你十天半个月。

拉萨的不同当然首先在于其表象，给人的感觉刺激，它的风景也绝不雷同于其他地方，其他地方都自己污染或者被他人污染了，而拉萨还是洁身自

好，也不许他人染指。它的风景在很多方面也是区外不可比拟的。奇妙的高原风光，一百多万平方公里的疆域，还有上天，更加浩瀚无边，让人流连忘返，短时间之内又如何能饱览完呢！

即便天天蹲在拉萨的门口看风景，看累了，似乎也看够了，但在这片风景之下，千百年来孕育的文化风景，你还没有涉入呢，一旦你开始关注，就不是你征服高原，而是高原征服你了，从此你就在高原做个苦行僧吧。就因为上天的感召，深厚藏文化的诱惑，善良心灵的指引，不再需要任何名，也不图任何利，无欲则刚，就把自己贡献给禅悟，贡献给新知，贡献给这片高原了。

因此，玩拉萨，不仅仅是赏风景，更是耍文化，因这个由表及里，你从一个俗人可成一个雅人，从一个高原之外的人可变成高原之内的人，从一个普通的游客可变成一个资深的旅行家，从一个不曾到西藏的人变成一个时时思念西藏，或者时时往返西藏的人。西藏的伟大、拉萨的博大精深在于，把一个与西藏无关的人，变成一个纯粹的西藏的人，关心西藏的人，到处传唱西藏的人。这些人只要一到西藏，就变成西藏自己人了。

附录：周末"私奔"，寻一段安逸的冬日时光

　　出了拉萨，沿着318国道往东走，有一处冬日休闲的好去处，那就是墨竹工卡，这里不算大家经常能想起的休闲地，因为距离有点远，都算得上是一场短途旅行了。去墨竹工卡要路过蔡公堂、达孜，这些地方也是乐趣无穷，既有迷人的景致，又有原生态的农家乐，不少人选择驻足这里，享受半日闲逸。其实，只要再往前一点点，你就会知道，美好的风景不止于此，特别是到了冬天这个季节，还有一群"小可爱"在那里等着你。

　　距离县城38公里的扎西岗乡斯布沟，有一大片沙棘林，在一抹苍凉中看到这样一片沙棘林，十分亮眼，在看到野生动物前，这片沙棘林已经让人觉得欣喜。

　　进入斯布沟，仿佛到了一个完全原生态的世界，藏马鸡、马鹿、白唇鹿、马熊、岩羊、野山羊、野牦牛、藏羚羊、藏雪鸡……这些精灵古怪的小家伙，时而从你身边悠然地走过，慵懒地迈着步子，摇着尾巴；有的像跟你捉迷藏似的，从草丛里一溜烟地跑出来，眨眼的工夫就又不见了；还有的远远地看见你，就害怕地跑掉，找一处属于它们自己的"领地"，在那里悄悄地观察你。

　　这里像是一个野生动物们的"世外桃源"，仿佛这里是动物们的领地，人的身影出现在这里反倒有些不协调了。禀性不同的动物们，按照自己的生活习惯快乐度日，有的奔驰在山野里，凶猛地寻觅食物，有的则聚到一起，温顺地晒着太阳、吃着草。在这里，没有城市中的喧嚣，没有烦心事，只有动物们带来的自在，让人们也跟着它们慵懒起来。

生活在周围的村民，也如动物们一般生活得纯朴、悠闲。这里炊烟袅袅，一幅欣欣向荣的生活景象，天亮开始，人们就开始了一天的生活，烧柴煮饭，喝茶晒太阳，晒成肉干的牦牛肉也是大家喝茶闲聊时的零食，对很多摄影爱好者来说，忍受着寒冷等拍摄机会，经常都是几个小时，抓到了难得的镜头，再去老乡家里烤烤火、喝喝茶，这种温暖，无法比拟。

　　在距离墨竹工卡县城以西15公里的地方，还有一处叫甲玛沟的休闲佳地，这里最吸引人的是千古流传下来的传说，甲玛沟是松赞干布的出生地，这个充满神奇色彩的人物，为这片四面环山、风景宜人的土地增添了一份别样的氛围，这里的地理位置很独特，拥有丰富的自然资源，再加之悠久的历史文化，如此优越的休闲之地，绝对会让你感到不枉此行。

　　到甲玛沟观景，还可以尝试感受一下从甲玛沟到桑耶寺的徒步之旅，从地图上看，甲玛乡和桑耶寺只相隔一座山，甲玛乡左边的公路一直往上前行，半山腰上有个古朴、饱经风霜的遗址，再往前走，还有一个相传是"莲花生大师"修炼的溶洞，下了山，往康纪果村方向走，甲玛乡慢慢淡出视线。在这一段路上，或许是因为加入了许多的传说，让这段路程变得丰富多彩、引人入胜。（中国西藏新闻网）

心远即安

　　天高地广，心远即安。如果你有什么烦心事，在一个地方不能化解，甚至是痛不欲生，那就去青藏高原吧。拉萨，那里是一片净土，远离你所处的纷繁复杂的世界。在这里，你的气场得以无穷无尽的舒展，不会与一股股浊气相冲突，不受其侵扰，不遭其威逼；在这里，你身处佛的怀抱中，远离那个暂时缺少爱的世界，佛会好好地关爱你；这里的人善良，他们追求安天乐土，富有人情味，他们欢迎远方来客，不把你当外人。如果你的心在一个世界没有地方安放，就到拉萨来吧，让心在这里歇一歇，或者安居一段日子也好。

　　近年来，西藏仿佛成了避难之地，许多人为躲避心灵的灾难，来此修行。

　　经历西藏，至此一遭，人的心灵仿佛受到了神山的护佑，受到了圣水的荡涤，洗去一切杂念，烦人的那些身外之事，渐渐烟消云散，待到自己觉得可以下山之日，全部身心无比轻快，下了高原，仿佛像神鹰一样自由翱翔，能够从容应对一切挑战，人生由此自由洒脱了。

第二章
DI ER ZHANG

屋脊风光

西藏的阳光

对于西藏，最不好描述的就是她的阳光。说灿烂，但怎样的程度才算是灿烂？说明媚，但怎样的亮度才算是明媚？是的，灿烂和明媚这样的词，过分通俗，实在一般，用这样的词汇去描述西藏的阳光，显然是愧对了那轮充满了雄性风采的太阳。

在被西藏的阳光晒得发红、发黑，照射得完全睁不开眼睛时，我才觉得这阳光是那么刚烈，那么威猛。这是一种光的倾泻，光的奔腾，光的瀑布，从九天之上，狂野地飞泻而下，将一个辽阔的青藏高原照射得山是山，水是水，树是树，草是草，一点不黏糊，丝毫不朦胧，没有暗角，唯有亮堂、清晰、分明，使人宁静，也让人疯狂。

在西藏的阳光下，我就想喊、想吼，或者是胡乱狂叫，而且声音越大越好。最好是在峡谷间撞出金属般的回声，最好是经久不息，让这歇斯底里的狂叫声，如梭子一样在密密麻麻的光线中穿来穿去，织一条光与声的哈达，献给这个世界屋脊和她的民族。我就想大声唱歌，让飞出胸膛的歌声被这阳光晒亮、晒红，晒得像一匹野性十足的枣红马，在山野间奔驰，在旷野里扬鬃，给西藏高原留下一串心灵之马激越的蹄音。

在如此明丽的阳光下谈恋爱，与心爱的人儿在一起，总有一种想彼此拥抱着滚过整整一面山坡的冲动。是的，在西藏，没有搂抱着恋人滚过几次山坡，哪里够得上热烈、称得上爱情？因此，藏族的爱，如阳光一样强烈、一样亮堂、一样炽热。在这样的爱中，什么山盟海誓，什么卿卿我我，都会显得文弱、变得萎靡，唯有阳光一样热烈与灿烂的爱，才配这高原，才会有高原人的风采。

在西藏的阳光里，那些山，钢蓝；那些树，翠绿。她的空气里，没有浮尘，吸上一口，淤积在肺腑深处的浊气，立即被荡尽。她的河流，那么清澈、那么明净，每一朵浪花都晶莹得脱俗，每一层波浪都透明得纯真。

在这样的环境里，藏族的房子，显得尤其艳丽和华贵。那些房屋几乎所有的窗户都是大红色的，被阳光一照，那一个个红色的窗户就像是一个个相框，站在房子外看，它里面镶嵌着藏族姑娘甜美的笑脸；站在房子里看，它里面镶嵌着雪域高原的风光。

　　如果说阳光是因为有物体的折射才变得有意义，那么，西藏的阳光如此光亮，是不是因为她的山、水、人本来就明净得如镜子，所以才使得这里的阳光无比的灿烂与辉煌？在西藏这块土地上，她的阳光，总会使人感到神圣，总能把人变得神圣……

夏凉

　　拉萨的夏天你不能说它不热，它也要出一下太阳，没有太阳就不叫夏天了。但与祖国内地不同的是，拉萨的夏天仅止于有太阳的地方，以及出太阳的时候。虽然也是夏天，在太阳没有照到的地方，哪怕就在阳光金黄色的边缘，照样是凉飕飕的，凉风轻拂，甚至劲吹。

　　即便在太阳照到的地方，似乎天上明亮耀眼，地上滚烫一片。但太阳一天照射的时间很有限，还有太阳要一天不断地变换位置，从东向西摆动脑袋，具体落实到每一片土地上的机会就少而又少了。因而夏天的拉萨，太阳的照射只是暂时，它只要稍一离开，不管刚才受到它照射的地方多么热烈，它炎热的色彩立即会被褪去，高原惯有的凉意立即回归，很多时候甚至是寒意。

　　而祖国内地则不同，内地的炎热其实并不全在太阳的热烈，甚至这只是很少的一部分因素，关键是气流不能畅通，太阳的热量被大气吸收后，热浪滚滚，热浪挟着太阳的高热度四处蔓延，所以内地不管是有太阳还是没有太阳的地方，有太阳还是没有太阳的时候，一律都是热的。整个夏天的热没有一刻歇息的时候，而西藏的热度仅仅是在太阳照射下来分配到每一片地方的短短一瞬。

　　拉萨的夏天也是雨季，一年的干旱就此解除，万木翠绿，花草如画，当然只限于能生长花草树木的地方。雨季更给拉萨的夏天带来凉爽。每逢夏天，许多地区都要求雨，当然不是迷信中的那种设坛求雨，而是人们于炎炎夏日中，对雨的向往，农作物也久渴盼甘霖。但拉萨的雨不用求，几乎天天都会洒一点。即便没有，也会以冰雪的方式，贮藏于远处的峰巅，融化后向拉萨河滚滚而来。夏天，拉萨自己最欢畅的，也最引人畅意的，是那拉萨河。

　　在南方，雨水也可能是使人发愁的事情。春雨迷蒙，绵而不断，对于务农的人是福音，但对于早已经脱离了农耕的都市人，却是困惑，不知道雨下

碎了多少颗心。而夏雨滂沱，极易过度，往往泛滥成洪水，冲垮了不知多少个致富的梦，把大家修的房屋、道路及其他基础设施毁个一干二净。而拉萨的雨，从来都是有节制的雨，润了万物后即消停，不会把游客的脚步锁在斗室之内，不会影响高原的美丽向游客开放，当地人对雨从不皱眉，因为他们知道雨下一会儿即告停歇。牛羊也喜欢雨，既有水喝，又有草吃，整个拉萨城更高兴，凉凉快快。

夏天，拉萨雨下过后是天晴，但那是凉意浇过后的天晴，阳光纵是热烈，却是在很低的气温下的启动，要攀上高温也是至难，尤其是朵朵的大白云，比秋天、冬天、春天都要多都要大的白云，宛如浩瀚的森林，长于拉萨城之上，罩着活动在拉萨的人们。白云之外是蓝天，是给人带来凉意和宁静的蓝天。

所以，炎炎夏日再热烈，离拉萨城也是远远的。

附录一：感受那份恬淡的时光

夏季，正是拉萨人过林卡的季节。曾经，拉萨人过林卡的主要地方就是市区内的罗布林卡。而今风景优美、设施齐全的度假村成了人们的首选。到过林卡的季节，大家会一起品尝风干肉、奶渣和酥油茶等传统食品，一起唱歌跳舞享受悠闲的时光。

1. 桑珠林渔场度假村

桑珠林渔场度假村距达孜6公里，距离拉萨市区14公里。交通便利，风景怡人。

走进度假村，一阵泥土和着青草的清香扑鼻而来。夏季，林卡里绿草茵茵，树影婆娑。度假村旁湿地里的芦苇随风摇曳。

度假村里有帐篷、小木屋、玻璃阳光房出租。度假村提供给顾客的菜肴中，野生鱼最有特色。

2. 碧水山庄

建于2006年的碧水山庄，环境优美。一到夏季，山庄里就杨柳依依，

百花齐放。度假村占地40多亩，按三星级标准建设。

度假村集餐饮、娱乐休闲、住宿为一体，可同时容纳200人就餐，40多人住宿。

在度假村里，可以体验垂钓的乐趣。

度假村提供中餐，主要以鲜香麻辣的四川菜为主。火锅鱼、火锅鸡是度假村的特色菜。

3. 桑珠林"大自然"度假村

"大自然"度假村位于达孜区德庆镇桑珠林村318国道旁，紧邻拉萨河畔。度假村视野开阔，空气清新，距离拉萨市区14公里，交通便利，地理条件优越。

度假村的绿化特别好，一进去就有种清新的感觉；里面搭建具有民族特色的帐篷十多顶，还有藏式小屋子十几间；设有娱乐中心、餐厅、别墅区等。同时，有民俗、民歌表演，具有浓厚的藏族特色及风情。

度假村提供藏餐：自助餐80至200元一人，也可以点餐。

4. 钰龙山庄

钰龙山庄坐落在拉萨东郊、达孜城西，距离拉萨市中心仅20分钟左右车程，交通十分便利。

山庄里碧水、蓝天、青山、绿草、小木屋构成了一幅幅美丽的图画；山庄依山傍水、鸟语花香、景色宜人。欧式建筑风格与民族特色的藏式帐篷相得益彰。长势茂密的杨树、柳树像一把把大伞遮住了烈日，留下一份清凉。

山庄集观光、旅游休闲、餐饮住宿、垂钓为一体的现代化旅游场所。

冷锅鱼、红烧鸡、啤酒鸭是山庄的招牌菜。此外，山庄还有烤全羊。（中国西藏新闻网）

附录二：金色池塘——远离喧嚣的静谧之地

达孜区金色池塘生态景区距离拉萨市区34公里，位于达孜区塔杰乡巴嘎雪村。便利的交通、美丽的拉萨河谷风光、杨树林、湿地、生态鱼塘等自然生态资源与特色鲜明的乡村人文景观交融，构建了令人流连的金色池塘景区。

风景如画的金色池塘

蜿蜒流淌的拉萨河，流经达孜区时似乎被这里开阔平坦的地势吸引了并执意要留下些什么，日积月累便成就了这片风景如画的金色池塘。

蓝天下，金色池塘度假村的木屋在树丛间若隐若现，美不胜收，如童话世界一般。美丽的风光和良好的生态吸引了黑颈鹤、斑头雁、赤麻鸭等国家级保护鸟类的同时也吸引了众多的游客在此驻足，领略这大自然最美丽的风光。

据达孜区发改委主任李君介绍，达孜金色池塘生态景区是达孜区旅游开发的重点项目。金色池塘生态景区的设计以健康、教育、生态、文化、绿色、环保为核心，通过综合服务区、休闲运动区、歌舞互动区、垂钓休闲区、夜景观赏区、林卡采摘区、藏族农耕体验区、生态保护宣传区、野生动物观赏区等十多个功能区，为顾客创造贴近自然、认识自然，感受传统文化、陶冶情操、提升知识和品位的自助式绿色服务。

"建成后的金色池塘生态景区将成为一个高起点、高标准的集生态观光、民俗体验、避暑度假、特色餐饮、科普教育、文化展示、会议培训等多种功能于一体，具有鲜明的地方特色、达到国家4A级旅游标准的新概念旅游基地。"李君说。

休闲娱乐尽在其中

炎炎夏日，忙碌的生活节奏令人厌烦，寻一处可远离城市的喧嚣，又可亲近自然的地方是大家的首选。

金色池塘，水草丰美，鱼跃水草间，波光粼粼处，水鸟在池塘边嬉戏。金色池塘旁边还有一大片苇草丛生的湿地。进入湿地，一路绿色的地毯上铺满了芦苇，随风飘动。

这个季节，金色池塘的南岸已经被一大片浓密的树林包围。岸边绿树成荫，树林下，绿绿的草地像一块大大的地毯铺展开来。

在金色池塘，或徜徉山水间，呼吸野外最纯净的空气；或和家人朋友围坐在池塘边的树林里唱歌饮酒过林卡；或拿着相机，将眼中那些最美的风景统统装进相机；或支上一两根钓竿，悠闲地坐在岸边等待鱼儿上钩；夏天，拉萨雨季到来，树林里长出了不少野蘑菇，你也可以采上一袋鲜嫩的蘑菇，在河边煮上一锅鲜香可口的蘑菇汤，尽情享受这大自然赐予的山间美味。不管你选择的是哪一种休闲方式，一样可以收获快乐，享受这份山野间的恬淡舒适。

　　交通：金色池塘距离拉萨市区34公里，驾车50分钟左右；骑行2小时左右。

　　路况：该路段为318国道，全程柏油路，路况极好，但因是318国道，过往车辆较多，因此，驾车、骑行都需慢行。（中国西藏新闻网）

冬游美

如若进行季节对比，冬天的拉萨其实是全中国冬天最美的地方。拉萨的天空仍然是蓝天白云，而且蓝得更加澄澈，白得更加明亮。只要有太阳，拉萨的冬天还是可以找到无穷无尽的温暖。阳光盛大而形成的反差，让拉萨在冬天反而成为全国最美的地方。

传统上，游客们往往在夏天来拉萨，夏天的拉萨确实最易为游客们接受，夏天也是入藏的最好季节，进入西藏要克服的两大障碍是高寒和缺氧，而这两点在夏天都有所缓解，所以夏天成为拉萨的旅游旺季当仁不让，但这仅仅是从生活适应的角度而言。其实，夏天的拉萨和祖国内地反差并不大，都有炎炎烈日，都有草木葱茏，都有晴空万里。旅游最要找到的是新鲜之处、不同点，因此冬天反而是西藏更有价值的旅游季节。

就旅游观赏点和美感而言，拉萨秋冬游理应成为热点。寺院不会因为秋冬到来而不搞佛事活动，各大景点更添了夏天所没有的奇观，群山相比夏天更是冰雪的世界，草地不会有夏天那样时常阻断旅行的雨水，溪谷河流的水相比夏天更加清澈，尤其冬天的节庆活动，比如藏历新年，有着与夏天节庆不一样的热闹。即便从西藏文化的完整理解，西藏风光完备考察的角度而言，拉萨的秋冬游也是对夏游的必要补充，秋冬游应是夏游的姊妹篇。

更何况在秋冬春，拉萨的旅游景点和设施不再那么拥挤，摩肩接踵引起的疲劳、焦虑、烦闷，还有排长长的队买票、等票、进景区而产生的不适、不快、烦躁均不再有。特别对于经济人士而言，一折两折的宾馆住宿费用，相比平时很高的物价水平，一定让人感觉很爽。各大景点随处转悠的惬意，不再人挤人，人看人，而是人看物，人看景，景随人，这样一种拉萨游的快感，当然只有秋冬春才有。

附录一：冬游体验

在大多数人眼中，西藏仿佛除了作为旅游旺季的7、8、9三个月，剩下的便是白雪严冬。事实上，经冬入春的这一段季节，无论从自然景观还是从人文风情的维度来说，西藏都展现出了最与众不同的旅游魅力。

在拉萨老城区体验藏历新年

在西藏繁多的节日中，受到群众广泛重视的是藏历新年。通过西藏民间迎新年的相关传统民俗，可以看出人们对过年所怀有的特殊感情和重视程度。比如，男人们干完农活就开始做迎接新年的准备，把每间房屋都粉刷得洁白、美观，每当这个时候亲友邻居总是带着美酒前来祝福；妇女们会选择一个风和日丽的天气，将自己亲手纺织的氆氇拿到河边洗涤；亲友邻居们也要捧上茶酒，祝福这家主人藏历新年时将穿上新的衣服……

4月当雄纳木错坐看冰湖解冻

当你站在湖边，旁边有白的黑的牦牛笨拙地晃来晃去，气温已经被初长成的春季煽动到某个微妙的临界点的时候，你会断断续续听到某种罕有的声音，那是冰块碎裂融化的动静。西藏流传的"马年转山，羊年转湖"中的"湖"，指的就是纳木错。2015年正逢藏历木羊年，当时有成百上千的信徒前来朝圣。（中国西藏新闻网）

附录二：拉萨冬季观鸟一

人们总觉得冬天去西藏旅游不好，因为冬天西藏刺骨寒冷，高原反应也一定来得更加强烈。事实上，冬天的西藏，就拿拉萨的温度来说比北京高多了，而且舒服。今年（2013）冬游拉萨主推纳木错和观鸟两大亮点活动。

不少游客对拉萨冬天的认识存在误区，认为拉萨的冬季含氧量低、很冷。拉萨市气象局数据显示，拉萨夏季含氧量为66%，冬季含氧量为63%，差距不是很大。拉萨冬季日照比较充足，比北方的许多地方都暖和。而且拉萨的气候干燥，不会有阴冷的感觉，晒着太阳尤其舒服！

"人们总觉得冬天去西藏旅游不好，因为印象中，西藏作为雪域高原，冬天一定更加刺骨寒冷，高原反应也一定来得更加强烈。事实上，冬天的西藏，就拿拉萨的温度来说比北京高多了，而且舒服。今年冬游拉萨主推纳木错和观鸟两大亮点活动。"记者连线正在北京推介"冬游拉萨"活动的拉萨市旅游局党组书记董天林得知。

亮点一：冬游纳木错

在拉萨市旅游局党组书记董天林的带领下，拉萨市旅游部门一行走进昆明、南京、苏州、北京等地进行"冬游拉萨"的推介。众所周知，进出西藏的花费大头是交通费用，此时乘飞机进出藏，票价也有最低五折的优惠；乘列车进藏，也不会出现"一票难求"的现象。值得一提的是，自去年纳木错开始在冬日与大家"见面"，可谓在"冬游拉萨"的线路里成了亮点。

雄浑的雪山、险峻的冰川、秀丽的岛屿、飞舞的大雪……这里汇集了最壮美、最别致的风景，这里就是冬季的纳木错。往年纳木错冬日的美景一直"待字闺中"，未与大家见面。董天林称，自去年"魅力纳木错"冬季深度游开始后，人们终于体验到纳木错的另一种美。纳木错冬日的美景深受"冬游西藏"游客的青睐，大获好评。

"今年冬季，纳木错依然不封山。为保障冬季纳木错景区内道路畅通，景区内配备了专业铲雪车和铲雪队伍。"董天林表示，"今年纳木错景区内实行 24 小时值班制度。由于天气多变，游客及市民到纳木错游玩前，最好拨打 24 小时值班电话：0891—6110123 提前咨询路况，以免耽误行程。"

亮点二：拉萨观鸟

每到冬天，成群结队的候鸟在拉萨的公园、湿地及周边县栖息，成为一道美丽的风景线。因此，冬天来拉萨观鸟已经成为今年"冬游拉萨"的新亮点。近年来，每到冬天，温暖、湿润的拉萨河谷地带便吸引来数万只候鸟在此过冬，直到次年 4 月左右离去。当你漫步在布达拉宫脚下的宗角禄康公园或者坐车经过拉萨河，也许就会惊奇地发现，突然传来一声声清脆的鸟鸣。

冬天的拉萨可以看到哪些鸟类？在哪里可以观鸟？董天林介绍说，冬日里在宗角禄康公园，可以随时随地看到湖面上一群群红嘴鸥、赤麻鸭等候鸟仿佛在向着你招手。不管是在拉萨还是在周围的郊区，只要那地方水草丰茂，你就会很容易地发现成群结队的候鸟。如果运气好，还能看到黑颈鹤、斑头雁等国家级保护动物。在拉鲁湿地，赤麻鸭、黄鸭、斑头雁、棕头鸥、云雀等各种野生鸟类是"常客"。如果想看黑颈鹤，还得去林周县的虎头水库，那里是黑颈鹤越冬地，每年的数量多达1000余只。从12月份开始，黑颈鹤便会飞临林周，但最佳的观鹤时节还是一二月份。

附录三：拉萨冬季观鸟二

冬季，正是大批的黑颈鹤、斑头雁等候鸟从西藏北部地区的湖泊湿地，飞跃高山、草地来到拉萨河流域及雅鲁藏布江流域越冬的最佳时节。同时，这个时节也是冬季观鸟的最佳时节。拉萨市旅游局和众多旅行社也抓住了这个大好时机，开发了冬季观鸟线路图，供广大游客选择。

截至11月，黑颈鹤已成群出现在林周县雅鲁藏布江中游黑颈鹤国家自然保护区、达孜区境内湿地，墨竹工卡县境内，同时，拉萨市区内的拉鲁湿地、宗角禄康公园和拉萨河流域，主要集中越冬的候鸟有斑头雁、赤麻鸭、红嘴鸥、黑颈鹤等。据拉萨市野生动物保护局相关负责人介绍，每年1月份至3月份，等大批候鸟来到拉萨后，有时候市民在拉贡高速附近的农田中、拉萨河上空都可以见到黑颈鹤的影子。

林周县

推荐理由：每年约1800只黑颈鹤到这里越冬。

据林周县林业局张天平副局长介绍，每年到林周县越冬的黑颈鹤约1800只，主要集中在卡孜乡和春堆乡。在水库浅水区与黑颈鹤共处同一栖息地的有斑嘴鸭、赤麻鸭、斑头雁、绿翅鸭、绿头鸭和普通秋沙鸭等十几种水禽。

如果市民开车翻越纳金山，沿着乡道一路行驶，经过雅鲁藏布江中游黑颈鹤国家自然保护区时，可以看到成群的黑颈鹤在高空飞翔、斑头雁在水中嬉戏的场景。其中，林周县境内的虎头山水库每年都会吸引成百上千的黑颈鹤飞到这里。它们与其他鸟类一起觅食，友好相处，起落时上下翻飞，姿态各异，景象甚是壮观。这里是鸟类的天堂，也是冬天拉萨观鸟的最佳去处。

墨竹工卡县

推荐理由：青稞冬小麦吸引候鸟觅食。

墨竹工卡县位于拉萨河中上游，这里有大片的耕地和草场，为黑颈鹤提供了一个良好的栖息地。每年这里也是黑颈鹤、斑头雁等候鸟的栖息地。据拉萨市野生动物保护局相关负责人介绍，每年10月到第二年4月，黑颈鹤、斑头雁、赤麻鸭等候鸟都会飞到这里越冬。这里农田中种植的青稞、冬小麦等农作物为候鸟觅食提供了很好的场所。

宗角禄康公园

推荐理由：可以一边散步，一边欣赏水鸟。

在布达拉宫脚下就是宗角禄康公园，每天早上很多市民会到这里进行晨练、散步，呼吸一下新鲜空气。随着公园环境美化保护的力度加大，每年十一月份，红嘴鸥会提前飞到公园人工湖中越冬。人工湖周边就是大家散步的场地，而且摆放了各种健身器材，每天在此嬉戏和散步的人都非常多。一边散步，一边欣赏湖中嬉戏、觅食的水鸟，心情肯定会舒畅很多。

拉萨河

推荐理由：赤麻鸭红嘴鸥最多的地方。

目前这个季节，拉萨河流域又开始热闹起来，成群的赤麻鸭、野鸭从藏北地区到这里栖息越冬。碧蓝的河水、黄色的鸭子在水面上游来游去，这给冬天的拉萨河增添了另外一番景色。市民如果想观赏赤麻鸭、野鸭，直接到拉萨河边悠闲娱乐的时候，还可以拿出手中的相机，拍下野鸭水中觅食的情景。

拉鲁湿地

推荐理由：路途最近，候鸟种类丰富。

有"拉萨之肺""天然氧吧"美称的拉鲁湿地国家自然保护区总面积6.2平方公里，是典型的青藏高原湿地，属于芦苇泥炭沼泽。湿润的气候和丰美的水草在高原上十分难得，每年冬季引来大批赤麻鸭、西藏毛腿沙鸡、斑头雁、棕头鸥、戴胜、百灵和云雀等各种野生鸟类，另有少量国家一类保护动物黑颈鹤冬季也会飞跃到这里来越冬。这处世界海拔最高、面积最大的城市天然湿地，也是中国唯一的城市内陆天然湿地。

达孜区

推荐理由：在国道318沿线即可看到黑颈鹤、黄鸭等。

"如果游客运气好、仔细观察，驾车从国道318线上路过时透过车窗就可以见到黑颈鹤在田中觅食的情景。"据达孜区林业绿化局相关负责人介绍，目前，大批黑颈鹤已经来到达孜区境内的湿地内、成片的田地中开始越冬，广大市民可以冬季前往达孜区境内观鸟。

在德庆镇白纳村，达孜区林业绿化局工作人员在捕国道沿线湿地及其附近农田上拍摄到了近50只国家一级保护鸟类黑颈鹤、斑头雁、赤麻鸭过冬的景象。"据调查，每年在此过冬的珍稀鸟类超过几百只，斑头雁、黑颈鹤、赤麻鸭等珍稀鸟类在此栖息和过冬的数量逐年增加。"达孜区林业绿化局相关负责人说，达孜区境内有两个大的湿地，以及大面积的农田，这给候鸟提供了一个很好的栖息地和捕食场地，所以每年会有大批的候鸟飞到这里。

注意事项

文明观鸟一要保持距离，二要摸准规律。

从十一月中旬开始，黑颈鹤陆续飞到拉萨越冬。我区是黑颈鹤最集中、保护最好的地方，所以每年都有不少游客和摄影爱好者千里迢迢来到这里观鸟。拉萨野生动物保护局为了提高人们保护候鸟的意识，在候鸟集中栖息地点张贴悬挂了观鸟注意事项，安装了摄像头，以及巡护人员在自然保护区内来回巡逻。

据林周县林业绿化局工作人员介绍，林周县境内有拉萨占地规模比较大的雅鲁藏布江中游黑颈鹤国家自然保护区，每年有成百上千的黑颈鹤来到这片自然保护区越冬。不过，该工作人员热心提示到这里观鸟的游客和摄影爱好者，观鸟时一定要保持一定距离，切记不要往候鸟旁边扔食物或者其他杂物；拍摄野生鸟类，应采用自然光，不可使用闪光灯，以免惊吓它们；不要穿戴颜色鲜艳的衣服和帽子，如红、黄、橙、粉等颜色，因为大多数鸟类对鲜艳的颜色非常敏感；有些鸟类生性害羞，隐秘不易观察，不能丢掷石块或食物等引诱其现身；由于鸟类比较敏感，不能离它们太近进行观察，特别是在沼泽、湖泊、水库、海岸等地域；观鸟的时间应与鸟类的栖息规律相适应。

"一天中最佳的观鸟时间在清晨和傍晚（因为多数鸟类在日出后2小时和日落前2小时内活动比较频繁）。在拉萨观看黑颈鹤，一般每年的一月份至三月份是观鸟最佳季节，而且鸟的种类比较多。"据这位工作人员介绍。（文：张雪芳）

附录四：拉萨冬季观鸟三

藏马鸡仅分布于我国四川西部、青海南部、西藏东部和云南西北部，是我国特产鸟类，也是非常美丽的观赏鸟类，它们被称为"高原小精灵"。在距离拉萨市区不远处，有几处观赏藏马鸡的绝佳之地，那就是尼玛塘沟和雄色寺的山腰。

藏马鸡仅分布于我国四川西部、青海南部、西藏东部和云南西北部，是我国特产鸟类，也是非常美丽的观赏鸟类，它们被称为"高原小精灵"。

藏马鸡主要栖息于海拔2500～5000多米的高山和亚高山针叶林及针阔叶混交林带。由于数量稀少，分布区域狭窄，藏马鸡已被列入国际鸟类保护委员会世界濒危鸟类红皮书和我国国家重点保护野生动物名录，属国家二级保护动物。

在距离拉萨市区不远处，有几处观赏藏马鸡的绝佳之地，那就是尼玛塘沟和雄色寺的山腰。

藏马鸡的家园

尼玛塘沟位于柳梧乡达东村境内，景色秀丽、环境清幽。

尼玛塘三面环山，两侧的大山就像两只巨手将尼玛塘环抱，这儿鸟类繁多，环境优美。

据当地村民讲，在寺院周围，藏马鸡一年四季都可以看见。特别是冬季，山上已是白雪皑皑，山上食物短缺，每天清晨，藏马鸡都成群结队跑到山下来觅食了。加之寺院里的僧人和村民们都会自行给藏马鸡喂食青稞、小麦、大米等谷物。所以，这里的藏马鸡并不怕人。据村民说，最多的时候，会有1000多只，特别壮观。

在尼玛塘寺周围的树林里，空地上，就有不少藏马鸡在"散步"。它们三三两两慢慢悠悠地走着，完全不会因为生人的闯入而有一丝惊恐。这种鸟非常漂亮，头顶是黑色，眼睛周围是红色，头部的其他部分又是白色；从颈部开始是黑色，逐渐变为灰色。尾部的羽毛像孔雀的羽毛一样漂亮。

这些小精灵们会用好奇的眼神打量你一番，然后慢慢地试探着靠近你。最近可走到距离你不到一米的地方，只要你不惊扰它们，它们会若无其事地在你的面前舒展着美丽的身姿。

密林深处的小精灵

已经有900多年历史的雄色寺位于拉萨市曲水县境内，就在拉萨河下游南岸的雄色山半山腰上。这里是目前西藏境内最大的一座尼姑寺院，周围山上环境清幽，灌木环绕。

关于雄色寺的名字，根据音译也有不同的说法，也有称其"香色寺""秀色寺"的，在藏语中意思为"古松林中"。传说1000年前这里有一片茂密的松树林，林中有一眼甘甜的泉水，泉水旁边栖息着许多珍禽异鸟，吸引了附近村庄的百姓前来朝拜、敬香。由此，这里逐渐成为著名的佛教圣地。

在这片山谷中，生态保存得非常完好，在林中栖息着大草鹛、藏马鸡、灰腹噪鹛、藏雪鸡等珍禽异鸟，是一处不可多得的观鸟胜地。

从拉萨市区进入机场高速，在才纳出口下高速，顺着指示牌左转进山谷，这一段路坡陡弯急。沿着盘山公路大约前行6公里左右，便到了雄色寺的停车场。后面这段路在修建，藏马鸡一般生活在灌木丛里，所以，最好选择小路攀爬上山。

这段山路海拔在4000米以上，所以爬起来特别费劲。

一路上，都会听到山谷里不知名的鸟儿鸣叫声。在密林里，大草鹛也比较多，这种鸟类特别警觉，一有动静，便扑腾着跳远，消失在密林深处。

冬日的山谷，除了鸟儿的鸣唱，没有其他任何喧嚣的东西。

爬到半山坡，灌木丛里传来一阵"咕噜噜"的叫声，寻着鸣叫声，就可以找到藏马鸡了。

和尼玛塘沟里的藏马鸡一样，这儿的藏马鸡也不怎么怕人，可见，当地的村民对这些野生动物保护得很好。藏马鸡跑起来很快，一会儿，便不见了踪影，只听见一阵紧似一阵的藏马鸡叫声，轮番在山谷四周回荡。

置身在这美丽的山谷里，不说别的，那份安适，那份绿意，那份清静，人与自然是如此和谐地共生共存，足以把你融化。

其他

特点：古寺院、田园风光、摄影、观赏野生动物。

交通：从机场高速才纳出口下来，沿路边指示牌前行即可抵达。

路况：从拉萨市区到尼玛塘寺约25公里，从机场高速的达东出口下高速路，便进入土路，虽为土路，但私家车也能通行。该路段对骑行者来说有一定的困难。全程柏油路面，小型私家车可前往。抵达山脚停车场需攀爬几公里的盘山路，坡度并不太陡，但都是急弯，对驾驶技术有不小的挑战。

注意事项：需自带干粮，带足衣物。沟内没有餐饮和补给，需自备，游人请爱护动植物。因为高原的动植物生态都很脆弱，要有保护意识。特别是对这些小动物们，不要伤害它们。

附录五：拉萨冬季观鸟四

坐落在拉萨市西郊的拉鲁湿地向来有"拉萨之肺""天然氧吧"之称，每年冬季，这里都会吸引大批的候鸟前来过冬。置身其中，你会发现在喧嚣的城市中能有这样一块净土真的是自然给予我们最好的礼物。

如水一般宁静

拉鲁湿地是世界稀有的、国内最大的城市湿地。很庆幸在喧嚣的城市中还能保留这样一块净土。拉鲁湿地在调节拉萨市气候、吸尘防沙、美化环境、增加市内空气湿润程度和补充氧气等方面都起到了很重要的作用。

冬日里，配上暖暖的阳光，拉鲁湿地显得宁静而又祥和，放眼望去，整个湿地都已被泛黄的芦苇覆盖，这里水草茂盛，曾在早期作为专用的牧场。如今随着保护力度的不断加大，拉鲁湿地在整体环境上有了很大提升。

拉鲁湿地作为世界上海拔最高、面积最大的城市天然湿地，由于其湿润的气候和丰美的水草，每年都会吸引大量候鸟前来过冬。在这些候鸟中，有赤麻鸭、黄鸭、西藏毛腿沙鸡、斑头雁、棕头鸥等各种野生鸟类，如果运气好的话，你甚至还可以在这里看到国家一级保护动物黑颈鹤。

拉鲁湿地的宁静是用言语无法形容的，只有置身其中才会感受到它独特的魅力。站在高处远望整个拉萨城区，你会很轻易地发现这块湿地的存在。正是有了拉鲁湿地，拉萨人才会享受到比其他城市更多的蓝天，空气也通过湿地的净化变得干净、清新。而拉鲁湿地中的野生植物还会通过蒸腾作用向空气中源源不断地输送水分，从而增加拉萨市区空气的湿度，这也就是有人称它为天然"加湿器"的原因。

据专家测算，拉鲁湿地每年通过光合作用可吸收近8万吨二氧化碳，同时产生5万多吨氧气，空气中的灰尘也可以通过拉鲁湿地得到吸收；

此外，如果利用好了，拉鲁湿地每年还可以处理 1000 万吨以上的城市污水。如果不是通过数据，很难想象如水一般宁静的拉鲁湿地会有如此大的作用。

与候鸟亲密接触

在慵懒的午后，你可以约上几个好友沿着拉鲁湿地走一圈。无论从哪个角度看上去，它都显得广阔而又充满生机。在湿地周边，有很多正在低头吃草的牛羊，它们和你一样，共同分享着湿地赐予的礼物。

冬日里，拉鲁湿地迎来了远方的客人——候鸟。它们或三三两两，或成群结队，从遥远的地方飞到宁静的高原过冬，给城市带来了无限生机与活力。拉鲁湿地就像一位慈祥的母亲，她无私地哺育着怀抱里的生灵，既不索取也不求回报。

初冬虽然不是大批候鸟光临的时间，但已经有耐不住寒冷的鸟儿来到拉鲁湿地。从表面上虽然看不出这些鸟儿有何争执与矛盾，但细细看去，你就会发现它们的领地意识非常强烈。如果有不受欢迎的外来种群，其中扮演"警卫员"角色的鸟儿就会发出警告，如果"外来客"还是不走，那它们会一起保护自己的领地不受侵扰，直到赶走"外来客"。（中国西藏新闻网）

两个拉萨

一年之中其实有两个拉萨，一个是传统的拉萨，一个是新鲜的拉萨。每年6月到9月是新鲜的拉萨，大街小巷迎来了如潮水般涌动的第一次来拉萨的人，他们是拉萨的新面孔，给拉萨带来了新鲜空气。一个个人，连同他们的思想、感觉，对拉萨而言都是新鲜的，也就是说新人带来了新拉萨。

以拉萨的思维构造和诠释，不同的人有不同的角度，基于不同的文化背景、经济背景、社会背景等因素，对拉萨的影响和理解也不同。这些人是新来的，所以对拉萨的影响和理解也是全新的，这些新人尽管只是短暂逗留，如匆匆过客，少有能长期待下去的，个人影响有限，但作为一个巨大的游客群体，其影响不容小觑。

每年新来的游客改变着拉萨，这种改变不是被动的，大多数情形下甚至是主动的。比如，建造适应各种文化背景、多种生活需求的旅馆，改良藏餐以适应游客多样化的需求，不断完善城市设施以适应广大旅游的需要，甚至包括语言的某种改变，很多人要多说普通话，甚至一些地方方言，如四川话，还有英语，以迎接更多的生意。

每年中这个新鲜的拉萨使拉萨城包括它的文化与时俱进，在传统中创新，在创新中发展，不断拓展和深化高原的文化内涵，不断促进拉萨的城市建设，新鲜的拉萨也代表一年中拉萨经济最活跃、人气最旺盛、大街小巷最充满生气的时期。这个时候也是西藏文化彰显，向全世界散发最无

穷魅力的时候。

　　而每年10月到次年5月的拉萨，是传统的拉萨，由拉萨人主导拉萨的节奏，这时候的拉萨是缓慢的，失去了夏天相对快的节奏。从漫长的冬天，到绿意迟迟的来年春天，也是漫长的等待，等待春暖花开，等待大自然对氧气的更多发放；也是最受煎熬的，不仅有高寒缺氧，更有游客撤离后满街满巷的孤单和寂静；也是宽敞的，拉萨城和高原一样宽裕和空旷，旅馆的大多数房间空着，甚至很多商业场所内空无一人，至多留下一人，那就是老板自己，连员工也没有。

附录一：错峰出行，冬游拉萨

　　对大多数旅行者而言，"雪域圣城"拉萨虽然至今仍然散发着神秘的气息，但是越来越商业化却是一个不可回避的问题。在布达拉宫前、八廓街上攒动的人群，越来越被人们熟知的景点，可能让拉萨少了些许新鲜感。那么，还有什么另类玩法能够让我们遇见拉萨的另一面吗？

　　雪花飘零，青藏高原的冬天如约而至，不少旅行者都因畏惧高原的寒冷，而选择不去拉萨。然而，选择留在拉萨的旅行者也许会发现这里的冬天并不可怕，反而会散发出一种高原圣城的光彩。大批游客的离去，也还给了这片土地一份安宁。

　　"冬游拉萨"的概念不知最早是谁提出的，但对于喜欢"错峰出行"的旅行者来说，这不失为一个好选择。有人说，为什么爱拉萨，为什么行走在拉萨的每一天都不曾寂寞，哪怕是一个人？因为拉萨总有不同的角度，总有无数种可能……就像你总计划着在冬天离开它，却不知道它冬天的风景更迷人。（中国西藏新闻网）

附录二：冬日林卡，俱乐部里的田园诗情

年底了，忙碌了一年的你是否略显疲惫？那么到了周末不妨选个精致的休闲方式好好"犒劳"一下自己。拉萨的不少休闲会所就是这样一个能让你身心得到放松的地方。而现在市场上也出现了不少高端的休闲场所，与以往的单一休闲方式不同，里面闲、玩、食、宿样样都有，不用出门换地方，也无须安排娱乐计划，这样放松无疑最省心。这些精致的休闲娱乐方式也成了现在品质生活的新风尚，而且其周到的服务、多种多样的选择，总能让你找到自己最想要的休闲方式。

11月末的拉萨，早晚虽有些寒意，但午后的阳光总是充足的，懒散而漫不经心地投射下来。这"日光之城"的阳光总让人心生温暖，让人情不自禁想走出门透气。在拉萨生活的人们，对于大自然总有一种独特的情感，虽然现在正值冬季，在拉萨仍然可以找到"如春"的地方，比如二月田园、中央花园等生态会所。这些地方往往非常适合和朋友、家人相聚，所以更像一个亲近自然的俱乐部。

在位于北京中路的中央花园里，你丝毫不会感到冬日的严寒，红花绿草依然茂盛地生长着，适宜的温度让人非常放松，四周的流水声反衬托出这里的静谧。在一楼的假山流水旁，有专供人就餐、休闲的卡座，人们可以在这里喝茶聊天，或者玩些棋牌来放松。离自然美景如此之近，想必这就是人们趋之若鹜的原因之一吧！顺着楼梯上楼，则又是不同的一片天地，卡座整齐摆放，天鹅绒质感的紫色沙发，给人们带来些许慵懒和自在。而卡座边放着的红豆杉盆栽，似乎也让人们嗅到空气中氧气的"味道"。闲谈喝茶，窗外小桥流水，窗内惬意静谧，蜷在舒适的沙发上品茶，谈笑风生，在这你不必去计较茶叶的氤氲香色，也无须担心时间匆忙，一切舒适就好。在中央花园二楼大厅还放置着一架钢琴，每天下午都会有乐手现场弹奏，优雅的钢琴曲让你徜徉在音乐的世界里。

而在金珠西路开发区，也"隐藏"着这样一个世外桃源。走进二月田园，放眼望去，小桥流水，种菜的小"田地"看似随意地散落在流水边，宛若陶渊明笔下"结庐在人境，而无车马喧"的桃源画境。据工作人员介绍，

二月田园旨在将现代人对心灵自由的向往与寄托以实体来表现。在园内有餐饮美食、客房休闲、生日主题吧、田园酒窖的多种休闲娱乐放松方式。让顾客心灵回归自然，同时享受时尚品位的舒适。另外，这里的餐饮也别具特色，很多食材都取自园内自给自足的有机无公害蔬菜，在享受美食的同时，也考虑你的健康养生需求。

新鲜美

拉萨，永远都是新鲜的，因为它每时每刻都有新的游人来。在游客眼中，拉萨大多数地方永远都是新鲜的，都是第一次见。游客在拉萨待三五日，最多也不过一二十天，这么短的时间，他们还没有把西藏转完，还没有把拉萨看够，拉萨的魅力他们才刚刚感受，就要走了，所以他们来的时候，拉萨是新的，他们走时，拉萨还是新的。

不仅游人在拉萨时，拉萨是新的，就连游人离去，在以后很长的岁月中，拉萨也是新的，就像昨日亲历，他们会向周围亲朋好友不厌其烦地夸赞拉萨，在梦中不断重游拉萨。如果拉萨陈旧了，惹人厌烦了，人就不会多提它，懒得说起它。问题是，在来过拉萨的游人口中，拉萨总是被反复传唱。因此，拉萨总是新鲜的。

拉萨于游人眼中永远都是新鲜的，也就是说拉萨送给了游人新鲜，同时，游人也送给了拉萨新鲜。拉萨的许多老居民祖祖辈辈居于拉萨，几十年如一日，拉萨于他们已是家常便饭，早已失去了新鲜劲。只有游人，特别是夏天如井喷的游人，给他们带来了高原之外的新鲜空气，因此许多拉萨老居民总盼望着夏季来临，好见到那些新的游人出现，在他们的屋前，在他们的院子里，用夹生的"扎西德勒"向他们问好。有人不仅给他们带来了生意，也带来了新鲜的笑容。

　　拉萨河、雅鲁藏布江，把拉萨的水都带走了，但游人，好像又把拉萨河、雅鲁藏布江的水带回来了。游人一批批来了，又走了，又回来，把整个拉萨城的气息换了又换，因而拉萨城始终是新鲜的。游人是客人，对拉萨城来说，六七月迎来大队的游人是欢喜，却只是短暂的快乐，9月送走的是惆怅，10月以后到第二年5月，整个拉萨城大街小巷门可罗雀，留下的是苍凉，是寂寥，而且季节一换就是七八个月，漫漫无边。

　　在漫长的冬春待久了，拉萨城昏昏欲睡，恍然感觉自己是否真的要老去，要被人抛弃。但从5月开始，渐渐多起来的游客，又会使拉萨城缓过劲来，这棵老树又会重新长出新枝，很快，它又会长出新鲜的绿叶，这些绿叶就是新到的游人，游人于拉萨真是常青的绿叶呀。

天地交换美

拉萨夏天的雨下得好，一般不讨人嫌，大约会在上午时分稀稀落落下一点，到了中午，掉到地上的雨水就开始要还给上天。2014年，我在拉萨停留了一个多月，每天看到天空和大地间的这种交换，感到非常有意思，就那些个水，上午天空馈赠给大地，中午以后，大地又将水汽回报给上天。天空和大地礼尚往来，一天中竟如此密切，可见拉萨的天和地非常之和谐。

听说以往年份，拉萨下雨主要在晚上，特别是半夜，夜深人静，人们入眠的时候，这样的雨就更不惹人厌了。太阳一出来，雨即停止，正好人也要外出活动了。雨浇来一天的凉意，早晨起来转经、上班、上茶馆喝茶、遛狗，人就格外清爽，精神抖擞了，毕竟夏天有雨下，对任何一个地方而言都是令人欣喜的，因为头上有一个太阳需要克服。

经过天地之间的这么一交换，拉萨的大美就出来了。大地在将水送往天空的过程中，创造了无数美。首先是云蒸霞蔚，倘若山里和地面无水，又如何有水汽向上蒸发。水雾在拉萨四周群山的山腰积起，硕大而壮观。水汽也仿佛是拉萨的腰带，把大山左缠右绕，甚至可以说是胡搅蛮缠。山本清秀，一色的阴暗，少许的绿，经水雾白色腰带的缠绕，倒是绞成了上下两半。

但这样一来，拉萨的山就真的远离凡界，变成神山，飘飘欲仙了。水汽往上蒸，山往上升腾；云往四方飘，山也往四方飘；霞往远处走，山也往远处移，造化以水汽缠成带，足以揽众山；以云做浮船，足以度群山；以霞做牵引，足以拉群山投入光明日月。

雨后的整整一天，或者整整一个下午，水汽、雾、云都在拉动着整个拉萨城冉冉升起，拉萨城因此也更是圣城。站在大昭寺的广场上，天是靛蓝靛蓝的，多么圣洁灵通，而朵朵白云晶莹剔透，形态稳定，波澜壮阔，应该是上天度成的无数幸运的俗物。雾气、水蒸气上接于白云之下，下纳于青山之上，经过天地之间圣水的这一交换，无数的大美，包括风光的大美，人生的大美，都如雅鲁藏布江般滔滔不绝。

生命美

在南方很平常，见得不能再多见的小树林，在拉萨却是稀罕物，至今我只在色拉寺前、宗角禄公园、罗布林卡见过，在哲蚌寺前也有一大片。抬头望向拉萨周边的群山，大多数地方连一棵草都难以寻见，更何况是树木。在拉萨市区范围内，竟还能勉强存在一片片小树林，实属难能可贵。

要说拉萨的大美，不应该只是它最擅长的一些东西，最丰富的一些风

景，而更应该在它如何克服困难及取得的成就，在艰难中的不易。比如在荒漠峭壁中长出的一棵松树，这是公认的大美。蓝天白云尽管是拉萨的大美，是其他地方难及的大美，但更应赞美的是这儿生命的大美，比如坚守高原的牛羊、艰难中养活藏族人民的青稞，以及世代生生不息、顽强地与自然抗争的藏族人民，他们才是拉萨最大的美，连同这一片片树林。

宗角禄康的这一片片树林确实繁茂，恍然间你还以为自己置身于温暖湿润的南方，树木葱茏，参天蔽日，它们把宗角禄康紧紧地围成一圈，更在公园中央豪放矗立。这一片绿意也容易让人暂时忘却高原的艰辛，以为高原其实和内地一样有山有水有绿，是适合人居住的天堂。

但只要透过树梢，目光射过绿叶的缝隙，看拉萨周围的群山，你就会再一次领略生命的寒意。光秃秃的群山、寸草难生的群山，向你揭示生命的残酷，每年不知有多少种子、未来的生命，随风热情洋溢地扑向高原，飞向拉萨，落在这儿的群山上，但这儿实在太贫瘠，太缺少温暖，太缺少生命的护佑，绝大多数种子只能葬身在这片高原。

我又想起在拉萨参加的一次植树活动，溜尖溜尖的镐子刨下去，却被反弹了回来，因为碰到的是和镐子一样坚硬的石土，就好像一个初生的婴儿，没有温暖的床，只有冰凉的冰块，生命能存活吗？那一年我们种下了8棵树，第二年，7棵都死了，还留下了一个瘦弱的生命，至今我不忍再去看，就怕失望。

在拉萨看到小树林，那种感觉绝不仅仅是秀美，而是壮美、大美。

拉鲁湿地的世界

夏天的拉鲁湿地，草丛下面总是藏着一汪汪水，草丛浸在水中，茂盛的草，盖过了养它们、滋润它们的水。稍不留意，还以为蔓蔓的草地是拉鲁湿地的全部，其实它下面的水，还有水里面的万千物质和生物，才是湿地的精华。不过，见到这样繁茂无边的草，尤其是在艰苦的青藏高原，很多地方寸草不生的青藏高原，应知湿地的博大、肥沃和弥足珍贵。

虽是湿地，却是千千万万草类的世界，各种草类杂居其中，相安无事，甚至彼此促长，彼此映衬，有的高高张扬，有的匍匐蔓延，有的把头深深地埋向土里，还有的干脆在其他族群里见缝插针，高原草种的丰富，远超一般人的想象，绝不只是高山岩石上摇曳的几株。

　　高原上也有狗尾巴草，但实在艰难，一律是那么黑黑的、枯瘦的、干瘪的尾巴，不仔细辨认，还真难知道它就是祖国内地山冈上丰满的、洋溢的、骄傲挺立的狗尾巴草的同类。正因为生的艰辛，整个高原满眼的荒芜，湿地上稍有生气的百草就可以称得上繁茂，格外抢眼。

　　还有那此起彼伏的蝴蝶，在跌跌撞撞中，在阳光亮丽的照射下，白色的身影格外醒目。白云是高原最美丽的衣裳之一，而这遍野白色的蝴蝶，就如同白云落地，大袖一挥，抖出无数的小白云，在拉鲁湿地上翩翩起舞。还有许多的鸟类，在平原上绝对见不着的鸟类，鲜艳的五彩羽毛，尖尖的嘴，总是把两只脚搭在电线杆上，或者径直俯冲向草丛，每天都有干不完的事情，尤其有唱不完的歌。不过，声音再大，也脱不开拉鲁湿地的沉静，高原的寂静。

　　万千花草让拉鲁湿地一片静默，而穿梭的鸟雀蝴蝶又让拉鲁湿地充满动感。当然更有动感和新鲜感的，是湿润的、流动着的土地。

附录一：请来拉鲁湿地观鸟吧

候鸟们对人类的到来很是警惕，它们有自己界定的一个安全范围，如果人们迈进安全范围，它们立马会伸直脖子四处观望，不时还会发出"嘎嘎"的叫声，通过几番来回，你一定会发现哪只候鸟是"领头的"，哪只是"报警的"。

拉鲁湿地中的野生植物主要以芦苇群落和水草为主，这些可是鸟儿眼中的美食。在湿地中，还有一些大大小小的水潭，鸟儿们会选几个食物集中的地方共同捕食，吃饱了就在水面上小憩一会儿，飞累了也会降落到水面上休息一阵。鸟儿们有着自己的生活节奏。

需要注意的是，来到拉鲁湿地过冬的很多候鸟都是国家级保护动物，如果你想要和鸟儿来次亲密接触，切记要保持一定的距离，不要干扰到它们的生活。

拉鲁湿地充满魅力的景色为很多摄影爱好者提供了很好的素材，在路边有很多手持"长枪短炮"的摄影爱好者在湿地中寻找着自己眼中的美景。如果碰巧遇到几只鸟儿在捕食，那绝对会成为他们镜头中的主角。拉萨的冬天并不是很冷，但在拍摄时还需要注意保暖，避免长时间拍摄引起身体不适。

由于拉鲁湿地自然环境独特，物种资源丰富，同时又位于拉萨市区内，因此在很多方面它都具有较高的科学研究价值和开发优势。而国家级保护区的建立为拉鲁湿地的保护提供了基础与条件。

拉鲁湿地一边是拉萨市区的主要干道，一边是高山草地和灌木草场，明显的差别让人们经常误认为自己来到了乡野间。由于地理位置特殊，它不同于其他保护区，因此在保护时也需格外注意。2000年，拉萨市人民政府颁布了《拉萨市拉鲁湿地自然保护区管理条例》，在保护区内及周边地带禁止挖沙、采石、捕捞、割草、放牧，有力地保护了湿地的生态环境。（中国西藏新闻网）

附录二：下个春天来拉萨赏花吧

还记得在路过宗角禄康公园时看到的那片娇艳的郁金香吗？还记得开车路过机场高速时，在曲水县才纳乡看到的那块花田吗？牡丹花、郁金香、千叶玫瑰、薰衣草……这些对高原居民而言相对陌生的花种，明年（2014）在拉萨都可以欣赏得到。

两年内拉萨引进200亩牡丹

为了让雍容华贵的洛阳牡丹在拉萨绽放，给拉萨人民送去祝福和吉祥，河南洛阳市委农工委到拉萨实地考察后，决定支援拉萨种植牡丹。目前（2013年11月），5万株牡丹已经到达拉萨。

洛阳牡丹，花大色艳、国色天香，有"百花之王"的美誉。洛阳支援拉萨种植牡丹，不仅拓展了洛阳牡丹的栽培区域，而且让拉萨市民在欣赏牡丹的千姿百态和雍容华贵的同时，也达到美化环境、改善生态的作用。牡丹全身是宝，具有很高的经济价值。

据洛阳市委农工委副书记、洛阳牡丹协会会长智万一介绍，根据实地考察情况并与拉萨市政府沟通对接，支援牡丹种植项目拟定两年实施完毕。2013年、2014年各栽植牡丹100亩。拉萨两年之内要种植200亩不同品种的油用牡丹和观赏性牡丹，今年（2013）第一期他们投入了197万元，计划是种100亩。实际上，在曲水县有机作物示范基地内多种植了5亩，还有500株观赏性牡丹。观赏性牡丹在选种苗时选择了株龄在8～10年的，而油用牡丹选择的一般是适应性强、产籽多的种苗。观赏性牡丹明年5月左右就可以开花了，对于油用牡丹，为了确保第一年成活率，采用了一定技术让牡丹后年才开花。我们第二期100亩种植将于明年10月左右开始，到时我们会再增加观赏性牡丹20多个品种，让拉萨市民在拉萨也能领略到牡丹的千姿百态和雍容华贵。

宗角禄康公园给牡丹"保暖"

据宗角禄康公园管理处说，宗角禄康公园管理处为了帮牡丹"过冬"，购买了塑料膜将牡丹花苗周围覆盖起来，然后用泥土将地膜压住为牡丹保暖。宗角禄康公园管理办公室相关负责人说，宗角禄康公园里有许多植物，其中有部分名贵花种，但是从来都没有像这次这样冬天给植物加衣服。由于牡丹花"怕冷"，他们采取了特别措施。

去年试种郁金香成功、拉萨将打造国际格桑花节、雍容华贵的洛阳牡丹也将在拉萨绽放，还有千叶玫瑰、薰衣草等，在拉萨能欣赏到的花品种越来越多了。

宗角禄康公园种植了300株观赏性牡丹，共计15个品种以上，明年春天市民就可以到公园赏花了；还有曲水县的郁金香种植规模将扩大到200万株，面积达到70亩……明年春天，来拉萨赏花吧。（文：央金）

山美

有阳光，就会有生命。西藏的山因为有阳光，所以就有了生命。但远不止于此，西藏的阳光是全世界最灿烂的阳光，因而西藏的山也就格外有生命力，长期居于此的藏族群众甚至说，这儿的山是神山。

阳光朗照之下，拉萨的群山，纹络清晰可见，山体熠熠发光，每座山均呈现出各种不同的姿态，有俯有仰，有卧有坐，有抬头有伸脚，有前趋有后向，有沉睡有清醒，有歇息有劳作，有明有暗，有快乐有伤悲，有动有静。感受到这些，你不可否认他们生命的存在。

西藏寺院里的神佛，也是千姿百态，有的沉稳有加，有的游荡惯了，有的慈眉善目，有的青面獠牙，有的闭目沉思，有的凶神恶煞，有的开口大

笑，有的稳坐泰山，有的轻点浮萍，有的明火执仗，有的浮尘轻拂，有的默默无言，有的滔滔不绝，有的快乐无边，有的天生苦脸。一座座雕塑不仅有生命，更有神谕。

西藏的每位神佛都有佛光，天堂的荣光。每座山也都有阳光，世间最灿烂的光华。对神佛，人们膜拜，对神山，人们敬服。在西藏经济发展过程中，有时为了改善基础设施条件，难免要在山上插几根电线杆，为弥补物质不足难免要开矿，对此老百姓都生怕伤害了神山，触动了神威。不管如何，心情和信仰可以理解。

作为藏族群众，他们拜山、转山。作为旅游者，他们游山、赏山、登山。西藏的山不仅神奇，更坦率、真诚。不做任何雕饰，登高望远，无任何阻碍。登山更可阅山，阅山更喜登山。对山的征服，也是山给予人类的激励，雄伟的喜马拉雅山，不知受到多少人的景仰，即便不能登上那珠穆朗玛峰，今生也要到珠峰大本营、珠峰的脚下，望一望。

附录：转山，去色拉寺背后的帕邦卡

帕邦卡

色拉寺背后的帕邦卡其实是一个登山的好去处，因为帕邦卡的特殊地位，与其说是登山，倒不如说更像一个转经的旅程，行走其间还可以俯视拉萨城的风光。

据说，帕邦卡最初由松赞干布主持建造，且这里还有怙主三尊的自显像、松赞干布等人的修行洞等，因而此地获得了神圣的地位。吐蕃末期，达磨赞普灭佛时焚烧了帕邦卡，11世纪末帕邦卡复兴。从帕邦卡徒步转山，直到色拉寺或是哲蚌寺是传统的转经道。虽然平日里走在这条山路上的人并不多，但是每当到了盛大节庆时期，当地人甚至会提前一天晚上就在山上扎帐，天未明，山路上已有桑烟燃起，足音响起。（中国西藏新闻网）

树林氧吧

　　夏天在拉萨要是缺氧，就找树林，树林是氧气加工厂，是天然氧吧。生活在拉萨，有树林和没树林的地方，给人的感觉完全不一样。在拉萨获得氧气就意味获得了精神，采得了元气，拾得了生气，重释了生命。而获得更多氧气，就意味着获得更多精神，采得更多元气，获得更多生机。氧气在拉萨

从来是多多益善，从无满足。

人在其他城市乌烟瘴气的马路上、街上走时，往往会感觉莫名的身心疲惫、步履艰难，甚至有气无力。面对这大美的拉萨，也是心有豪情，怀有壮志，想一一浏览，想尽心阅遍，无奈氧气不给力，无奈身体难支撑，最终一个个美好的计划只能是计划，人只能悉心静坐，甚至卧床休息，任窗外大好美景，无尽乐趣，无数珍奇，一一错过。似乎要小命不保，何顾风景。

全球气候变暖于科学家是一个争议甚久、甚广的议题，但对于青藏高原，却有一些福音。全球变暖给青藏高原带来了更温暖的气候，带来了更多的雨水，高寒和干燥得以缓解；漫长年代里寸草不生的裸露山岩，光秃秃的实在太羞涩的群山，也开始着上些许绿衣。尤其在夏天，不再是满眼的荒芜，青藏高原的山川戈壁也有了绿色点缀。

近几十年来，加上植树造林，拉萨的树多起来了，林壮起来了。树林对于青藏高原实在太宝贵了。在我的居所附近，色拉北路，色拉寺前，近年就茁壮成长起了一大片树林。在天然水分蓄积及人工灌溉工程的呵护下，这片林子越长越茂盛，上有大树，下有百草，禽鸟穿梭，百花盛开，近乎江南美景。

从树林之外很远的地方，只要靠近树林，一股清新的气息，一股让人心满意足的陶醉气息，一股让人深吸到肺底、中间不断供的气息，一股让内地人久违的气息，就扑面而来。在树林中不再埋怨青藏高原，在高原其实什么都好，而且更好，唯一的不足是氧气缺乏。有了树林，高原不仅是全世界最高的地方，也会是全世界最好、最快乐的地方。

阳光下的高原文化

　　阳光孕育生命，高原的文化就是高原的阳光孕育而成的。所有的文化都是生命，都是生命的活动，起码是生命的痕迹。青藏高原文化独特，文化活力旺盛，与它豪华的阳光、无比饱满的阳光、无比博大的阳光、世界上其他地方都无可比拟的阳光有关。可以说，高原有其阳光，必定会有其文化，阳光催生万物，包括文化。更加灿烂的阳光也催生出更加灿烂的文化。

　　在青藏高原，不仅仅是生于斯，长于斯，世世代代驻守于此的藏族人民会创造灿烂的文化，来自祖国各地的人们，来自海内外的人们，来到青藏高原后，无不在高原阳光的映照下，孕育出心仪的文化。他们或者对高原已有文化着迷，长期致力于高原文化的阐释、探索、研究，或者在这高原上，在自己的专业领域，做出自己的心得、学问，或者从此就蹲在高原，娶妻生子，为高原的物质文化和精神文化做出自己贡献。

　　还有许多旅游者，他们从自己原有的文化出发，对高原进行重新解读，或者在高原的启发下，在高原阳光的催生下，更加光大自己的文化。有多少人从青藏高原回去以后，虽然没能带走这里的阳光、蓝天、白云，却带走了这里的思考，这里的灵气，这里的心情，从此改变了自己，也试图以高原的祥和馈赠他人，以高原的胸怀影响他人。

　　走在青藏高原，阳光在热烈地照耀，在

温暖地挥洒，在无微不至地关怀，更重要的是，它似乎在热切地期盼，希望高原上的每个人都是阳光的，因阳光的照耀、阳光的执着而阳光。高原的逻辑是，一个人有了阳光，就会有充分的力量既照顾自己，又去关爱他人。

阳光已经充分而慷慨地给予，即便再贪得无厌的人，在这高原也应该对阳光满足。一个人既然从阳光中得到了满足，他便会感恩于阳光，他便会把阳光转赠给他人。高原上的众人都在向他人馈赠阳光。和谐的文化、富有创意的文化、灿烂的文化由此诞生。

高原文化的繁荣，实在是由于阳光的灿烂。高原文化的大美，与阳光的大美有关，与文化最本质的自然源泉有关。

裸山美

拉萨的风光其实不在室内，而在室外。但如此说似乎又有所欠缺，不论是拉萨夏天的山还是春天的山，或是冬天的山、秋天的山，总之上面总是什么都没有。即便是秋天，拉萨的山上也是一无所有，祖国内地的收获在拉萨的山上只是一个梦想而已。冬天，拉萨的山和内地的山一样一片萧条，尽管它是长年萧条。而且更覆盖上一层白雪，比别的地方的山更能掩盖自己的虚无和羞涩。拉萨的山在春天仍无动静，即便这是一个孕育的季节，以至于整整一夏，拉萨的山上不会有任何内容。在广阔的祖国内地的山，夏天绿意涌动，树木葱茏，生机盎然，但拉萨的蓬勃仍旧不能破壳。

没有绿意阵阵，没有花鸟虫鱼，没有生命和生气，拉萨的山能算是美，能算是风景吗？这让我想起了长着骄傲羽毛的飞禽，和仅有鳞甲的游鱼。祖国内地的山覆盖着葱茏的草木，西藏的山仅有嶙峋岩石，但能说一个有生命，另一个没有生命吗？

很多时候，草木的疯长，反而掩盖了山本身的肌肉和骨骼。在祖国内地，我们说见到的山是山，实则见到的只是山上的毛发而已。只有在西藏，

比如在拉萨，我们见到的山才是实实在在的山。山的本来面目在其他很多地方都被误导了，很可能只有在拉萨，我们才可完完全全地见识到山的本来面目。祖国内地的山自从长起林木，长出各种各样的林产，包括庄稼、花草、果实和野味，就失去了自己，便把自己委身于他人、他物了。

只有拉萨的山才是真正的山，你看那山的骨骼多么硬朗，一年四季都在那坚强地伫立，不需要其他什么来遮掩；你看那山多么有自尊，不管风吹雨打，它兀自坚持着自己本来的模样，不需要掩饰什么；你看那山的容颜多么本色，是山就是山的颜色，不需要借用花的红色、果的黄色、树的绿色来装裱。

只有西藏的山，拉萨的山，才真正表达出了山的性格、山的豪迈、山的灵气。你看那一座山其实就是一块大石头，全拉萨的山其实也是一块大石头。只是这块大石头蜿蜒千里，绵延四方，像艺人的胶泥一样，塑成一座座群山的形状，姿态万方，举止万端。如果拉萨的山也像祖国内地的一样，堆满树木花草，山的真正面目又何以能见。

要看世界上山的真正模样，也就是要看真正汉子的本来肌肤，真正美女的本来面目，去掉乱七八糟的装饰，甚至以假乱真的虚假，还是要到拉萨，要来西藏。

圣洁之美

　　也许是阳光明媚、光照充足、空气清洁、能见度高的缘故，夏天拉萨的山、拉萨的植被，是一种异常鲜活的绿色，这种绿最接近于绿的原色，没有任何一点其他的颜色来干扰。高原是圣洁的，连这绿也是圣洁的，真让人对拉萨的不同寻常赞叹。

　　拉萨周边是紧紧环绕的群山，看这些群山，没有一个是模糊的，甚至曲径通幽的山谷也没有一处是昏暗的。即便是用肉眼看，山上的石头也历历可数。拉萨真是圣明，没有污浊来阻挡，国内很多地方很近的距离，也是模糊不清。污浊的空气含有大量的粉尘，把人的眼睛给障住了。

　　在拉萨这样一个清明的环境、洁净的世界，人的心里亮堂极了，仿佛人的活动范围一下子扩大了好几倍，人的精神境界一下子充盈了好几丈，人的

能力也被极大地扩张，能够驾驭的世界舞台也更加宽广了。青藏高原的神奇竟首先表现在这些感官，比如眼、耳、鼻、舌的赋能上。

还有，拉萨的天也蓝得纯粹，几乎没有一点杂色，世界上纯蓝的原色应该出自青藏高原，这里的蓝让你领略到什么是真正蓝的本源。世界上物质的力量真伟大，仅仅一种纯粹的蓝色，就足以动人心魄，撩人心智，沁人情怀。

还有，拉萨的水也净的纯真，天上掉下来的圣水，没有被工业糟蹋过。从雪山冰川发源，拉萨河的水潺潺，人即便在城中也可闻其声；即便在很远的地方，拉萨河的清澈依然可见，这是一种透过时空的清澈。

青藏高原是一片年轻的大陆，拉萨的一切也还是原始的本色，这些没有被污染、被干扰的本色，正代表了大自然最原始的力量，不论是回归人的本质，还是大自然的本质，这力量都是伟大的。到了拉萨更能让人反思我们的人生、生态和社会，究竟什么是我们应该保护的、传承的，而什么又是我们应该改造的，甚至另立的。

到了拉萨，人更应当想起保护生态，人类应多返璞归真。

美的大与小

拉萨的大美在于它的无处不美。许多地方称作美，只是小美，比如一条小河，或者一处山崖，或者一条瀑布，而拉萨的美不仅包括山川，还有河湖；不仅包括蓝天白云，更有巍峨山峦；不仅包括自然，更有人文；不仅包括物美，更有人美。拉萨的美是全方位的美，由表及里的美，系统的美，而且也是实时的美，一天24小时的美，一年365天的美，是真正的大美，也只有这样，方可称为大美。

拉萨是没有围墙的自然博物馆，风景名胜，俯拾皆是。只要有心，有眼光，拉萨任何地方都可能令你流连忘返。

拉萨的自然风光一般不设围墙，除了几座寺院，几个人文景点，拉萨的

风光游、文化游几乎都是免费的。想赏河即可观河，想登山即可登山，至于天上的蓝天白云，更是时时处处的免费午餐。而西藏以外其他许多号称风景区的地方，实在风光有限，而且生怕春光外泄，好风景变不了钱，因而稍微漂亮点的地方即被圈起来，名曰保护，实则是为收门票赚钱。游客们要得到一点点眼福，必要破费。

拉萨的美之大，也在于这么一片偌大的高原，都是美的。而拉萨受高原的拱卫，城虽小，但西藏却很大，拉萨的美并不仅仅在于小城之内，小城之小，还在于城外，茫茫的高原之大。以拉萨为中心，往北去西藏北部那曲，往西去日喀则和阿里，往南去山南和灵芝，往东去昌都。目前已经形成系统的旅游线路。

拉萨的美之大，不仅在于它的无时、无处，还在于它的胸怀和气度。拉萨的大部分美是向游人免费奉送的，即使有些地方收费，门票也没有区外一些同类景点的高。高原赋予游客的大美，是无私的、全心全意的、没有半点保留的。

志愿者之美

　　拉萨的神奇和大美，也吸引来一批志愿者。拉萨是当前全国各大城市中吸引志愿者最多的城市之一。志愿者来到拉萨，服务大美拉萨，他们的工作条件和收入都很有限，而且需要克服其他地方所没有的高原反应。但他们以自己的奉献、自己的无私、自己的吃苦耐劳、自己的知识和技艺，为拉萨的大美增添了色彩。

　　这些志愿者分为民间志愿者和官方志愿者。民间志愿者主要分布在餐馆、旅店、商场和其他商业设施中，征募方一般仅提供简单的食宿，偶尔也会有一些员工福利。而志愿者通过志愿活动，能够给这些边疆少数民族地区的商业设施带来新的经营理念、服务风范，尤其在西藏的经济旺季，缓解了劳动力不足的问题。

　　志愿者在为西藏服务的同时，也充实了自己，尤其是获得了与一般打工者不一样的工作体验和生活感受。志愿者的行为首先是公益行为，不是赢利行为，因而在处理上下级关系，老板与员工关系时比一般雇员更灵活。很多人是站在帮扶者、支持者的角度介入社会工作，这便于他们输入一些先进的理念和思想。同时，志愿者比雇员更独立，能更有效、有创意地开展社会工作。

　　志愿者工作的同时，也获得了与一般旅游者不一样的审美感受。旅游者在西藏停留时间有限，而且主要是站在社会的外围看社会，以观光为主，难以获得对西藏，对拉萨无论是自然风光，还是人情风物、历史宗教的更深入认识。而志愿者是社会事务的参与人、局内人，与藏族雇员同吃同喝，同工同劳动，这样更容易耳濡目染，感同身受，获得对西藏更全面的了解。

　　对来西藏的许多人，尤其是年轻人而言，在条件允许的情况下，他们认识到，当旅游者不如当志愿者，当志愿者能在饱览西藏大好风光的同时，更深入西藏社会的方方面面，在愉悦的同时，为拉萨服务，为西藏服务，为国家服务。

　　志愿者，是拉萨大美的参与者、支持者、创造者，同时，也是受益者。

母亲河

青藏高原是世界上许多地方母亲河的发源地。母亲河在此孕育生命，待身体成型，然后一路前行，才有后来的茁壮成长，发扬光大。拉萨也是母亲河的发源地，它贡献了拉萨河。拉萨河在拉萨曲水汇入雅鲁藏布江，其恩泽广播国内外。在拉萨，要看高原是如何闪耀母性的光辉的，是如何孕育母亲河的。

夏天是来看母亲河如何生产的最好季节。如若冬春来到拉萨，你会发现青藏高原上的母亲河的乳房是干瘪的，偌大的河床是高原母亲胸脯上的乳房，但挤出的乳汁却只是一丝丝，一股小小的细流蜿蜒在宽阔的河床上，沙滩太大了，太干巴巴了，以至让人怀疑，河床这么大，过于浪费，这么小的细流能孕育出长江和黄河吗？所谓的母亲河充其量只不过是一条小溪，怎么能够把它与雄壮威武的江河湖海相提并论呢？

但不容忽视的是，冬春时节全世界大都一片干枯。即便是高原上的这一股股涓涓细流，也弥足珍贵，世界上很多河流甚至都已经断流了。细流虽小，却无限惠及了母亲河，在最艰苦的季节不能充分供给，有供给就行了，在最困难的时候说不上生机勃勃，但能够生存就不错了。这样的恩泽，能够保证很多河流不断流，使河流的生命在季节的轮回中得以延续，使河中的众生不会遭受灭顶之灾。高原其实也是冬春干燥少雨，但无数的雪山、冰川、大湖，在这个季节发挥了中流砥柱的作用。所以要问，在高原，母亲河是如何孕育的，首先要感谢这些雪山、冰川和大湖。

到了夏天，你可以充分感受到高原母亲河的伟大。宽广的拉萨河，此时已经涨满了水，如同母亲饱胀的乳房。水漫遍河床，水位不断抬升，快齐到河堤的胸脯上了。此时的拉萨河是最骄傲的，没有谁再责怪它占着河床不流水了，也没有谁再小看它了，更没有谁再敢欺负它只是一条小河了，作为母亲河，它还要孕育更大、更有气势、更澎湃的大河。

　　母亲河在高原上。因其高度，高原上的河流也不同于祖国内地的河流。拉萨河与云天几乎脸挨着脸，上面是宽阔无边的蓝天白云，下面是宽阔无边、波澜壮阔、实力雄厚、势不可当的拉萨河，两者几乎融为一体。拉萨河是高原之外河流的天河，而蓝天白云，是上天流动的天河。

　　在拉萨看高原的天河，以及看母亲河如何发源，如何哺育，心中和河水一样澎湃。

附录：拉萨河纪行："男商女牧"续新篇

堆灵村紧邻拉萨河支流拉曲河，位于当雄县宁中乡南部，平均海拔4350米，一直保留着"男商女牧"这个西藏北部草原上长期遗留下来的传统。堆灵村为当雄县人口最多、辖区最大的行政村，也是全县经济发展最好的村。

1400多公里的念青唐古拉山，峰峦连绵，高耸入云，雄伟壮观，绵延在西藏中东部。藏族群众自古就把它尊为藏地的著名神山之一。"念青唐古拉"亦译为"念青唐拉"，意为神圣草原大神，被尊为众多北部草原山神的主神，受到西藏北部牧民的尊奉，也被看作是"财库守护神"和掌管冰雹的神灵，同时也是布达拉宫的保护神、卫藏四茹的保护神。

每年的藏历五月十五日，来自当雄县及周边地区的藏族群众就会聚集到念青唐古拉主峰脚下，虔诚地焚香朝拜这座神山。

而海拔7111米的念青唐古拉山主峰就位于堆灵村境内。"堆灵"藏语的意思为"河流的上游"，即念青唐古拉主峰冰川融水形成的河流的上段，被当地人亲切地唤作拉曲河。它在堆灵村旁缓缓地流淌着，唱着轻快的歌投入拉萨河的怀抱。

堆灵村，这个西藏北部草原的古老村庄一直保留着"男商女牧"的传统。所谓"男商女牧"，即女放牧、男经商。"女牧"为"男商"供给货源，"男商"负责销售和加大资金积累，并投入新的经营，以此来增加收入。在新社会，"男商女牧"的经营模式已由原来单一的畜产品买卖和交换，发展到现在的多种经营，其中，交通运输业、畜产品交易、商品批发零售和银器加工业等占了相当大的比重，经商范围也从本县扩展到了其他地区，从区内发展到区外。近年来，堆灵村牧民在各项惠民政策的助推下，致富道路越走越宽。

走进堆灵村，一幢幢白色的藏式二层小楼犹如雨后春笋般拔地而起，矗立在青藏公路沿线。明亮保温的高寒两用温棚里，各种高寒地带难得一见的绿色蔬菜，长满了温棚各个角落。成群的马儿徜徉在生机盎然的草地上，牧民悠闲地扬鞭驱赶着牛羊，幸福美满的笑容出现在起皱的年老牧民脸上。

其中，一家12口人的次旺久美的新居，在蓝天白云下显得尤为气派。这是2007年，在国家扶持1.4万元的前提下，次旺久美自己投入25万元，修建的近300平方米的二层楼房。

然而，10年前的次旺久美家还因为人多、牲畜少，生活困难时常靠政府救济，是整个宁中乡有名的贫困户。

穷则思变，变则通。为此，一向做事雷厉风行的母亲其美玉珍召集家庭成员开会，达成了一致意见：外婆仁珠、母亲其美玉珍、姨妈次仁旺姆、妹妹德吉央宗、大嫂桑丁卓玛负责照看家里的牧场、看管家里的牛羊；大哥巴桑多杰、弟弟达瓦多吉和次旺久美一道走出牧场去做生意。

在母亲的叮嘱下，带着一家人的期盼，初中毕业的次旺久美带着哥哥和弟弟，贷款30万元，北上那曲批发牛肉，贩卖到拉萨的小昭寺市场；向东到丁青、索县、嘉黎等虫草大县收购虫草，到拉萨的专卖店批发销售。

功夫不负有心人。三兄弟通过向别人学习做生意，不断增长见识，逐步积累经验，三年内就还清了所有贷款。但他们没有满足现状，又与村里的5个牧民商人合伙，大量收购和贩卖牛肉、虫草。如今，三兄弟每年的流动资金就达150万元，年纯收入30万元。

母亲率领的"放牧队"也收获颇丰。现拥有存栏牦牛55头，羊150多只，马5匹。不过，母亲其美玉珍介绍说，这5匹马是用来参加当雄赛马节的，只要他们三兄弟能在比赛中拿到一定的名次，就会得到一笔不菲的奖金。得到物质奖励还在其次，能在赛马大会上获奖，这可是西藏北部牧民的崇高荣耀，别人都会伸出大拇指夸赞三分。

2010年年底，次旺久美与哥哥、弟弟商量后，花20万元购买了一辆越野车，彻底改变了三兄弟骑摩托车走村串户经商的日子。

次旺久美的成功使他成了大家美慕的对象，也使他成为村里的致富带头人，不甘落后的乡亲们纷纷效仿。如今，这个拥有662户、3600人的村庄在各级政府的关心下，乘着市场经济的春风，让这一"男商女牧"的传统，重新迸发出新的活力，成为全县经济发展最好的乡。

腰包渐渐鼓起的牧民们纷纷搬出帐篷，住进安全适用的新居，过上了稳定舒适的好日子。现在的堆灵村，门前有健身场，村里有卫生所，水泥路修到每家每户门口，太阳能路灯照亮着草原的夜空……特别是近些年来，农牧民群众的收入逐年增加，2011年全村年人均收入不到5000元，2012年则增长到8600元。

　　谈起以后的发展道路，驻村工作队队长刘小兵显得胸有成竹："随着近年来牧区部分草场退化和国家实行退牧还草政策，牧区牲畜养殖量必须在一个科学的数量范围内才能实现畜牧业的科学发展和可持续发展。根据部分畜牧业发达地区的生产经验，势必有部分人员成为富余劳动力。而堆灵村位于109国道沿线，拥有独特的地理、交通优势，另外，这里有着丰富的旅游资源，是前往纳木错旅游和欣赏念青唐古拉神山的必经之地，不少游客都会慕名逗留观光，给当地群众带来了不小的旅游收入。所以，大力发展以旅游为代表的第三产业，将堆灵村打造成集旅游、休闲、娱乐于一身的新型农村将是它未来的发展方向。"（《西藏日报》）

夕阳下的河景

夏天晚上八九点钟的拉萨河应该是我见过的河流中最美的。它的漂亮首先来自它的光影，此时祖国内地的河流已经随同当地的天空入暮，进入黑暗后就只能是暗自流淌，自己流给自己看，大概也就不会打扮，没有美丽可言了。而在这日光城里的河，晚上八九点阳光仍然饱满，高原上的河流仍是神采奕奕，单就此时的光影而言，我所见过的祖国内地的河应不如。

此时阳光饱满，但没有了中午时分的炙热、滚烫的火烧，仅余温暖，像微火一样温暖，可以抵御寒气，由此人可以随意漫步在河滩。河水反射的强光也退了光度，不至灼人眼睛。此时，宜背朝西面，躲过夕阳，往拉萨河的上游河滩方向漫步，看水的光影如何随着水的流动、跳跃，潺潺变幻，这实在像河水放出的一幕幕生活电影，刻画了种种境遇和生活流行色。

拉萨河宜人，此时的宜人可概括为几个方面，宜闻、宜观、宜游。河水的潺潺声实在是一支支变奏曲。黄昏了，游客们在做一天中最后的风景采撷，没有必要像早晨那样匆忙，怀揣一天一大堆的游览计划，生怕错过时间、车程等，以致心难宁静。在这黄昏，该做的都做完了，没做的也已经错过，或者迟了。黄昏的一切，包括聆听拉萨河，心是最放得下的，也是最能用心的。

拉萨河的变奏，是高原的变奏，是蓝天白云的变奏，是天国的变奏。水中流淌着高原，水中晃动着蓝天白云，水中映着天国的影子。河在高原上，比它高，从四面八方、从上下左右干扰它、掩盖它、约束它的事物已经不多了，所以它演奏出来的声音能够百分之百传开来，它对高原的表达也是彻彻底底的。在高天厚土之间听拉萨河，每个人只要稍用心听，一定能听出点什么。

傍晚，或者阴天，拉萨河畔吹出的风都是清爽的风，尽管拉萨不乏太阳的直接照射，也有炎热，但城外不远处时时躲藏着的雪山，从那时时赶过来

　　的冷空气，不会允许拉萨的风里有丝毫的热流。不像重庆的夏天，人如同待在热气球里。夏天的傍晚在拉萨河边走，可不是乘凉、避暑、防热，而是要注意防寒。

　　拉萨河晚上9点才开始有些要入暮的意思，这时你顺着河在河滩上往上走或者往下走都自己随意，虽无金阳了，但光线仍然充足，这时的拉萨河泛出了更加深沉的光芒，邀请游人逗留，直到河滩上的人变成黑影。

附录一：拉萨河简介

拉萨河，中国西藏自治区河流，藏语称"吉曲"，发源于念青唐古拉山南麓嘉黎县彭措拉孔马沟，向西南流经拉萨市，至曲水县汇入雅鲁藏布江。拉萨河下游河谷开阔，是西藏的主要耕作区。拉萨河流域北部和东北部与怒江流域相邻，东部与帕隆藏布和尼洋河相接，南部为雅鲁藏布江干流，西部和西北部为西藏北部内流水系。河源地区为平坦湿地，海拔5200米，汇入口海拔3580米，总落差1620米。从源头始，至彭错、色日绒、绒麦、直孔等地，于曲水县附近汇入雅鲁藏布江。流域东西长约551千米，流域面积32471平方千米，占雅鲁藏布江流域面积的13.5%，是雅鲁藏布江流域面积最大的一条支流。流域北部山峰海拔5000～5500米，谷底海拔4000～4500米，相对高差约1000米。流域南部山峰海拔4000～4500米，谷底海拔3580～4000米。其干流河段水能蕴藏量171.7万千瓦，在雅鲁藏布江各支流中位居第三位。（中国西藏新闻网）

附录二：拉萨河与市民

拉萨河对拉萨的发展有很大的影响。拉萨市民很热爱这条河，每到周末或节假日，成群结队的拉萨人或开车或步行到拉萨河沿岸、河谷，搭上帐篷，或钓鱼，或戏水，或沐浴，喝着酥油茶，吃着从家里带来的各种美食，尽情享受拉萨的灿烂阳光与闲情逸致，很像汉族的野炊。拉萨河在拉萨的南部蜿蜒而过。站在拉萨河畔，浑浊的河水缓缓地从脚下流过。拉萨河的南岸是沙地和不多的草木，再远处是光秃秃的石山。山的远方依然是山，连绵向远方伸展。阴沉沉的天空，几朵云像是从山背后冒出来的。拉萨河的北岸是很宽的河畔广场，有白色的栏杆和座椅。三三两两的游人在河边漫步，其中很多是成双成对的。拉萨河畔，还有一座青藏、川藏公路纪念碑。这是1984年12月25日，为纪念青藏、川藏公路通车30周年而建。又20年过去了，青藏铁路已经通车，但青藏公路和川藏公路仍然是西藏的运输动脉。（中国西藏新闻网）

阅高原云象

　　人在高原可以搬一把椅子，坐在窗前，天天看云，仿佛阅尽了人间万象，尽情铺陈人情世故。由云象，知天意，得人事。人世的一切，就在这浮云之中，无须下得楼去，出得屋去，下得高原去，大可在此阅一辈子的风风雨雨。

　　面对纷繁复杂的云象，你初看可能觉得热闹。但细思量，有点手足无措，不知所云。你以为你懂云，但云实在是变化万端，寓意万千，人难解其中之一味。于是智慧之人读云时，从来不急于求解暂时答案，而是细细观察，慢慢品味，每有心得，即欣喜若狂。

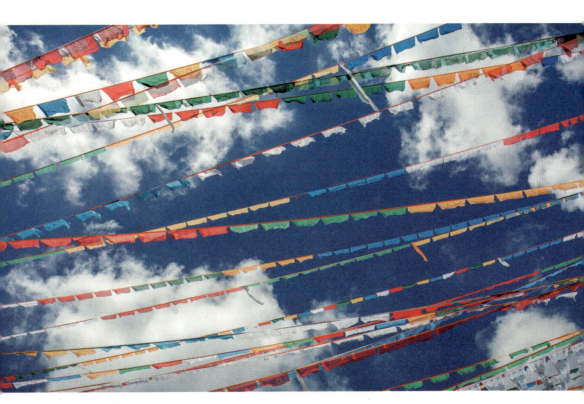

读青藏高原的云不是单纯的一个思维的产物，任何理性的动物往往都会徒劳而归，因为云象繁杂，甚至无序，没有一点思维的逻辑，更谈不上理性的光辉在闪耀。

　　读青藏高原的云也不是一个纯粹的感性的产物，感性的人在得其表象之余，也能得其真意。但青藏高原的云实在变幻莫测，光靠人的感性难以达到其真实的、有价值的表达。

　　要读懂青藏高原的云，必须是理性和感性的统一，而且是理性和感性的较完美统一，较高层次统一。

　　在拉萨看青藏高原的云，青藏高原很高，青藏高原的云更高，要读懂青藏高原和它的云，人不能只是站的位置高，思想也要高远，感受也要深刻。可能先要读一大堆书，阅一大堆世事，才可当此宏大的高原云象。

第三章
DI SAN ZHANG

天堂佛地

罗布林卡的园林

罗布林卡的园林，让人忘记它是坐落在青藏高原之上，甚至连游览者本人也会忘记自己是在青藏高原之上，这里树木郁郁葱葱，绿草如茵，在炎炎夏日，一片清凉、湿润，空气尤其清新、饱满，一反高原缺氧的常态，整体环境的舒适度甚至许多其他地方都不如。一进罗布林卡，就如同进入了世外桃源、人间福地，尤其是对青藏高原这样环境艰辛的地方而言，罗布林卡绝对称得上奢侈。

罗布林卡有着众多的参天大树，大多是青春似乎永远不会逝去的古树，它们高大的树干、密密麻麻的枝叶，完全遮掩住了天空和拉萨四周的高原环境。人走在园林里，举目四顾全是园林，眼光很少能突出林外，就被这深深的园林包围。所以容易让人暂时忘记自己身处高原，仿佛到了南方的深山老林一般。

坐在罗布林卡的大树下、草地上，是一种难得的高原享受。高原其实并不是不能生长树木，不是不能变绿，只是目前绿色的规模尚小，人工培育的力度还要加强，只要因势利导，充分利用各方面条件，包括自然条件和社会条件，拉萨的绿化面积是可以继续扩大的，大美的拉萨必定不缺绿色。近年来，随着全球气候变暖，拉萨绿化的步伐也在明显加快。

　　置身于罗布林卡的园林中，几乎不再有高原缺氧的感觉，夏天刚到拉萨的旅行者，如身体不适，有高原反应，不妨先游罗布林卡，也不要匆匆赶着看罗布林卡的古迹，进一个个颇章像赶集一样，转一个景点像走马灯似的，可花上稍长的时间，边走、边逛、边休息，尤其碰到园林中的大树、草地，不妨坐下来静歇。

　　游罗布林卡，不仅要带走这里的风景，还要带走这里天然氧吧的感觉，体会高原之上平时在山下才有的、已经习惯的惬意。如此，对高原的高寒缺氧就不会有过分偏激的认识，而是会认为这里也有环境友好、气候宜人的地方。

　　在高原要缺氧，与其带上人工氧气瓶，不如到罗布林卡试试天然氧吧，尤其是夏天的时候。

纳木错的神仙爱情

藏地最著名的爱情故事莫过于文成公主与松赞干布的故事，但在广阔的西藏北部草原上，人们耳熟能详的则是一对神仙的爱情故事。

纳木错是帝释天的女儿，念青唐古拉的妻子。念青唐古拉——头戴盔甲、右手举着马鞭、左手拿着念珠，骑白马；纳木错——腾云驾雾地骑着飞龙、右手持龙头禅杖、左手拿佛镜。念青唐古拉山在北方诸神灵中最具权威，它拥有广大无边的北方疆域和丰富的财宝。

最正版完整的故事中，两位神仙并非和睦甜蜜。念青唐古拉山并不是位体贴的好丈夫，纳木错也会跟小山神偷情。然而世间的人们总愿相信美满和天长地久，于是纳木错与念青唐古拉山便成了万年相守的模范夫妻，忠贞不渝的神仙眷侣。

我也带着这样的圆满心理，诚心地相信，这一对碧湖雪山拥有最美的爱情。

就像感情世界中，抵达甜蜜的路途总得翻山越岭，要到纳木错，得先翻过5190米的那根拉山口。听闻许多初上高原的游客，常在此经受不起高原的考验，只能站在山口远眺圣湖，便匆匆吸着氧气打道回府。

我和结伴而行的女孩属于经受住了考验的那一群。带着探寻情人湖的心情，却和一位挚友而非女友来此旅行，似乎有些别扭，但这样的组合，却更能抛开多余的牵绊，去尽心聆听圣湖的情话。

车子从山口向湖边驶去，穿过莽莽的牧场，抵达了伫立着迎宾石的扎西半岛。

不能免俗地与这个迎宾石照了个标准像。迎宾石也被称作"夫妻石"，它们是纳木错湖的门神。相传纳木错女神掌管着藏北草原的财富，所以当商贩外出做生意时，必先来到此地祈求门神，在得到门神的同意下方可朝拜纳木错，以保生意兴隆。

　　放眼望去，这"天湖"之称果然不是吹牛而已，碧波万千向西北延伸，远远赶到天边与它汇成一线，而西南面，念青唐古拉群山则服帖地顺着湖岸横卧，主峰白雪莹莹发光，真像一位好脾气的丈夫。

　　扎西半岛游人众多，我们想给自己留个海阔天空的潇洒身影，却总是成为"集体照"中不显眼的一员。幸而我们有足够的时间，开始环扎西半岛徒步而去。

　　纳木错，水之密语。公元12世纪末，藏传佛教达隆噶举派创始人达隆塘巴扎西贝等高僧，曾到湖上修习密宗要法，该湖被认为是胜乐金刚的道场，于是创下了羊年转纳木错湖的传统。传说，每到羊年，诸佛、菩萨、护法神集会在纳木错设坛大兴法会，如此时前往朝拜，转湖念经一次，胜过平时朝礼转湖念经十万次，其福无量。于是，每到藏历羊年僧俗信徒不惜长途跋涉，前往转湖。这一活动在藏历四月十五达到高潮。

　　念青唐古拉山，纳木错边。念青唐古拉山脉绵延700公里，是西藏重要的地理分界线，它是雅鲁藏布江与怒江的分水岭，并将西藏划分成藏北、藏南、藏东南三大区域。其主峰在离拉萨约170公里的公路一侧，由三座终年积雪的雪峰组成。在宗教上，它被认为是西藏四大神山之一，藏北群山之首。

附录一：记忆的玛尼石

在我陋室蜗居的案头摆放着一块我常与之神交的心灵宝贝——用棕色砂岩刻成的玛尼石，它来自海拔4700多米的高原圣湖——纳木错之畔。

纳木错，藏语意为天湖。它依偎在终年积雪的念青唐古拉山脚下，明静辽阔，水色万千，是一处少有人迹污染的神圣之地。

我到达纳木错时已近傍晚，路上的风尘疲惫被湖中的涟涟波光一扫而清，取而代之的是欣喜和惊叹。浩渺的天湖碧水在黄昏时刻显得一派平和坦荡，水底满布着鹅卵石，站在岸上也清晰可辨，绵延的雪峰屹立在湖的彼岸，"满映"着夕阳的金辉，湖水也被染成一池碎金。几位藏族女子身背水桶从岸边走过，踩出一路浪花，散落一段歌声。当夕阳落尽，夜幕快要降临的时候，几个外国客人开始在不远处的坡地上支建帐篷，而这时我还在岸边，沉浸在醉人的暮色中……

在藏区，大凡宗教场所或是神山、圣湖附近都少不了玛尼石、玛尼堆，甚至是玛尼墙的踪影。玛尼石到玛尼堆或是玛尼墙浓缩了藏族信众的精神世界。石头上满刻的经文和图样饱含着生者对来世的憧憬与寄托，也饱含着对故人灵魂的提升与顺利转世的虔诚祝愿。

我眼前的是一座规模不大又没有什么植被的石山，与湖对岸的雪峰遥遥相望。在一处面湖的断崖石壁下有几个大小不等的洞穴一字排开，一位苦修的女尼住在其中，这便是我将要借宿的地方。她的居住空间是由一个大洞一分为二改造过的修行洞，分为修行、起居两部分，中间是一道垒起的石头墙。女尼友善地将修行洞让给我，我也拿出随身携带的一些食品和现金送给她权作供养。女尼手脚利落地将几只垫子展开铺在地当中，接着开始为借宿的游人烧茶煮面。这时天已全黑下来，洞内除了佛龛前的长明灯，在灶边又点起一盏酥油灯，昏暗的光线下有一刻大家都静默不语起来。

中等身材，看上去身体十分健壮的女尼那年23岁，由于语言不通，至今我也不知道她的名字，只知道她五年前从青海长途跋涉来到这里苦修。这里不通公路，人烟稀少，特别是到了冬季，一切都被冰雪所覆盖；黑夜里，在灯影绰约中，只有万顷洪荒与青灯古佛陪伴着她行走在慢慢的修行路上，

间或会有几声凄厉的狼嚎从远处传来。在如我一样的俗人看来，这是怎样的一种毅力？那种由信仰的光芒所带来的温暖与心灵慰藉非一般人所能体会。不过，如果人们都能有这样一种精神和毅力，并将这种精神和毅力用在自己喜爱的事情上，那世间还有什么不能实现的愿望和理想呢。

芳香四溢的酥油茶注满了我们手中的水杯，面条也很快煮好了。小小的泥灶在洞角上跳跃着热情的火舌，夜的寒冷被逐散开来，就连四边的石壁上都"热"出一层细密的"汗珠"。

几个人的"晚课"在女尼的照顾下很快做完了。女尼善良的脸上始终洋溢着纯净自然的微笑，大而有神的眼里充满自信、坚定的光彩，这与我常见的神情有相当程度的区别，完全没有迷茫、愁苦、闪烁、怀疑、冷漠的神色。

隔壁响起极有节律的藏鼓敲击声，鼓声低沉而悠远，女尼用如纳木错般清纯无染的嗓音唱出一串如泣如诉的经文，犹如梦里听到的极其久远的古歌吟唱；这天籁穿过石壁，长久回荡在湖面的夜空中；我和衣躺下，在高天乐音与大湖的呼吸声里安然入眠。

次日清晨我们便离开了。岸边上女尼仍不时地挥动手臂，目送着车影。

纳木错迅速向后退去，很快便退到了视线之外。然而，那美如仙境般的湖光人影却深深刻印进了这块"灵石"之中，更牢牢地写进了我的记忆里。

（老不到，榕树下）

附录二：纳木错游览推荐

纳木错周边水景推荐。羊八井：羊八井地热位于拉萨市西北 90 千米的当雄县境内，可在游览完纳木错返回途中到羊八井温泉放松休息。羊八井地热水温保持在 47℃左右，是我国大陆上开发的第一个湿蒸气田，也是世界上海拔最高的地热发电站。

纳木错路线推荐。纳木错距离拉萨市区 250 千米，是一条成熟的旅游线路。这一路均是宽敞的柏油路，路况很好。路上会经过念青唐古拉山观景台，在此可近距离观赏念青唐古拉山主峰群，观景台海拔约 4630 米。车过当雄县城后，便开始转入山区，翻越 5190 米的那根拉山口后，便可见到圣湖、神山了。

游玩建议：前往纳木错跟团价格较便宜，旅游旺季，价格在 220～260 元之间，可当天来回，一般中午 12 点左右到达扎西半岛，在湖边游玩 1 小时，但如此行程游玩不会尽兴。如果运气好，碰上旅游团有空余位置，可当天去，第二天再跟团返回。如此便可环游扎西半岛，尽兴游玩，还可欣赏纳木错的黄昏、晨霞。回拉萨途中，若时间充裕，可到著名的羊八井温泉参观放松，门票 30 元，泡温泉 98 元，不限时。

景区食宿：扎西半岛是纳木错的旅游接待集中地，各种简易房的小客栈可提供住宿，旺季每床位 60～100 元。夜间圣湖畔气温较低，建议自己带上睡袋并备上较厚的衣服。（中国西藏新闻网）

大昭寺磕长头

千里跪拜进拉萨，磕长头，一个也不少，一路上，也许在晚上夜深人静的时候，也许在荒无人烟的地方，总之没有任何人监督的地方，信徒们完全中规中矩地做，纯粹依靠自觉。这样的艰辛，这样的不折不扣，这样的仔细和认真，这样的付出，在很多内地游客看来，即便休息一下，偷一点点懒儿，比如坐一程车，再磕一程，也是可以原谅的，也是可以过得去的，但虔诚的信众就是不肯懈怠，一定要善始善终。在游客的眼中，磕长头实在是莫大的执着、绝对的自觉、万般的用心。

大昭寺外，磕长头者坚守的地方，在与佛的对望中，在与佛的心灵感应中，磕长头者精神百倍，决心万般，誓将磕长头进行到底。无论是信仰、敬仰，还是祈祷、祝愿，内心的表达总要有一定的形式、仪式，或者载体。长头就是这样一种表达的形式，佛事活动的仪式，更是信众美好心愿的载体。

长头堪称西藏最庄严、最神圣、最圣洁的事物，一路的长头，代表着四面八方的信众向拉萨进发，向圣地靠近，所有的路都指向同一个地方，心中的圣地，佛住的地方，福气之源。而大昭寺长头的海洋，代表着信众与佛无数次的心灵交汇。在一仰一伏中，佛完成了赐予，信众完成了膜拜，大昭寺完成了一次次庄严的使命，拉萨城完成了一回回福的浇灌和心灵的醍醐灌顶。

　　长头之于拉萨，也是天堂最有力的证明，最坚定的基石。作为佛的天堂，其最根本的基础在于信仰，信仰越坚定，天堂的基石与结构越坚固，天堂才更焕发出精神的光辉，更有热情和能力普度众生。

　　要说拉萨最美的事物是什么，许多人会说蓝天白云，也有人会说寺院和古迹，或者抽象点说，是高原千百年创造和传承的优秀文化，如唐卡和壁画。其实拉萨最美的事物应该是长头，不仅绵延千里来自西藏各地和其他藏区的长头属于拉萨，在拉萨城中，大昭寺前，布达拉宫广场上，长头亦是拉萨最令人难以忘怀的风景。

附录：大昭寺简介

　　大昭寺，又名"祖拉康""觉康"（藏语意为佛殿），位于拉萨老城区中心，是一座藏传佛教寺院，始建于唐贞观二十一年（647），由赞普松赞干布建造。拉萨之所以有"圣地"之誉，与这座佛殿有关。寺院最初称"惹萨"，后来惹萨又成为这座城市的名称，并演化成当下的"拉萨"。大昭寺建成后，经元、明、清历朝屡加修改和扩建，形成了现今的规模。

　　大昭寺已有1300多年的历史，在藏传佛教中拥有至高无上的地位。大昭寺是西藏现存最辉煌的吐蕃时期的建筑，也是西藏最早的土木结构建筑，并且开创了藏式平川式的寺院布局规式。

　　环大昭寺中心的释迦牟尼佛殿一圈称为"囊廓"，环大昭寺外墙一圈称为"八廓"，大昭寺外辐射出的街道叫"八廓街"，即八角街。以大昭寺为中心，将布达拉宫、药王山、小昭寺包括进来的一大圈称为"林廓"。这从内到外的三个环型，便是藏民们行转经仪式的路线。

　　大昭寺融合了藏、唐、尼泊尔、印度的建筑风格，成为藏式宗教建筑的千古典范。

　　寺前终日香火缭绕，信徒们虔诚地叩拜在门前的青石地板上，留下了等身长头的深深印痕。万盏酥油灯长明，留下了岁月和朝圣者的痕迹。（中国西藏新闻网）

布达拉宫的雄伟

自古以来，世界上的一般建筑都是依山傍水，房屋大多建筑在山下，最多在山腰，建在山顶、山尖者少而又少。而布达拉宫就是这样不寻常，将房屋大规模地建在山顶。看见布达拉宫的第一个感觉是：雄伟、非同一般。这种大美的震撼来自几个方面。

首先，在上与下的关系上，对于如何处理山与建筑，一般是建筑依托于山。建筑物于山，只不过是囊中之物，山是博大的、浩瀚的，而房屋在山的怀抱中是渺小的、微不足道的。远可见山但不一定见房屋，房屋往往被大山给淹没了，可见山和房屋不是一个重量级，房屋岂能压得了山，山的气势岂能被房屋所夺。而布达拉宫的雄伟之处在于，它恰恰颠覆了一般的建筑理念，不仅依山、托山、建筑于山上，而且完全压倒了山，凌驾于山，后来居上。它依靠山，同时又剥夺了山，远在山之上。山自有其气势，但布达拉宫通过夺其气势，让自己更加气势恢宏。

其次，在规模上，布达拉宫经历代修整、重建和扩建，已经形成了规模宏大、整体上浑然一体的建筑群，这么大的建筑耸立于高山之上，看起来，建筑体远大于山体。在巨大的建筑物之下，山反而微不足道，被遮挡得严严实实。其他的大多数山水建筑，都被山淹没了，这也是布达拉宫的神奇之处。

最后，布达拉宫建筑分为红宫和白宫，红白结合。这给布达拉宫罩上了浓浓的庄严、神秘、神圣的氛围。尤其下面的台阶刷以纯白，俨然云梯，好像浩瀚的白云要托着布达拉宫冉冉上升，布达拉宫由此与佛的宫殿的身份就更相衬了。在蓝天白云之下，在饱满阳光映照之下，布达拉宫金光闪闪，白光熠熠，光芒万丈，那是精妙绝伦的佛光，那是上天的浩浩声威。

人在高耸的宫殿之下瞻仰布达拉宫，布达拉宫的气势首先就剥夺了凡人的傲气，人见布达拉宫必须抬头仰望，而佛在宫殿上见人只是平视前方，眼中有人，又似乎没有人，所有的人好像都匍匐在其下。因此，在物理的位次上，不管是朝拜者还是游人，首先就要看看布达拉宫及其中供奉的神佛，因此，布达拉宫及神佛首先在地理上就有优势。

布达拉宫的神奇更在于其超凡脱俗，布达拉宫的尊严尤其在于它在所有尘俗之上。

附录：藏文化薪火之传：穿越千年大修的布达拉宫

　　1989 年 10 月 11 日，拉萨，晴。布达拉宫法号长鸣，一名来自色拉寺名叫坚赞觉群的年轻喇嘛，挥动了布达拉宫维护工程开工的第一镐。坚赞觉群作为第一个挥镐僧人由传统的西藏占卜择定。他必须是 24 岁，五官端正，父母健在，生肖、姓名吉祥，同时品行高尚。

　　此前，为了祈求工程吉祥圆满，西藏的大德高僧们举行了一系列法事活动。甘丹寺僧众每日念诵《度母经》10 万次，哲蚌寺、色拉寺喇嘛在著名高僧益西旺秋的主持下聚会 10 天诵读大藏经《甘珠尔》108 部，并在德央厦举行了具有浓郁神秘色彩的"和息""增长""怀威"三大密宗火祭仪式。

　　这是自松赞干布公元 7 世纪营建布达拉宫以来，这座雄伟的建筑第一次迎来大规模的整修，布达拉宫中最古老的宫殿已经有了超过 1300 年的历史。

　　实际上，西藏和平解放后，1959 年 6 月，西藏工委就发布了《关于加

强文物档案工作的决定》，成立"中共西藏工委文物古迹、文件档案管理委员会"。文物管理机构建立不久，拉萨市人民政府就发布了保护文物的布告。1961年，布达拉宫被列入第一批全国重点文物保护单位，此后每年都会对其进行维修与保养，俗称"岁修"。1984年，布达拉宫强巴殿由于电路老化失火，国家文物局迅速派出罗哲文等古建筑专家与相关人员前往调查，并组织多学科专家做细致考察论证，布达拉宫的第一次整体大修于是提上日程。

1988年10月，为保证布达拉宫第一次整体大修顺利完工，国家专门成立了由中央政治局委员、国务委员李铁映牵头的领导小组，国务院划拨了专款。李铁映在仔细听取整修小组的规划汇报后，提出"精心设计、精心施工、加强领导、万无一失"的原则，在施工中"要尊重民族传统、尊重民族风格、尊重科学、尊重宗教需要"。

布达拉宫整体大修的第一期工程从1989年始，到1994年完工，历时近5年，总共对111个项目进行了修缮，国家累计拨款5500万元。由于350多年前五世达赖喇嘛扩建布达拉宫时，用的全是不可思议的矿物颜料：金色的是黄金，银色的是白银，白色的是珍珠和白海螺，红色的是红珊瑚和朱砂，绿色的是绿松石……中国人民银行为此专门特批了15公斤黄金、40公斤白银。在中国文物与古建保护的历史上，这是史无前例的工程。在这一年的12月17日，布达拉宫正式被联合国列入"世界遗产名录"。

4年之后，由于1998年的强降雨，布达拉宫的墙体再次出现险情。国家文物局对布达拉宫更加系统的勘测、调查与抢修随即展开。根据时任国务院领导批示，国家文物局会同发展改革委、财政部多次组成工作组赴藏做一系列实地考察。2002年6月14日，国务院总理朱镕基主持国务院第131次总理办公会议，批准了布达拉宫、罗布林卡和萨迦寺三大重点文物保护维修工程项目可行性研究报告，并同意开工建设。整个维修工程总投资3.33亿元，布达拉宫1.79亿元，罗布林卡6740万元，萨迦寺8660万元。从2002年到2008年，又是5年，目前布达拉宫的二期维修已经接近尾声，今年将完成全面验收。

"布达拉宫大修的难度要高于故宫大修。"负责主持二期工程的国家文物局高级工程师张之平对本刊记者说。主要原因在于布达拉宫的整体建筑建于山上，环境更复杂，隐患难以把握。此外，布达拉宫各殿堂的修建分属不同年代，施工没有整体规划，甚至出现层与层不相关、平面与平面不对接的情况。

即使在很多建筑专家看来，布达拉宫也是一座"迷宫"。所有的古建筑专家们都试图在寻找这样一种平衡：如何既能最大限度地保持布达拉宫的原始风貌，沿用传统材料与工艺，同时又能让它益寿延年、生机勃勃。

在这个意义上，布达拉宫的维修，是一个无法结束的故事。

赞普时代

布达拉宫的历史可以追溯到公元7世纪的吐蕃政权。

公元617年，藏历火牛年，吐蕃第33代赞普松赞干布出生，他是西藏历史上最伟大的领袖，据说史诗《格萨尔王传》就是以他为原型的。松赞干布带领着部族走出了雅砻河谷，统一了吐蕃诸部，迁都拉萨。640年，24岁的松赞干布与唐王朝联姻，迎娶文成公主，第二年，在红山之巅开始营建布达拉宫。"布达拉"是来自梵文的汉语音译，译作"普陀罗"或"普陀珞伽"，原指观音菩萨在南印度的居地普陀珞珈山。

传说当年文成公主根据勘察和推算，认为西藏大地如一位仰卧的魔女，拉萨的一片湖泊（大昭寺基地）恰如魔女的心血，红山和药王山形似魔女的心骨。若能在湖上修庙，供奉释迦牟尼，在红山上建王宫，就可以镇住魔女。如果在红山上修建自在观音殿，并住观音的化身（松赞干布），雪域大地便可幸福永成。根据文成公主的建议，松赞干布选定在红山上修筑布达拉宫，填平湖泊后修建了大昭寺。

另一种说法来自《新唐书·吐蕃传》："（贞观）十五年，妻以宗女文成公主。……归国，自以未婚帝女者，乃为公主筑一城以夸后世，遂立公室以居。"

可以肯定的是，无论传说还是史书，布达拉宫的兴建都与中原文明的使者——文成公主有直接的动因。这种烙印无法磨灭。

松赞干布时代的布达拉宫气势极为宏大富丽。《卫藏通志》的记载富有诗意，让人无限遐想。

据说，最初的布达拉宫有"九百九十九间房子"，连宫顶上的赞普寝宫一共一千间房子。宫殿上树立着长矛旗帜，上面都缚上红绫，飞檐走廊装饰着各种珠宝、丝绸、风铃，风来时万铃齐奏。松赞干布为文成公主和赤尊公主在南面修建了一座九层高的宫殿，与布达拉宫用白银和黄铜打造的桥连接着，桥上还安着风铃，挂着帷幔，公主过桥去见赞普的时候，桥就歌吟飘舞起来。布达拉宫有四座城门，南面的城墙下，挖了深壕，深"十寻"（一寻约合八尺），"宽十八庹（一庹约合五尺），长三百庹"。上面铺了木板，木板上再铺上火砖，造出奇妙的效果，一匹马在上面跑过，听起来"有如十马奔腾"。人们赞美这座宫殿，"极尽精美之能事"，"妙丽庄严，世绝其伦"。

大昭寺回廊和布达拉宫白宫东门门厅北壁的壁画上，都描绘了这一时期布达拉宫的辉煌景象。

如果从建筑与结构的角度考察，早期的布达拉宫本身首先是一座军事用途极强的堡垒，而不是一座寺院，它占据险境，可攻可守，有军队驻防，城墙上宽可跑马。

然而这座华美的建筑命运多舛。

公元7世纪至8世纪，布达拉宫先后遭遇了火灾和雷击，好多宫堡都倒塌了。赞普达玛乌东赞时代，佛教遭遇灭顶之灾，布达拉宫和大昭寺首当其冲。紧接着，达玛乌东赞的两个儿子微松和云丹互相攻战，拉萨成为主战场。后来各地平民暴动战乱连年，吐蕃政权与这座神宫古阙一同化为废墟。

只有法王洞和圣观音殿两座殿堂流传了下来。

今天在布达拉宫参观，从七世达赖灵塔出来，在回廊的西北角，就是有名的圣观音殿，也称"帕巴拉康"或超凡佛殿。它的下面是法王洞。帕巴拉康是只有两根柱子的佛堂，但其中供奉着布达拉宫的"镇宫之宝"——"鲁格肖热"，一尊由檀香木天然形成的观音菩萨像。

它的神奇之处不仅来源于一个奇特的神话：它从尼泊尔丛林中的檀香树中浑然生成，能够医治一切苦难、灾异，抚平一切哀愁。更重要的是，经过1300多年的离乱灾患，它不止一次被战胜者或战败者掳出拉萨，奔突于兵荒马乱中，流转于各个贪婪的部族首领之手，但每次都奇迹般地物归原主，重返布达拉宫。

这尊高不足1米、宽只有10厘米的木质观音像——"鲁格肖热"，于是被认定为布达拉宫永远不灭的精神象征。

扩建：白宫、红宫

分裂时期、萨迦时期、帕竹时期，800多个春天和秋天在雪域高原悄悄地过去。

直到1642年，五世达赖喇嘛阿旺·罗桑嘉措在和硕特蒙古首领固始（顾实）汗的支持下，战胜了藏巴汗，在拉萨建立了甘丹颇章政权。这一年他刚刚25岁。作为格鲁派教派的首领，阿旺·罗桑嘉措长期被当权的噶玛噶举派打压，在1630年的一次反格鲁派运动中，年幼的五世达赖不得不避祸山南。

1641年，五世达赖和四世班禅商议，派人密召信仰格鲁派的蒙古部落首领固始汗率兵进藏，推翻了藏巴汗政权。蒙古部族的武力与格鲁派的信仰正式结盟。

为了巩固自己的政权，五世达赖在红山之上修建一座"宫殿"。这座宏伟的宫堡不仅可以让全藏的信徒前来朝拜，还可以与哲蚌寺、色拉寺连成一线，互为攻守。1645年，藏历三月二十五日，五世达赖与蒙古酋长固始汗以及摄政王第司·索朗绕登会聚红山，决定在布达拉宫的遗址上重现辉煌。第二天，正式放线设计，全部工程由摄政王第司·索朗绕登负责。

在《五世达赖喇嘛传》中详细描写了开工那天的奇异"瑞兆"："在此前的日子里，狂风不时大作，从当天起，晴空碧霄，连一丝微风都不曾吹起，虹光四射，白云萦绕，美不胜收，贵贱人等都目睹花雨飘落，出现了奇异的瑞兆……开始挖出的都是油质的土，后来出现的都是白土。"

此次重建保留了松赞干布时期的法王洞与圣观音殿。1647年藏历七月，主体工程基本完工。第二年藏历四月，外围工程竣工。五月初，东大殿、大藏经殿、密乘乐园大殿的壁画开始绘制。此项工程是为今日布达拉宫白宫部分的雏形。

在扩建布达拉宫的同时，五世达赖渴望得到中央政府支持。1643年，五世达赖就派人前往沈阳，朝见清太宗皇太极，皇太极给达赖、班禅和固始汗等都写了回信，并称赞达赖喇嘛"拯济众生"，"扶兴佛法"，还赠了厚礼。1644年顺治帝即位后，派人入藏邀请五世达赖进京。

　　1652年五世达赖前往北京觐见顺治皇帝，接受中央的册封和金印。这年正月，五世达赖在清朝官员的陪同下率随行人3000，自西藏启程，前往内地。1653年1月15日（顺治九年腊月十六日），五世达赖到达北京。顺治帝以"田猎"为名，在南苑会见五世达赖时，赐座、赐茶、赐宴，待以殊礼，当天由户部拨供养银9万两。1653年2月20日，五世达赖喇嘛离开北京时，顺治帝除赐贵重厚礼外，还命人在南苑德寿寺为达赖饯行。

　　顺治皇帝敕封五世达赖为"西天大善自在佛所领天下释教普通瓦赤喇怛喇达赖喇嘛"。自此，"达赖喇嘛"的封号被正式确定下来。此后，历世达赖都必须经过中央政府册封遂成定制，确定了清朝在西藏的主权关系。

　　1653年五世达赖返回拉萨，白宫已经竣工。五世达赖便从哲蚌寺的噶丹颇章宫移居白宫顶上的西日光殿。自此以后300余年，布达拉宫成为西藏地方政教合一的权力中心。

　　在白宫兴建的同时，索朗绕登还在周围建立了四个城堡，即天王堡、凯旋堡、福足堡和地母堡。宫前山下筑方形城墙，城墙正南筑有南大门，东西两侧筑有两个门，东南、西南还设有角楼。

　　重建初期的布达拉宫，在一个西方探险者的笔下被真实地绘制出来，让后世得以了解其形容。1661年4月，德国耶稣会教士约翰·克鲁伯与他的比利时伙伴阿尔伯特·德·奥维尔，拿着大清帝国的护照和测绘仪器从北京出发，第二年初，他们来到了拉萨。在红山下，克鲁伯画了一幅布达拉宫的素描，这几乎是目前唯一能够见到白宫重建完成而红宫尚未开工的布达拉宫外景图。着这幅素描中，布达拉宫的规模也只占据了红山的上层区域，远远小于今日体量。

　　1682年，五世达赖在布达拉宫圆寂。摄政王第司·桑结嘉措暂不发丧，将这个秘密保守了13年。1690年桑结嘉措主持了布达拉宫历史上最重要的一次扩建——兴建红宫，以安放五世达赖的灵塔。

第司·桑结嘉措最初的设想极其宏大。他要以曼荼罗的方式修建这座宏伟的红宫。曼荼罗，即藏民日常修习秘法时的"心中宇宙图"，共有四种，即所谓的"四曼为相"，一般是以圆形或正方形为主，相当对称，有中心点。

　　桑结嘉措希望把五世达赖的灵塔殿建成3层金顶，天窗上建筑幢形佛堂，释迦牟尼像居于中心，反映时轮法规的建筑群。但是这一构想遭到了上层僧侣们的反对。因为这必将拆掉松赞干布留下的法王洞和观音殿，并且占卜的结果也不利于桑结嘉措。如果桑结嘉措的计划得以实施，今天的布达拉宫将更像一座"佛"的宫殿，而且中心对称，3层高的金顶下严格按照曼荼罗"宇宙图"格局安插殿宇群。但是他的计划未能实施，在实际施工中，红山中北部原吐蕃时期的殿宇原封未动，东西庭院则大为扩建。布达拉宫开始接近今天所呈现的面貌，耀眼的红宫被置于白宫的西侧，用以容纳五世达赖的灵塔。白宫也被大规模地扩建和改建。红白二宫的外面，庭院、长廊和向山下延伸的巨大阶梯把四座孤立的城堡与主体建筑联系在一起。

　　红宫的营建成为中国建筑史上的一件盛事。

　　当时西藏所有最杰出的匠人都参与其中。历史记载，这些民间工艺领袖包括石匠大头领门塔杰、木匠大头领奈萨瓦·江央旺布、木雕大头领白朗·贡布、铜匠大头领罗巴·莱甘巴、金匠大头领旺秋、金属雕花大头领欧珠、铸造大头领交热·顿珠、画匠大头领门汤画派的洛扎巴·丹珍诺布和钦仁画派的桑阿卡巴·曾培、泥塑大头领群培、铁匠大头领仓巴、缝纫大头领热孜夏·索南、缝纫大头领甲日赞丹以及江夹顿珠等。康熙皇帝特别派出了114名汉族能工巧匠，以及尼泊尔工匠191人。

　　可以想象这个工程在当初是一个多么壮观的场面，木料、巨石通过木轮马车浩浩荡荡蜂拥而来，遇拉萨河则以牛皮船渡过，大师级的匠人云集红山，每日有7000多匠人同时工作。

　　1693年红宫落成，其中最为奢华的当属五世达赖喇嘛灵塔。塔身高12.6米，塔身用金皮包裹，塔面金皮耗费黄金11.9万余两，镶嵌金刚钻石、红绿宝石、翠玉、珍珠、玛瑙等奇珍异宝1.5万余颗。

　　此后，格鲁派实力继续壮大，各地寺院规模扩大，僧人剧增。历代达赖喇嘛在红宫、白宫的基础上，陆续新建了少量建筑，除六世达赖外，每位达赖圆寂都在红宫内增添灵塔金顶。直至1933年十三世达赖圆寂，第二年其灵塔及灵塔殿完工。

由是，布达拉宫结束了绵延1000多年的营建时代，成了今天人们看到的样子：代表地方政权的白宫与代表格鲁派教权的红宫比肩而立，堡垒、僧舍、营房、学校、印经厂、雪城环伺拱卫。

在布达拉宫的建筑群中，达赖喇嘛的两组寝宫即东西日光殿傲然屹立在白宫之巅，宫内雕梁画栋、珠光宝气，终日阳光照耀，犹如天国之境；供奉历代喇嘛遗体的灵塔殿则后来居上，耸立其间。白宫和红宫是布达拉宫建筑群的灵魂，其他各类建筑如众星捧月，簇拥左右。

1933年，英国殖民者使团来到拉萨，使团成员斯潘塞·查普曼被布达拉宫的威严所折服。他在后来的回忆录《圣城拉萨》中写道："它（布达拉宫）具有一种桀骜不驯的尊严，这种尊严与其他周围粗犷朴实的大地完美地融为了一体。它还独有一种迟钝麻木、一种一成不变的特质——似乎在说'我在这里已经有几百年了，我将永远待在这里'。布达拉宫给人这样的印象：它不是由人建造的，而是长在那里的，与周围的环境极完美地结合为一体。"

传统技艺的伏笔

从松赞干布到五世达赖，接近千年的岁月并没有切断西藏建筑的传统。

布达拉宫依旧首先是一座堡垒，除了四座防御用的碉楼，宫墙上还设有大量的通风口和枪炮眼。它的整体碉楼形式依旧在延续，它的每一座宫殿，都可以被看作一栋碉楼，它们有厚重的石墙围合而成方筒形状，然后簇拥在一起，内部空间狭窄逼仄，外部形象厚重高耸。

即使完全不懂建筑的人，只需看一眼也能明了布达拉宫的与众不同。它在基岩上直接垒石砌墙，墙体敦厚，向内收分，自然稳重，把山体隐于建筑之内，使建筑与山体结合得浑然一体。山体扩大为建筑的基座，建筑好像长在山上，增加了它的雄伟气势和高耸入云的效果。

布达拉宫继承了诸多藏式宗山建筑的传统手法形式。它的建筑基本是石、木、土混合结构。与祖国内地传统汉式建筑相比，最大的不同在于，汉式建筑的承重方式为柱梁承重，所谓墙倒屋不塌，而藏式建筑多为"墙体承重"和"墙柱混合承重"。墙柱混合承重结构，是布达拉宫最基本的结构方式。因此，与汉族传统技艺相比，藏式营造更长于石与墙的技法。

藏族木匠似乎对汉式木结构的核心精神——斗拱并不感兴趣，除了大梁外，藏族匠人也基本不用榫卯结构。斗拱是一种标准化的构建，仅由四种基本模块便可以拼出千变万化的复杂形式，用于柱子顶端支撑屋顶，起到了分散受力的作用，使建筑结构更加稳固。而藏族匠人则转换了一种思维，由于藏式建筑并非梁柱承重，墙起了更重要的力学作用，他们把梁做成一道拱，类似拱桥一般，把负载分担在两侧的石墙上。

在藏族木匠手中，斗拱更像舶来的彩色玩具，层层叠叠装饰在高级的灵塔殿和金顶上，最多的地方居然垒置了十三排。比如金顶斗拱结构采取象鼻三排、斗三排、象鼻五排、象鼻七排、猪鼻八排等，各尽其能事，具体数量与佛教的时轮法规吻合，复杂而华丽。

基于墙柱承重的结构，"楼脚屋"在布达拉宫被普遍使用。整个布达拉宫就是建立在层层叠叠、数量莫测的地垄墙上的。

由于其建在陡峭的山坡上，为使房屋基础坚固，同时增加建筑底层面积，先在山坡地基上纵横砌墙，上架梁木构成小房，俗称"地垄"。不但宫殿、经堂、学校和僧舍等建筑设有地垄，前后坡的登山道和东西庭院也建有地垄。换句话说，地垄就是布达拉宫的地基，将其大部分建筑架在了一个宽阔的平面上。

地垄层数随基础坡度而定。建造地垄的材料也是石、土、木。白宫北侧上层地垄为夯土墙，其余皆为石墙。墙上分层铺设不甚规整的杨木椽子，椽子上铺盖参差不齐的木棍或批开的树枝，其上再铺卵石和泥土。尽管布达拉宫嵯峨威仪，窗户层层叠叠，但实际使用面积并不多，大部分为基础地垄层。红宫总共13层，地面上只有5层，而地下（包括前面的西庭院）却有8层。

平顶、高层、厚墙是布达拉宫结构的另一种特征。布达拉宫几乎所有建筑的外墙都是厚重的石墙。石墙用石块、片石、碎石和湿土垒砌。我国西南地区的藏族、羌族自古"依山居业，垒石为室"，许多匠人练就了一身高超的砌石技术。他们在施工时，不吊线，也不用立架支撑，而只是凭眼力和想象力,信手拈来,就能恰如其分地控制墙体的收分,造出平整光洁的宏伟建筑。

据传,东半部的宫墙是由拉萨一带的前藏工匠砌筑,西半部的宫墙则由日喀则一带的后藏匠人修成。工匠们各自发挥所长,使得东部的墙体笔直尖峭,从上部滑下一只整羊到下面就会被划成两半;而西部的墙体则浑圆厚实,讲求流线造型,就是从上面滚下一只鸡蛋,到下面也不会打破。

除了石墙,布达拉宫的屋檐和墙檐下大量使用了白玛草墙,形成绒毛一般的效果。白玛草是一种柽柳枝,秋天晒干,去梢剥皮,再用牛皮绳扎成拳头粗的小捆,整整齐齐堆在檐下,就像在墙外又砌了一堵墙。然后层层夯实,用木钉固定,再染上颜色。白玛草不仅有庄严肃穆的装饰效果,还由于白玛草的作用,可以把建筑物顶层的墙砌得薄一些,减轻墙体的分量,这对于高层建筑来说至关重要。白玛草墙的制造工序复杂,利用率又低,普通人根本用不起。

藏式建筑中另一种传统技艺是"打阿嘎"。阿嘎土是一种黏性强而色泽优美的风化石,使用前一砸便碎。施工时以卵石及夯实的土层等为底层,上铺10厘米厚的粗阿嘎,淋水软化踩实捣固后再醮水夯打,边拍击边铺撒一层比一层碎细的阿嘎,同时不断淋水,夯打至起浆使地平成形。夯打时间越长,夯打越密实,地面的防水性能就越好。继而用榆树皮等熬制的浆汁涂抹,并用光滑的卵石磨光找平,然后再用清油涂刷,尽可能渗入阿嘎深层。

打阿嘎时,人们站成几队,各拿一柄底端带一小圆木板、高低与人相当的木杆,唱着曲调悠扬动听的劳动号子,动作优美而整齐地上下夯打,载歌载舞,感觉就像节日里的集体歌舞表演一样,根本不像在进行建筑施工。如果需要修整的地表面积够大,载歌载舞的施工者可多达数百人,场面非常壮观。布达拉宫因其至尊的地位,里面几乎全是阿嘎地面,需要常年保持整修。所以,在布达拉宫附近,人们总能听到施工者打阿嘎的歌声。

这些传统技艺成就了辉煌的布达拉宫,同时也为几百年内的大修小补埋下了种种伏笔。

1989-1994："迷宫"抢修

在五世达赖重修布达拉宫后，这座宫堡从未间断过各种修整。距离较近的一次大规模维护是在1923年，十三世达赖修复了金顶、斗拱、经幢、飞檐等设施，还修复了九世达赖灵塔的前回廊、圣观音殿一带，并更换了所有腐朽的木质构件。

1950年，山南墨脱一带发生地震，拉萨有比较明显的震感。十四世达赖派人重新检查了布达拉宫，发现多处损坏，但没有能力全面修复，只进行了抢险加固。

1959年，西藏民主改革。此后，布达拉宫不再作为政权与教权的象征。1961年，布达拉宫进入我国首批文物保护名录，在最动荡的"文革"期间也得到了中央政府的特别保护。

解放后，在这座宫殿内维持着一支较大规模的维修队伍，包括50多名管理处的工作人员，50多位香师喇嘛，还有300多个杂役小工。他们负责日常的小修小补，布达拉宫每日安详地接待着它的信徒和全世界的游客。

布达拉宫不是一天建成的，它的隐患也是一年一年积累的。

1984年5月的一个夜晚，强巴殿突然失火。经抢救大火被迅速扑灭，未造成太大损失，失火原因在于照明电路短路。然而这次火灾却为布达拉宫的保护敲响了警钟。国家文物局迅速派出罗哲文等古建筑专家前往调查。

西藏自治区政府随即向国务院提出了申请拨款维修布达拉宫的报告。这份报告中罗列了布达拉宫初步的问题与隐患，包括木结构的变形损坏、地面下沉，屋顶漏雨，电路老化，以及消防设施陈旧，以致佛殿失火后，水泵的水打不上去无法救火等问题。自治区政府希望中央拨付2500万元的维修经费。1988年10月，国务院对西藏自治区政府的报告做出了批复意见，同意由中央财政拨款3500万元维修布达拉宫，并要求1993年完工。到竣工时，实际花费了5500万元。

1989年5月，国家文物局组织全国30余名古建筑保护技术人员进藏，对布达拉宫进行前期勘测，制订维修计划。时任国家文物局副总工程师的姜怀英受命主持布达拉宫有史以来第一次大规模维修。姜怀英从20世纪50年代工作起，就从事古建筑的保护与修复，积累了大量一线施工经验。

修复布达拉宫，是他在退休前最重要的一项工作。

20年过去了，姜怀英对当初的很多细节依旧记忆犹新。"国务院最初的批复已经超过了自治区政府申请的额度，在当时3500万元是个很大的数字了。"姜怀英向本刊记者回忆，20世纪80年代，他从事的多项石窟古寺的维修中，最多也不过几百万元的经费，上千万元的都非常少，可见对布达拉宫的重视是史无前例的。

布达拉宫的修建分属不同年代，施工没有整体规划。比如，1933年，十三世达赖土登嘉措圆寂。但是红宫区域已经找不到合适位置为他修建灵塔，不得已，只好拆除部分僧舍，将其建于红宫西侧。灵塔殿的通道利用了五世达赖灵塔殿南部上方的回廊，其殿门置于红宫回廊内。

维修小组首先要做的工作是建筑诊断调查，摸清布达拉宫的病患。负责第二次维修工作的文物局工程师张之平也在1985年来到拉萨，介入维修前的调查。张之平调阅了西藏地区多年的灾害记录，发现地震和降雨是危害布达拉宫的两大灾害。"造山运动隆起了喜马拉雅山，这一区域直到现在还有微地震。尽管布达拉宫地区强震不强，但是微地震很频繁，而且是浅源地震，这对布达拉宫的砖木结构危害较大。"张之平对本刊记者说，"此外，由于高差大，拉萨夏天的暴雨对房子的冲刷造成的损害也非常大。"

在勘测的同时，姜怀英组织对布达拉宫进行了较全面的测绘与制图。在布达拉宫多年的营造历史中，没有留下一张图纸，或者说根本不存在所谓的规划总图、单体建筑图。尤其后期建筑更是层层叠叠，带有很大的随意性。在这一阶段，维修小组将布达拉宫的整体立面图、剖面图以及每个单体建筑的平面剖面都测出来。这就保证了即使有的建筑需要落架拆解，最后也能够按照图纸原样修复。

1989年7月抢险工程开始，首先抢修布达拉宫正面的上山步道。1989年10月，布达拉宫维修工程正式开工。

1990年，姜怀英向时任中央政治局委员、国务委员、维修领导小组名誉组长的李铁映做前期调查汇报。姜怀英认为，尽管布达拉宫外观宏伟，内部却隐藏着极大的隐患，最根本的原因，在于建筑的结构与材质。这是布达拉宫先天就存在的危险。

依山建筑的布达拉宫以大量的地垄（楼脚屋）作为支撑，许多建筑从山腰起墙，地垄最多深达8层。这些地垄越靠下面，进深越小，更加阴暗潮湿，而且多为封闭式结构，难以进入。支托各层地面的椽子不规整，虫蛀腐朽状况普遍存在，地面坍塌时有发生。同时，壁画的起甲、开裂、污染状况也有多处存在。

　　此外，布达拉宫内墙开裂现象比较严重。主要原因在于内墙和上层的地垄墙为泥土墙，墙内没有使用早期常用的红柳、石片分割做木筋的方法，整体强度较差。最严重的是白宫东大殿，由于后两排柱子位置与下层支撑的地垄墙左右错位，柱子没有完全落脚在地垄上，架在垄墙上承托柱子的木梁将墙体压裂，并已经造成了局部坍塌，上面四层建筑随之下沉。

　　木质构件的虫蛀和变形状况也非常严重。抽样调查中，原藏军司令部的木构件中腐为38%，重腐为26.8%，白宫东大殿木柱中腐为34%，重腐为10.7%。很多木椽子虫眼密布，稍触即断。另一方面，布达拉宫的木构件多为西藏杨木，质地较软，容易腐朽、变形。此外屋顶漏雨现象比较严重，地垄墙酥裂，多数出现险情的地方只能暂时用临时构件维系。

　　针对这些问题，姜怀英提出了应用传统工艺、加固地垄、更换腐蛀木构件、修复壁画等六项应对措施。

　　"当时李铁映提出了四个尊重的原则，即尊重民族传统、尊重民族风格、尊重科学、尊重宗教需要。"姜怀英说，"对于我们的具体工作来说，就是一定要坚持整旧如旧。建筑格局不能变，原建筑群的组合，建筑群的形式，建筑结构、材料、工艺不能变。这是我们的底线。"

　　由于经费与技术的限制，姜怀英定下了此次维修的性质——"抢险加固，重点修复"。"以当时的条件，不可能做全面维修，只能挑重点的保护。"姜怀英说，"当时希望能够维持若干年，有财力有能力再修。"

　　第一期维修确定了111个项目，首先要做的就是清理垃圾。由于布达拉宫内物品都是圣物，300多年间不能随便处理，大量垃圾存在于地垄之内。在经过僧人的同意和检查后，总计清运了496卡车垃圾，每辆车的载重为40吨。

　　打牮拨正和偷梁换柱是我国古建维修的两种传统方法。将下沉的构件抬平，称为打牮；把左右倾斜的构件归正，谓之拔正。打牮和拔正在实际工作中密切相关。偷梁换柱则是指不大拆大卸，而是采取巧妙的方法更换残毁的梁或柱子。这两项传统技艺在布达拉宫的维修中起了很大的作用。大量的建筑都是在不搭起落架、不揭顶的情况下巧妙地完成的。

在维修五世达赖灵塔殿时，姜怀英遇到了很大的困难。他要将倾斜的梁柱拔正，但是，一方面五世达赖灵塔殿上层有巨大的金顶，无法也不能揭顶，另一方面，殿内五世灵塔是价值连城的珍宝，上面点缀宝石无数，稍有不慎就会造成巨大的损失。姜怀英先将所有能移动的文物进行了装箱转移，不能移动的则搭起保护棚，一层一层包起来，里面衬上棉花、塑料布，外面用整块木板围合，就像钉了一个大箱子。接下来，再用千斤顶将屋顶托起，把歪的梁柱调直。整个过程异常谨慎，如履薄冰。

白宫东大殿的地基下沉十分严重，主要原因在于地垄为夯土墙，已经酥裂。姜怀英用千斤顶将上面整整四层殿堂托起，地下用钢筋混凝土打了地梁，完工后再平稳落下，完整保护了上面西日光殿等重要建筑。这里也是一期工程中唯一使用了钢筋混凝土的地方。使用钢筋混凝土是维修工程中比较有争议的部分。但在四层地面下沉的情况下，继续使用传统工艺，整体的安全性又难以保证。今天，姜怀英仍旧相信这在当时是个正确的选择。

原有木构件都注射了防腐防虫的药剂，更换的木构件则在加压舱内进行了特殊处理。新的木构件都使用西藏的高山松，比原先的杨木性能更好，同时含水率严格限制在 20% 以内。

2001—2008：提高科技含量

1994 年，布达拉宫的第一次大修竣工，总共维修面积超过 300 万平方米。

在一期工程完工 4 年后，二期维修的接力棒就传到了张之平手中。张之平时任中国文物研究所古代建筑与古迹保护中心主任，是我国著名的古建筑专家。提高维修工程的科技含量，是张之平主持此次维修时的工作重点。

1998 年，全国范围出现了大规模降雨，西藏也没能幸免。当年 7、8、9 三个月，拉萨的降雨量都超过了历史最高水平，强降雨对古建筑的损害问题变得极端尖锐。布达拉宫的一些建筑，开始出现局部倒塌等数十处险情。国家文物局立即对受损部分进行了抢险，同时布达拉宫的第二次大修提上日程，前期勘察工作紧锣密鼓地启动了。

1998 年 10 月，张之平进藏，做了 20 多天的初步排查，她没有放过任何一座建筑。在初次检查中，发现了 20 多处险情，20 多个单体建筑都有较为严重的问题。

古建古建，拆了再看。"有很多问题不是一下就能弄清楚的，这对我们来讲是非常可怕的。"张之平说，"作为一个医生怎么能够在没搞清病情的状况下开药方呢？"

维修小组重新测绘了 1：500 的地形图，探查山体和建筑的交接面，大量的危险就存在于这些接合部。对此进行稳定性的评价，探查基岩状况，岩石的特点、强度，做工程地理分析。有三位院士参与技术评定会。

张之平将布达拉宫的建筑群分为 15～16 个单元，每个单元都有一个小组负责勘察测绘，建立更详细的图纸档案。同时按照专业，组建了建筑、地基、木材等专家组，分门别类细致调查。

困扰一期工程的地垄，仍旧是二期工程的首要敌人。

整座布达拉宫都建立在错综复杂的地垄墙上，地垄的腐朽、开裂将会使整个建筑群变成摇摇欲坠的危城。更为严重的是，谁也不知道布达拉宫下面的地垄到底有多少、有多深。1998 年以来，布达拉宫管理处处长强巴格桑的一个主要工作，就是深入地下，寻找那些黑暗莫测的地垄层。随着一个又一个新的地垄被发现，布达拉宫变得更加神秘，因为谁也说不清楚究竟还有多少地垄未被发现。

漏雨的状况更普遍。红宫辉煌的金顶下面并没有防水层，而是铺的土层和椽子。毕竟拉萨是有名的日光城，年日照超过 3000 小时，每天接近10 小时。大部分藏区降雨都十分稀少，对于传统的藏族工匠们，防水并不是重要的技术。

"但是藏式建筑也因此最怕雨。"张之平对本刊记者说，漏雨就会导致木材腐朽、引发虫蛀，黄泥被软化冲走，黏合力下降，石墙就会开裂，这是一个恶性的连锁反应。张之平于是将二期工程的重点放在了"脚"和"头"上，即地垄和屋顶的加固与防水。

怕什么就来什么，二期维修工程在一场富有戏剧性的大雨后展开了。

那天是 2001 年 7 月 29 日。这天下午，在外墙 16 米高的地方，突然发生了局部坍塌。张之平立即安排工人搭建了一个脚手架先把墙体支撑住。检查后发现，墙体由黄泥和碎石砌成，多年雨水冲刷渗透，黄泥已经松散，丧失了黏合力。可以想见，限于成本，当年布达拉宫的墙体施工并没有采用更好的材料，外面用了大石料，而里面都是碎石。

为了防止坍塌扩大，张之平决定先为墙体卸载负荷，即拆掉坍塌处上方不主要的三段女儿墙。在施工前，张之平请来了布达拉宫最年长的喇嘛诵经做佛事，随后用绑着哈达的镐开始拆墙。长期的潮湿，使墙体内的椽子都已腐朽虫蛀。拆除工作刚结束，布达拉宫上空再度浓云密布，随即大雨倾盆。

这日晚 9 点，一个滚地雷落在了布达拉宫的东北角，击中了一座五彩经幢，但并没有引起火灾。30 日凌晨 3 点多，睡梦中的张之平被人叫醒，白天坍塌的墙体上的步道发生了坍塌。雨还在下，张之平冒雨上山检查。白天所搭的脚手架已经被砸毁，她暗自庆幸，若非如此，石块必然滚落，造成更大的损失。

在清理现场的时候，张之平发现墙下都是很臭的烂泥，坑里积了很多鸽子粪，一层足有 40 多厘米厚，一层夯土压一层鸟粪，这说明不断地施工、塌陷、修复已使基层状况复杂难测。

张之平在维修顺序上采取了先下后上的原则，即先维修基础（地垄），再进行上层建筑的局部补强。对于单纯因结构变形引起的破坏，只采取相应的局部补强。根据基础（地垄）墙体的稳定性进行分类：A 类（稳定）可以不进行维修；对于 B 类（次稳定）建议局部修缮；C 类（不稳定）建议彻底修缮。维修时选取抗风化石材，并对木材进行防虫、防腐处理。在维修 C 类基础（地垄）墙体时，挖除表层浮岩，沿自然坡面挖成反坡齿状，以增强抗滑能力。

她先为开裂的墙体打上石膏条，在几年时间内做观测，记录墙体的开裂状况。同时在布达拉宫下开始墙体低压灌浆的实验。她首先做了一个四方形的砌体堆，中间留了许多缝隙，然后用水泥、石膏、黏土、沙子和水，按照不同的配比进行混合，最后选择了三个配方，对砌体缝隙进行灌浆填补。待其凝固后，取出灌浆的水泥块进行化验测试，最终选出最优配比。在施工后，张之平还引进了一种日本设备对墙体灌浆的效果进行测试。

施工队在刷墙的时候引进了起降机提高了粉刷速度，同时自制了一种小型夯实机，减轻了打阿嘎土的劳动强度。

微妙的平衡

"不改变文物原状"，是古建筑维修的一道紧箍咒。姜怀英和张之平都在坚守着能修就坚决不换的原则。

古建筑专家们面临的更大难题在于，"文物的原状"既包含了传统的材料，也包含了传统的技法和工艺，很难想象把布达拉宫从一个墙柱承重的结构，维修成一个现代整体框架结构。

在二期工程中，张之平走得最远的尝试，是对传统阿嘎土的改性应用，她在其中增加了防水成分。她希望以此来解决雨水的危害。

布达拉宫的许多墙面、屋面、地面都大量使用了阿嘎土的工艺，起到了屋顶、墙顶的防水作用。阿嘎土从山上采下来的时候是一大块，把它打碎后根据体积大小分为大中小三种。第一种是粗石土，体积略小于拳头；第二种为中等石土，比鸡蛋略小一点；第三种为细石土，其体积与蚕豆相当。

传统的打阿嘎工艺十分复杂。先把大块阿嘎土平铺在地面上，厚度为5～10厘米，用"帛多"夯打。帛多是一种专门打阿嘎的藏式工具，由一根木棍插进一块中心打孔的厚圆青石中。第一层粗土夯实后再铺上中等石土继续夯打，夯打3天后，再撒上细石土夯打。然后地面浇水，用帛多使劲夯打。表面起了一层阿嘎泥浆后，"协奔"（打阿嘎的工头）会把工人分为两队夯打，两列来回反复。反反复复直到地面变得"铁板一块"。到此工程至少需要3天时间，然后工人再用光滑的鹅卵石打磨地面，再用榆树汁把阿嘎地面擦拭两三遍，最后涂上混有芸香粉的清油。

整个工程需要7到8天，工程复杂，难度较大。工作过程中，工人们同声歌唱，边唱边舞，也成为一种西藏民俗。

阿嘎土打成后，很容易受损开裂，每年都需要大量的养护。但是传统的阿嘎土工艺在解决布达拉宫防水问题上愈显无力。

很长时间内，布达拉宫管理处处长强巴格桑都很难睡踏实觉。每当夜里下雪，强巴格桑要把所有的人叫起来扫雪，因为冰雪的冻融对屋顶阿嘎土的防水性能破坏很大。每年金顶的漏雨都造成了大量木椽子的损毁。阿嘎土本身的养护常年需要大量人力和物力投入，稍有疏松则形同虚设。

在一期工程维修中，姜怀英就曾思考过阿嘎土的应用问题。但鉴于对传统工艺的保护没做改动，只是涂上防紫外线的保护层。在竣工后他专门提出了阿嘎土的日常保养问题，但第二年，阿嘎土还是出现了开裂。"这逼迫着我们不得不想办法提高它的强度，提高抗水能力。"张之平说。

阿嘎土的改性实验与应用，是一种相对折中的方法。阿嘎土的基本成分是碳酸钙。在采集了8种阿嘎土做实验后，张之平发现，含钙越高的阿嘎土黏性和防水性能越好，耐久度就高。张之平于是专门挑选了性能最好的原料，在其中加防水添加剂。这种改性阿嘎土已经开始广泛使用，效果十分理想。

2003年，张之平还进行了另一项更大胆的实验。她在传统的阿嘎土层中做了一个夹层，在其中铺上了防水层——耐碱玻纤。现在，这项实验仍旧小心翼翼地应用在一个不起眼的区域，毕竟它对传统打阿嘎的传统工艺做了相对较大的改变。但是，直到今天，这一区域都没有出现过漏水问题。

（《三联生活周刊》）

布达拉宫广场的富丽堂皇

布达拉宫广场堪称富丽堂皇。高原多山，尤其是雅鲁藏布江流域，平地主要在狭小的河谷地带，呈块状分布，一般面积都不大，大多是一些零碎的小块，而且这些地带一般都被充分开发为农牧业基地。西藏可开垦、可利用地少，因而这些河谷平地十分金贵。在拉萨，能够拿出这样一大块平地建一个大广场，实属不易。

青藏高原拥有广阔的土地，高原山水的气势本来就浩瀚、磅礴，布达拉宫广场之大，其铺陈的气势正与高原的辽阔相合。因此，走在布达拉宫广场上，最能体味高原的博大精深。青藏高原的天空也浩瀚无边，尤其是那彩云和蓝天，气势汹涌，洁白纯净，美丽的天空激荡着游人们的心空。宽阔舒展的布达拉宫广场，是拉萨对接蓝天白云最好的地方。

整个布达拉宫广场除了高原珍贵的大树和精致的莲花灯饰，没有一根高高耸起的电线杆，没有漫天的像蜘蛛网般的电线网，因此视觉效果良好，整个天空完整，没有被划破、戳破。蓝天的纯净在这里能得到最好的心灵回应。白云朵朵，不会像其他地方，甚至拉萨其他地方一样，被高耸的房屋阻挡，被电线杆子撑破，被电线分割成小碎片。

布达拉宫广场空旷、宽敞，让人感受到，这里是一个在上有浩浩的蓝天白云，四周有巍峨浩瀚的群山的地方，云景、山景历历在目。整个广场实行封闭式管理，专供人行走，禁止车辆霸道横行，让人在此没有现代快节奏的驱赶，没有汽油味的侵袭，没有拥挤，没有压力，在宽松的氛围中充分享受高原。

　　布达拉宫广场堪称拉萨的会客厅，但凡来拉萨旅游、拜佛的人们，必须到布达拉宫。布达拉宫是拉萨乃至青藏高原标志性的建筑物和名胜古迹，到拉萨，到西藏不到布达拉宫，还能到什么地方呢。这里盈满着浓浓的人气，高原地广人稀，车水马龙的八廓街自然是热闹之地，但太热闹了，太拥挤了，有悖高原土地辽阔、轻松、洒脱、宁静的本来面貌。只有在这布达拉宫广场，既有难得的人气，又不脱高原安详的宽敞和大气。

　　布达拉宫广场前方耸立着巍峨的布达拉宫，因而布达拉宫广场又是神佛的广场。每天万千信众千里迢迢，奔向拉萨，远远地见着布达拉宫，便知道圣城就近在眼前了。他们来到广场，往往按捺不住久仰的心，激动的情怀，经常长头一次不是磕几个几十个，而是很大的数量级，布达拉宫广场也由此弥漫上了浓浓的佛的气息。

附录一：布达拉宫简介

布达拉宫在西藏拉萨西北的红山上，是著名的宫堡式建筑群，是藏族古建筑艺术的精华，始建于公元7世纪，共有999间房屋。宫堡依山而建，现占地41万平方米，建筑面积13万平方米，宫堡主楼13层，高115米，全部为石木结构，5座宫顶覆盖镏金铜瓦，金光灿烂，气势雄伟，是藏族古建筑艺术的精华，被誉为高原圣殿。布达拉宫主体建筑为白宫和红宫。

1300多年来，布达拉宫收藏和保存了极为丰富的历史文物。其中有2500多平方米的壁画、近千座佛塔、上万座塑像、上万幅唐卡（卷轴画）；还有贝叶经、《甘珠尔》经等珍贵经文典集；和表明历史上西藏地方政府与中央政府关系的明清两代皇帝封赐达赖喇嘛的金册、金印、玉印，以及大量的金银器、瓷器、珐琅、玉器、锦缎品、工艺品，这些文物绚丽多彩、题材丰富。（中国西藏新闻网）

附录二：白宫与红宫

白宫，是达赖喇嘛的冬宫，也曾是原西藏地方政府的办事机构所在地，高七层。位于第四层中央的东有寂圆满大殿（措庆夏司西平措），是布达拉宫白宫最大的殿堂，面积为717平方米，这里是举行达赖喇嘛坐床、亲政大典等重大宗教和政治活动的场所。第五、六两层是摄政办公和生活用房等。最高处第七层两套是达赖拉喇嘛冬季的起居宫，由于这里终日阳光普照，故称东、西日光殿。

红宫，主要是达赖喇嘛的灵塔殿和各类佛殿，共有8座存放各世达赖喇嘛法体的灵塔，其中以五世达赖喇嘛灵塔为最大。西有寂圆满大殿（措达努司西平措），是五世达赖喇嘛灵塔殿的享堂，也是布达拉宫最大的殿堂，面积为725平方米，内壁绘满壁画。其中，五世达赖喇嘛去京觐见清顺治皇帝的壁画最著名。殿内达赖喇嘛宝座上方高悬清乾隆皇帝御书"涌莲初地"匾额。法王洞（曲吉竹普）等部分建筑是吐蕃时期遗存的布达拉宫最早的建筑物，内有极为珍贵的松赞干布、文成公主、尺尊公主和禄东赞等人的塑像。殊胜三界殿，是红宫最高的殿堂。现供有清乾隆皇帝画像及十三世达赖喇嘛花费万余两白银铸成的一尊十一面观音像。十三世达赖喇嘛灵塔殿，是布达拉宫成型最晚的建筑，1933年动工，历时3年建成。此外还有上师殿、菩提道次第殿、响铜殿、世袭殿等殿堂。

布达拉宫还有一些附属建筑，包括山上的朗杰扎仓、僧官学校、僧舍、东西庭院和山下的雪老城及西藏地方政府的马基康、雪巴列空、印经院，以及监狱、马厩和布达拉宫后园龙王潭等。（中国西藏新闻网）

附录三：龙王潭的秀美

拉萨龙王潭，藏语称"宗角禄康"，像一名娴静优雅的女子，静卧在巍峨磅礴的布达拉宫身后。宗角禄康公园是17世纪五世达赖喇嘛时期重建布达拉宫时掘土形成的人工湖，20世纪90年代以后，经数次整修扩建成风景优美的园林式公园，深得游客喜爱，游客每天都络绎不绝。

每到节日，拉萨市就会给龙王潭披上盛装，喜迎八方宾客。一串串、一圈圈红彤彤的灯笼，在微风中摇曳，和着春的旋律，十分耀眼，格外喜人。公园里喜庆的场景与布达拉宫的壮美相映成趣。

　　在龙王潭里，除了青松，还有翠微的枞树、杉树。在初春的拉萨往往能够看到这些树木吐绿，给荒芜的高原一下子平添了生气。一片片的白杨树虽然在初春还是光秃秃的，但十分精神。待到夏日它们穿上绿装，就会是一片醉人的绿海。

　　顺着龙王潭宽敞的石板路往里走，不多时，一弯绿水就映入眼帘，别嫌它小，它精致着呢！水边，一个古色古香的六角亭正在接纳歇脚的游客。水中央，除了一个六角亭，还有一个由钢架结构支撑的巨大白色顶篷，可容纳上百人，白色顶篷有白色护栏围护，护栏缺口处连着几座廊桥，游客走上廊桥，犹如行走在湖面上。

　　绕过这弯湖水，便迎来一棵棵挺拔粗壮的乔木，走近树牌一看，原来是生长了一百余年的柳树。柳树旁边，有好些树干左向生长着像拧麻花一样的大树，仿佛猫着身子，这就是大名鼎鼎的左旋柳。相传左旋柳是文成公主从唐朝都城长安带来并亲自种下的。几百年来，左旋柳在高原不断繁衍，见证了藏汉一家亲的悠久历史。如今，许多来自内的汉族及其他民族干部不远千里来到雪域高原，这些新时代的"左旋柳"，有的在拉萨，有的下基层，有的还长期驻村入户，他们延续的是种下左旋柳时就种下的民族情谊，力行的是左旋柳所寓意的民族一家亲。

在龙王潭的几棵盘旋交错的左旋柳下，藏鸡呀，鸭呀，鹅啊，还有白鸽，不下百只，争相啄食，十分热闹，俨然一个小动物园。

龙王潭中央有好大一片湖，视野开阔。湖面上，几艘五颜六色的小船儿轻轻飘荡，成群的野鸭悠然地在湖中游弋，"春江水暖鸭先知"，它们正在打探春的消息呢！"春水碧于天"，湖水格外澄澈清新，连湖底的石头都清晰可见。最惹人爱的数这些野鸭了，小船上的游客总想近距离看看它们。当游船靠近时，野鸭群或迅速"拨清波"，身后留下"八"字形涟漪；或爪子贴在水面直线飞奔，激起长长一串水花；或振翅而飞，盘旋于湖上，伺机停落在人迹罕至处。人们常说西藏的生态环境保护得好，人与自然和谐相处，由此观之，千真万确。湖中美景，吸引了许多游客。一位"美髯公"大哥，独自凭栏，沉醉其中。除了驻足观看的，还有悠闲漫步的，一边迈着步子，一边欣赏湖中景致。

湖中央有一个小岛，小岛和湖岸之间由一座石拱桥连接。岛上是六世达赖兴建的龙王宫，龙王宫共三层，四周有围墙。询问正在清扫酥油灯的喇嘛得知，龙王宫一楼供奉七世观音，二楼供奉龙王佛像，居于正中，其右为莲花生大师，其左为六世达赖喇嘛。从龙王宫出来，石拱桥的另一端，有一片用围栏围着的健身场地，里面各种健身器材应有尽有，不管男女老少，都喜欢到此运动运动，特别是一些小朋友，玩得十分开心。

再往西走，一边是波光粼粼的湖水，一边是草地。草地上稀疏地长着几棵大树，其中有生长了百余年的榆树，粗壮又挺拔。草地边缘，长着许多灌木丛，还有一些不知其名的树。人们三五成群地坐在灌木丛旁过林卡，津津有味地享受美食。再往前走，人越来越多，有几分拥挤，许多藏族群众正绕着三座白塔转经。不远处，还有几座六角亭，可供游客们歇息。（文：王发光）

附录四：宗角禄康：水不在深，有龙则灵

宗角禄康，翻译成汉语是龙王潭的意思。和西藏其他久负盛名的湖泊不同，这是一个人工湖。龙王潭整个园林初建于六世达赖喇嘛仓央嘉措时期，但其中潭水坑形成的时间较早。五世达赖喇嘛罗桑嘉措修建布达拉宫白宫和第司·桑结嘉措筑布达拉宫红宫及经房僧舍时，从山脚大量取土导致现在我们看到的水面出现。但是仅仅是有水面，是远远不够的。藏传佛教讲的是万物有灵。布达拉宫脚下的湖水，断然不能没有来历。

这个时候，那位传奇式的人物，浪漫而神秘的六世达赖喇嘛出场了。我们无从考证这位诗人、浪子兼神王是否读过《陋室铭》的字句，又或者他仅仅是出于宗教上的需要，总之他的作为暗合了"水不在深，有龙则灵"这句名言。六世达赖喇嘛仓央嘉措从墨竹工卡迎请墨竹赛钦（女性龙神）和八龙供奉于北潭水中，龙王潭由此得名。

湖中有一孤岛，呈不规则圆形，直径约42米。连接潭水间小岛和陆地的是一座五孔石拱桥，岛上及潭水四周则林木茂盛，一派葱绿。潭水中心的岛上建有楼阁，这就是龙王潭的精髓所在，龙王宫是也。

龙王宫是按照佛教仪轨中坛城的楼式建造起来的，高三层，最上层供奉着菩萨"鲁旺杰布"，传说他是龙的主宰；第二层供奉有美丽的女龙王墨竹赛钦，她其实并非龙，而是一条修行了多年的巨蛇。她原本居住在墨竹工卡县巴罗地方的一个大湖里，湖的附近有一片茂密的林卡，墨竹赛钦常常变成一位美丽的少女在林中散步。据当地人说，倘若心地善良的姑娘碰见了墨竹赛钦，那将是很幸运的，即便是被其看上一眼，也会变得更加聪慧美丽；如果是男子汉碰见了，将会很不幸，就会被其美貌迷惑，失去理性而成为傻子。因此，在当时，墨竹赛钦所在的林卡一带很少能见到男人，渴求美丽的女人却常常结伴光临。

1791年，八世达赖喇嘛强白嘉措对龙王潭进行了维修，塑造了传说当年随同文成公主来的保法大天王和宝瓶坛城供奉于楼阁神殿中，并且修建了当时廓尔喀投降后遣使向清明进贡的四头大象的象房。象房取名为"圆满乐园"，位于潭水西南80多米处的岸边。（中国西藏新闻网）

附录五: 团结之城的和谐

春日的午后,古城拉萨,阳光透过云层,洒满大昭寺广场。金色阳光下,转经道入口处的"唐蕃会盟碑"显得格外庄严肃穆,碑面上的文字成为汉藏团结的历史见证。

唐蕃会盟碑又称"甥舅会盟碑"或"长庆会盟碑",距今已有1000多年的历史。史料记载,从公元706年到公元822年,吐蕃和唐朝之间的会盟达8次之多。公元823年立的唐蕃会盟碑,记载的是第8次会盟的盟文。历史记载,此碑立后,唐蕃之间纷争宣告结束。

20世纪80年代之前,唐蕃会盟碑并未被封闭于围墙之内。朝佛的信徒会将酥油抹于碑面,贴以钱币,祈祷太平康乐。后来,为了保护这座见证了汉藏团结的历史遗迹,文物部门在会盟碑四周砌筑了围墙。2013年,作为拉萨重点文物保护的一部分,唐蕃会盟碑修复工程正式启动。

如今,碑身已略有风化,但所镌藏、汉碑文尚能辨认:"舅甥二主商议社稷如一,结立大和盟约……务令百姓安泰,所思如一。"

唐蕃会盟碑是西藏重要的古文献之一，也是研究唐蕃历史的重要文物。碑文反映汉藏两族"欢好之念永未沁绝"，表达了汉藏历史悠久的亲密关系。

近年来，一批见证汉藏团结的历史遗迹在西藏相继得以抢救和修复。

作为拉萨老城区 56 座古建大院的重点修缮项目之一，清政府驻藏大臣衙门旧址复原工程于 2013 年初正式启动，7 月开始免费向社会开放。

驻藏大臣制度是清朝实施的重要治藏制度。清朝同治七年的《英国外交大臣就传教士在拉萨传教事外交照会》、光绪十四年 9 月 12 日的《升泰就领土争端事致印带兵英官函》、光绪二十一年 4 月的《亚东关税务司就亚东关务事致驻藏大臣奎焕照会》……一张张历史官函记载着驻藏大臣制度建立的 185 年间里，138 名驻藏大臣为边疆巩固所做出的努力。

2012 年 9 月，拉萨"民族团结月"活动期间，修建于 1792 年的拉萨关帝格萨拉康（简称拉萨关帝庙）维修工程全面竣工，前来朝拜的各族群众络绎不绝。因关帝形象与藏族史诗中的英雄格萨尔王非常近似，藏族人将此庙宇称为"格萨拉康"，即格萨尔神庙。

格萨尔神庙是汉、藏共同抗击外来侵略、保卫祖国神圣领土的历史遗存，也是研究清政府在西藏施政用兵行使主权的历史见证，具有重要的历史和文物价值。

在距离拉萨市区千余公里外的边境县吉隆，相关部门已开始对乾隆年间清军反击廓尔喀侵略者的遗址、清军大墓，以及福康安大将军为纪念驱逐廓尔喀人大获全胜而亲笔题写的"招提壁垒"牌匾等进行修复。

藏族谚语有这么一句话："相亲相爱，犹如茶与盐巴；汉藏团结，犹如茶与盐巴"，一批又一批的民族团结历史遗迹，充分印证了汉藏团结的史实。

现在的拉萨，不仅汉藏，各族人民全都和谐共处。（中国西藏新闻网）

哲蚌寺的展佛

　　2014年雪顿节当日，一上午断断续续下了一些雨，刮了一些凉风，给许多人闪了一些寒意。正午时分登上哲蚌寺后山的人总算乐开了花，山上一抹灿烂的阳光由远及近，顷刻间从天上倾泻而下，如同醍醐灌顶，人心一下子亮堂起来。这时候，整个大山笑了，神采奕奕；整个人群欢快了，手舞足蹈。佛的笑容也更加灿烂，他坐在高高的崖壁上，笑迎四方来客。

　　最开心、最动人的是笑缺了牙的老太太，从山下一路拄杖而上，或许她朝佛朝了一辈子，尤其是雪顿节期间，每年她都必须登山见展佛。每年上山，每年见佛于现在的年轻人可能轻而易举，也可能可有可无，但对于老太太来说，却太艰难了，而且是必不可少的。能够每年见佛，甚至成了她生命存在的一种证明。而且人年纪越大，离来世更近，老太太没有理由放过寻找

到好路的机会。拜了一辈子，总不能"晚节不保"。老太太的雪顿节，是最隆重的雪顿节。

雪顿节时如果老是刮风下雨，难免让朝拜之人不爽，心里不痛快，也是对神佛的不尊重。好在西藏一天之中总有晴天，阳光的不见只是暂时的，乌云的消散总是必然的。尽管有刮风下雨的雪顿节，但总有满怀信心的人们。这不，今年的雪顿节，中午时分，太阳终于爬上了山顶。

坐在阳光下哲蚌寺的山头，看神佛在眼前朝着自己慈祥地笑着，心中自然而然泛起一股温暖和激动。此时此地，太阳在外温暖着朝佛的人，神佛在内温暖着朝佛的人，整个人觉得非常的温馨。人只有此时才更能感到自己是有爱的人，是自然的孩子，是世界的宠儿，受到无比的关照，更容易满足，更愿意把自己的爱施与他人。

雪顿节期间正是拉萨将要入秋待冬时节，往往前一天晚上，或者上午有阴雨，寒意袭人，而中午或者下午的阳光正合适，晒晒不觉得炙热。人们此时正好可以坐在哲蚌寺后面的山坡上，晒晒太阳，晒晒展佛微笑中所散发的荣光。因为雪顿节期间人多车多，哲蚌寺会暂时禁止机动车，无公交，往往走几小时的路才可到达寺院。人辛苦了，在山头缓一缓，歇歇脚，也是对辛劳的回报。

附录：哲蚌寺简介

　　哲蚌寺建筑结构严密，殿宇相接、群楼层叠，每个建筑单位基本上分为三个层次，即落院、经堂和佛殿，形成由大门到佛殿逐层升高的格局，强调和突出了佛殿的尊贵地位。其中规模宏大、雄奇庄严的措钦大殿，错落有致；不拘一格的德阳扎仓，粗厚古朴；布局严密的阿马巴扎仓，高耸森严；富丽堂皇的甘丹颇章等都是西藏大型建筑的代表。在建筑外部又采用金顶、法轮、宝幢、八宝等佛教题材加以装饰，增强了佛教的庄严气氛，使建筑整体上显得更加宏伟壮观。1464年，哲蚌寺建立僧院，传授佛教经典。寺内共有4个僧院（扎仓）、29个康村。哲蚌寺主要由措钦大殿、四大扎仓（即罗赛林扎仓、德阳扎仓、阿马巴扎仓、郭芒扎仓）和甘丹颇章几部分组成。

　　哲蚌寺的殿堂多得数不胜数，从宗教意义上讲最著名的是"强巴通真"殿，从政治意义上讲最重要的是"甘丹颇章"殿。"强巴通真"（弥勒见得解脱）殿位于措钦大殿三楼西北侧，规模不大却因主供弥勒8岁等身像而闻名。前来膜拜的信徒络绎不绝。殿门上还悬挂着一块汉文横匾，上写"穆隆元善"。匾上刻有椭圆形篆字图章一枚，文为"大清道光丙午年孟秋印"；后有图章两枚，一枚刻着"铁穆氏"三个字，另一枚刻着"琦善之印"四字。殿内还供有该寺的镇寺之宝——白色海螺。宗喀巴命令绛央曲结·扎西班丹修建哲蚌寺时，将把修建甘丹寺前他亲自挖掘出来的白色海螺交给扎西班丹并预祝建寺成功。这个海螺一直珍藏在弥勒殿。

　　寺内主要经殿有六个：甘丹颇章、错钦大殿、密宗院、罗赛林院、郭芒院、德阳院。主要佛像有：见解弥勒佛、金刚怖、不动佛，还有金写《甘珠尔》、大战佛莽等历史悠久、举世无双的珍品和不计其数的各种镀金佛像、唐卡、佛经等珍贵文物。另外，寺院四大僧院中有三个显宗院和一个密宗院，三个显宗院都在宗喀巴三师徒所著经典的基础上各持己见，罗赛林院习用班禅索扎之经典，郭芒主修贡钦降央协巴之经典，德阳则根据五世达赖喇嘛的经典进行修持。

　　哲蚌寺是拉萨市乃至全藏规模最大的寺院，其珍贵藏品数量也相当惊人。著名的有历代瓷器：寺内所藏甚多，年代有早至宋代者，而以明清特别是清代为最多，种类多属压口杯、小碗之类。各类唐卡有数百幅，大多为明清时代的作品，措钦大殿挂有四幅一组以文房四宝为内容的唐卡，清雅丰富。有一套经拆装、推封册页的朱印《大藏经》，共108幅，装在54个特制木箱中，印刷颇工，装帧富丽，夹板精致，至为珍贵。文殊铜镜：通高1.29米，两面錾刻文殊坐像，像极优美生动；镜有华丽檀木圆雕镜座，雕刻精细，造型精美，传为第五世达赖喇嘛时清顺治皇帝所赐之物。铜造像：有数千尊，种类甚多，最多的是佛、菩萨和各种祖师造像，其中明永乐年间朝廷赍赐的鎏金铜菩萨像非常精致，甚为珍贵。古代兵器铠甲：为数不少，确切年代大多不详；措钦大殿的铠甲较完整，给西藏文化史和军事史的研究提供了重要资料。

在景点方面，沿哲蚌寺西侧的台阶拾级而上，进一个大门后左侧是一条小路，旁边有流水，经常会有一些藏族妇女在溪边洗铃铛。走上一个山间的小平台，可以俯瞰山谷的景色。继续往上走，左边远处有绘在山石上的佛像，后面的铁架子就是雪顿节时的展佛台。每年雪顿节哲蚌寺都会举行展佛仪式，在山坡上展示一幅巨型佛像唐卡，引来大批信徒和游客前来祷福，场面非常壮观。著名的甘丹颇章就在右边一处有很高台阶的地方。甘丹颇章大门前面有一个小佛殿，里面供奉着五世达赖喇嘛的衣服。甘丹颇章有3层，每个窗口都种了许多花。这里曾是二至五世达赖喇嘛居住的地方。后来五世达赖喇嘛掌管地方政权，在布达拉宫完成白宫部分重建后，便正式迁到了布达拉宫。由于达赖喇嘛是在甘丹颇章建立的政权，因此史称"甘丹颇章地方政权"。

哲蚌寺的法事颇多，每逢大型佛教纪念日和藏历每月的望晦日（即十五日、三十日）等吉日，都要举行相应的法事。还有一些僧俗同庆的活动，其中场面最大的要算"哲蚌雪顿"了。"雪顿"藏语意为"酸奶宴"，原先是一种纯宗教活动。按照佛教的法规戒律，夏天有几十天禁止僧人出门，直到解制为止。在开禁之日，世俗百姓以酸奶施舍。后来"雪顿"的内容更加丰富，宗教活动和文娱活动相结合，规模不断扩大。藏历六月三十日"雪顿节"当天，先是以哲蚌寺为中心，清晨展览巨幅佛像唐卡画，接着举行藏戏会演，实为僧俗同乐的乐节日。

　　雪顿节是哲蚌寺的最大的宗教节日，现已成为拉萨地区的最大节日之一。当佛教在印度盛行时期，戒律规定夏季三月僧人不准外出以免踩杀昆虫。在僧人夏季安居期间，地方上向僧人贡献数次牛奶和酸奶宴会。在西藏最早继承这一传统的是哲蚌和色拉寺。最初也和印度一样，在僧人夏季安居时期，地方头人和百姓向僧人贡献奶酪。在五世达赖喇嘛时期，扎西雪巴藏剧团、协绒野牛舞团等来到哲蚌寺甘丹颇章广场为达赖喇嘛敬献各类节目，也为哲蚌寺展佛和轮换知事僧等活动拉开序幕。十一世达赖喇嘛11岁时，即公元1849年，在罗布林卡的格桑颇章宫后面兴建邬遥寝宫，从此，达赖喇嘛夏季住罗布林卡。在雪顿节期间，西藏各地的著名剧团都来到罗布林卡进行表演，向达赖喇嘛敬献各类节目，藏戏也得到了长足发展。十三世达赖喇嘛时期，雪顿节期间邀请西藏各地著名的藏剧团、歌舞团在罗布林卡演出，从此，雪顿节正式成为西藏著名的文艺节。（中国西藏新闻网）

拉萨的声音

拉萨是佛地，到处可闻经声，可感受到佛的声音。要说拉萨的声音，不是没有车声、机器声、叫卖声、基建的喧闹声，而是这些其他城市都有的嘈杂音，在佛的指引、安抚、超度下，在拉萨都被平息下来。拉萨安详、宁静。在经声之下，静中取安，闹中求静。走在大街小巷，藏族同胞们一个个心宽神宁，脚步不紧不慢。身外的嘈杂抵不过，也无法奈何他们内心的安宁。而化解外界嘈杂的，正是他们滔滔不绝的经声，手中周而复始转动的经筒，还有源源不断、滚滚流动的佛珠。

佛面对着众生，从来都是默然不语。然而他们看似无言，其实有很多话；他们看似无语，其实他们的声音信众听得见；他们看似没有发声，其实如雷贯耳。他们说的话被刻在经卷里，声音在信众的灵魂里自然而然地响起，他们的言语自己不说，信众会自觉帮他们说出。

在拉萨大大小小的寺院、经堂里，有许多僧人喇嘛修行，他们听佛的话，念佛的经，背佛的语录，记佛的声音。在经声中他们成为高僧大德，让自己功德圆满，也普度众生。在新的历史时期，进步佛教徒所发挥的稳定社会、安抚信众、造福心灵世界的作用正越来越明显。

而在拉萨的大街小巷，在公交车里，在商场、游艺场，在家中，甚至在所有的公共场合，在行走时，在坐立休息时，甚至躺卧睡觉时，虔诚的信众，都口中念念有词，时时刻刻、无处不在地跟随神佛，祈祷来世和今生。信众不但自己念经，还发动自然万物念经，布施行善。拉萨城里城外，山上河边，到处挂起的经幡，随风窸窣作响，这就是大自然的经声。

总之，要说拉萨的声音，那一定是经声，拉萨是经声中的城市。

膜拜之美

大多数区外游客不懂宗教，也没拜过神佛，但对藏地群众虔诚拜佛感到很好奇。说实在的，现实中谁没有难处、没有难题？人都有很多难处、难题，甚至是灭顶之灾，靠个人能力解决不了它，靠家人解决不了它，靠现有的社会解决不了它，靠现有的科学技术也解决不了，那么找谁来解决呢？既然现有问题和难题无法解决，总要找一个出路。为求得帮助，很多人对神佛宁可信其有，不可信其无。姑且不论态度正确与否，行为方式科学与否，单就精神压力减轻、向善、心愿美好而言，求神拜佛也有其意义，有其可爱之处，有其美。

首先，进寺院拜佛本身不是干坏事，因此，在行为定性方面要有区别。至于拜的内容，有的为干好事成功，有的为干坏事得逞，但总体而言后者的可能性小，因为大家都相信神佛只帮人做好事。换言之，坏人做坏事也可能

进寺院拜佛，但抑恶扬善的神佛不会支持，而且还会惩罚他，因而做坏事的人大都不敢进庙。进庙的人大多是好人，至少是为做好事而来，即便是坏人在进庙期间也会好一阵子，说不定在佛面前还能多些良心发现，有朝一日有改邪归正的可能，因而寺院是一个扬善的、向好的地方。

其次，进寺院朝拜也是一场心灵修养之课程。爱国爱教的寺院往往匡扶正义，帮助人们排除心灵杂念，解除精神痛苦，有稳固社会、安定人心之功效。许多外地游客一辈子没进过寺院，没拜过神佛，来到西藏为文化游首次进寺，也由此可充分领略宗教文化。许多游客对西藏如此多的群众，如此狂热地信教不理解，但人之为人，关键在于理解，作为同胞，应更多理解宗教，知道信佛的来龙去脉。对宗教文化的好奇，以及宗教本身的神秘色彩，也更给拉萨带来美的意味。

无论如何，向善和虔诚让人尊重，受人佩服，求神拜佛的一举一动也有些美感。比如磕长头，一路不断口中喃喃默念，需要何等的真诚。还有转经，外地游客不一定认同，但不影响他们的佩服。对于西藏人这样一种认认真真、全心全意、一丝不苟、心悦诚服的态度，很多人自愧不如。问题不在于事情的形式，而在于肯下如此功夫。心如此之专，应该无往不胜。换言之，人有了这种精神和态度，什么事做不了？何患一事无成？所以，对求神拜佛的理解，外地游客应更多从态度层面，欣赏其美、动人之处，重要的是求同存异，彼此尊重。概言之，就是不一定赞同，但不影响认同。

对懒惰、虚情假意、欺骗、不劳而获、损人利己，几乎各族人民，整个社会都一致挞伐。求神拜佛，每天转经，见佛就仰，似乎这些信众也付出了精神劳动，而且不止于此，很多人还广做布施，这更体现求神拜佛者并非不劳而获，很多人有坚定的劳动观念。同时，许多人的愿望是天下幸福、吉祥，佛也因之有大美了。

附录：民间传说的世界屋脊"神秘西藏"十大谜团

关于神秘又让人向往的西藏，历来有很多让人不解的谜团。

1."野人"之谜

西藏"野人"之谜历来被炒得沸沸扬扬，早在1784年，我国就有关于西藏野人的文献记载。近年来，在喜马拉雅山区不断有人目击有野人活动并有女性野人抢走当地男人婚配生子之事。已有若干考察队深入西藏东部考察，但目前野人仍是一个谜。

2.红雪之谜

喜马拉雅山5000米以上的冰雪表面，常点缀着血红色的斑点，远看如同红雪。这些红斑点是由雪衣藻、溪水绿球藻和雪生纤维藻等藻类组成。在永久性冰雪中，高原藻类分布广，耐寒性强，零下36摄氏度也会死亡。因其含有血色色素，故呈红色。

3.虹化之谜

虹化是得道高僧在圆寂时出现的一种神秘现象。据说，修炼到很高境界的高僧在圆寂时，其肉身会化作一道彩虹而去，进入佛教所说的空行净土的无量宫中。

4. 珠峰旗云

在天气晴朗时，珠峰顶常飘浮着形似旗帜的乳白色烟云，这就是珠峰旗云。旗云是由对流性积云形成，可根据其飘动的位置和高度，来推断峰顶风力的大小。如果旗云飘动的位置越向上掀，说明高空风越小，越向下倾，风力越大；若和峰顶平齐，风力约有九级。

5. 象雄之谜

象雄，意为"大鹏鸟之地"，汉史记载"羊同"，是西藏高原最早的文明中心。据考古学研究和史籍记载，象雄在公元前10世纪就已在西藏高原崛起，且早于吐蕃与唐朝建立关系。在公元6至7世纪，象雄已是以牧为主，兼有农业了。古老的象雄产生过极高的文明，它不仅形成了自己独特的象雄文，而且还是西藏传统土著宗教——苯教的发源地，对后来的吐蕃以至整个西藏文化都产生了深刻的影响。象雄政权鼎盛之时，曾具有极强的军事力量，其疆域包括了西藏高原的大部分地区和青海、四川的一部分，以及西部的克什米尔和拉达克。后来，吐蕃逐渐在西藏高原崛起，到公元7世纪时，彻底征服了象雄。从那时起，象雄政权和文化就突然消失了，其文字文献、宫殿遗址等至今无从考证，留下了千古之疑。

6. 说唱艺人

《格萨尔传》是藏族著名长篇英雄史诗，从其原始雏形发展到今天共有百余部之多，可谓鸿篇巨制，《格萨尔传》在民间以两种形式流传，一是口头说唱形式，一是以抄本、刻本形式。口头说唱是其主要形式，是通过说唱艺人的游吟说唱世代相传，而说唱艺人有着各种传奇。在众多的说唱艺人中，那些能说唱多部的优秀艺人往往称自己是"神授艺人"，即他们所说唱的故事是神赐予的。"神授艺人"多自称在童年时做过梦，之后生病，并在梦中曾得到神或格萨尔大王的旨意，病中或病愈后又经喇嘛念经祈祷，得以开启说唱格萨尔的智门，从此便会说唱了。

7. 古格之谜

9世纪中叶，吐蕃第四十二代赞普朗达玛被杀，其曾孙逃往阿里地区。约公元10世纪，其后裔建立了古格政权，在近700年的历史长河中创造了灿烂的文明。1630年，拉达克人入侵并消灭了古格。然而，从记载上看，战争造成的屠杀和掠夺并不足以毁灭古格文明，但古格文明的消失和玛雅文明有着惊人的相似之处，都发生得异常突然。在今天的遗址附近经常可以看到这样的景象：十多户人家守着一座可供上千人居住的城市，而这十

多户人家并不是古格后裔。那么当日十万之众的古格人如何消失得无影无踪了呢？

8. 伏藏之谜

伏藏是指苯教和藏传佛教徒在他们信仰的宗教受到劫难时藏匿起来，日后重新挖掘出来的经典，分为书藏、圣物藏和识藏。书藏即指经书，圣物藏指法器、高僧大德的遗物等。最为神奇的就是识藏。识藏是指埋藏在人们意识深处的伏藏，据说当某种经典或咒文在遇到灾难无法流传下去时，就由神灵授藏在某人的意识深处，以免失传。当有了再传条件时，在某种神秘的启示下，被授藏经文的人（有些是不识字的农牧民）就能将其诵出或记录成文，这一现象就是伏藏之谜。

9. 香巴拉之谜

香巴拉，又译为"香格里拉"，意为"持安乐"，是佛教所说的神话世界，时轮教法的发源地。关于香巴拉的是否存在人们始终持怀疑态度，而佛学界则认为香巴拉是一个虚构的世外桃源。藏文史籍对于香巴拉的记载很详细：香巴拉位于雪山中央的西端，圆形如同莲瓣，周围被雪山环抱，从白雪皑皑的山顶到山脚下的森林，生长着各种鲜花和药草，大小湖泊星罗棋布，青草茂盛，绿树成荫，有许多修行圣地。其中央耸立着富丽堂皇的迦罗波王宫殿，宫殿中央是各种王的寝宫宝座，王们拥有许多大臣和军队，可以乘骑的狮子、大象、骏马无数。这里物产丰富，人民安居乐业，从王臣权贵到庶民百姓都虔信佛法，供奉三宝……

但香巴拉（即香格里拉）存在与否，至今仍是一个谜。

10. 巫师之谜

在原始宗教观念支配下的藏族先民们认为：无论是在天上、地下或是水中，都有神灵，而且世间万物也都无不听命于这些神灵。在人类发展的过程中，人们不断幻想能控制和影响客观事物以及部分自然现象，于是便产生了祭祀和巫术活动，巫师也随之出现。然而，随着时间的流逝，我们对巫师的各种情况，如名称、传承、服饰、法器、神坛、咒语、巫术、占卜等，几近一无所知。或许在某个偏远的地方，或多或少地保留了一些较为接近于原始宗教巫师的面目，有待我们进一步去考察。

宗教文化之美

寺院是神佛的宫殿。神佛自然也有他的"社会",谁为主,谁为次,谁长于哪些方面,谁承担哪些职守,谁功劳为大,谁有特殊法力,谁为统御,谁为一方镇守,都有一定安排,但区外游客大多不懂这个神佛的"社会",于是进寺院大多为看热闹。不过有一点,既然走进寺院了,无论是看热闹,还是从文化的角度欣赏,还是真心诚意献拜,或者亦步亦趋跟风模仿,别人拜自己也拜,都说明你是奔着神佛来。进寺院都是客,拉萨的大美也包括寺院的大美,甚至是最重要的美处之一。每个进寺院的客人,对佛教的美处多多少少也能感受一些。

寺院给人以敬畏之美,进入寺院任何人不再桀骜不驯,对于无量的神佛,少有人能再撒野。人作为自然之子,有时候容易忘乎所以,不知自己从何方而来,向何方而去。而有敬畏之心能让人更加尊重自己、尊重他人、尊重社会。

寺院给人以宁静之美，许多有名的寺院都建在僻静之地，拉萨几大寺，如哲蚌寺、色拉寺、甘丹寺等，都建在偏远的山谷。依山而建，且在半山腰。这些地方人迹罕至，但便于修行，只在寺院建成后才多人声。但一般禁止信众喧哗。在宁静之地，人一般更能反省其身，更看清自己，从而有利于自身行为修养。

　　对于健康的宗教，尤其是爱国、爱民、爱教的宗教，一般人还是可以多了解些，从文化的角度多看宗教，而不是从迷信的角度痴迷宗教，应该是一个社会成熟的标志性事物。随着受教育水平的提高，人们甄别能力增强，相信宗教中的精华和糟粕更多人能够清楚判别，取其长避其短，多受启发，多多领悟，这也有利于社会文明的教化。

　　要把宗教的美发掘出来。许多人进寺院以后心情更加舒畅，他们进寺如逛寺、游寺；他们充满期待地去看神佛，尤其是正对自己心愿或者症结的神佛。神佛虽然不说话，但都是智慧、勇气和能力的化身，与他们进行心灵沟通与交流，说说自己的愿望，吐吐自己的不快，似乎天地之间真有神灵，真有护佑，其实是自己护佑自己，佛在心中。

　　进寺院览胜，求美，心情欢畅，也是拉萨的动人之处。

经幡中的经声

　　雪山下，湖岸上，河滩边，山谷中，草地上，山包旁，拉萨周边漫山遍野可见五彩的经幡，而且越是人迹罕至的地方，越见经幡，比如峭不可攀的山壁上、两座绝难勾连的山峰间，神奇的经幡往往腾空而过。在一些寂静的荒野中，人不见，鸟兽不闻，却有热烈的经幡扎堆而披。有了经幡的活跃，再冷清的地方也有温暖，也有生机。西藏地广人稀，人们似乎要以遍布的经幡证明自己的存在，证明神的关怀遍布，证明自己不断的祈祷和祝福。尤其在苍凉的野外，经幡鲜明的色彩驱赶了灰色的沉寂，游人们不再有被抛弃的感觉。

　　很多游人把经幡看作一道风景，西藏漫山遍野荒芜，不像祖国内地植被丰厚，绿色满眼，百花盛开，尽显生机，而遍布的经幡倒是给贫乏和平淡的野外增添了不少内容。高原上，上有鲜艳的蓝天白云，下有艳丽的经幡，彼

此映衬，均是浓墨重彩。如若不是导游提醒，经幡是当地群众用来念经的，真会让游客误认为这是当地一道奇异的人工风景。

知道经幡于藏文化中的特别内涵，走进各个名寺体验僧人们的诵经念佛，还有大街小巷不断翻滚的、转动的经筒，以及即便是在行走时，即便是坐在公交车里，藏族群众仍然不断念叨、一刻不停的喃喃经声，就更能充分体会到藏族群众在经幡中的寄托。按佛教的说法，谁念的经越多，谁就更虔诚，谁得到的菩萨保佑也更多。一个人时间有限，难免忙于生计、农活，忙于其他什么事情，甚至也有耽于享受什么的，难免稍离神佛，为了不至于经声暂断，西藏还允许请人代为念经，雇人代为朝佛。而挂上经幡，让风帮着念经，也是一种表达虔诚的方式。

看久了拉萨周边漫山遍野的经幡，熟悉了拉萨城里的宗教生活，在这种类似天堂的朦胧氛围中，经幡不再仅仅被看成是一道道风景，而是一个个很大的佛事场面。经幡泛出的不仅是色泽，更多是氛围、气息和感觉。在风的吹拂下，它更多的是动作，仿佛千千万万的信众在顶礼膜拜，在日夜不停地朝四面八方的神灵叩拜，仿佛天地间都是一座座大佛堂，从经幡上发出的念佛声和寺院里的经声遥相呼应，共同感动着这座天堂。

除去心魔

心魔，往往是一些卑微的愿望，或者求升官，或者求发财，或者为一时之气、狭隘之见。要驱除心魔，最好不过的地方是拉萨。这里菩萨多，僧众多，信徒多，在这样的氛围中，在吉祥的世界里，人会处处逢凶化吉，事事如意。在我国的城市中，拉萨是最大的佛城；在我国所有的旅游点中，拉萨是最有佛教氛围的圣地；在我国幸福指数最高的几个地方，拉萨是最安然祥和的所在。

藏传佛教要求把祝福送给天下人，牺牲自己，贡献自己，以至于人死后还要以身体完成最后的供奉，所以能让人放弃自己的那点小私、小利。人既一心向善，自己也就无得失了。舍了平时的私心杂念，人的心地就宽广了，心魔从此再无立身之地，不再对人的魂魄附体。有人说拉萨的美在风景美，其实拉萨的大美在于其心灵美，在于其心地善良给世人的美感。

来拉萨，对着磕长头、转经筒、口中不停念经的藏族群众，不能简单以封建迷信注解，不能与精神禁锢画等号，一定要从文化的角度来理解，宗教中也有很多合理的哲学成分，蕴含着合理的世俗思想。比如，佛有关身外之物的说法，对于医治现代社会过分功利之病态，就有积极意义。我们这个社会太需要守住自己的心，不能被一些不重要的私心杂念长期俘虏。

有一种生活叫唐卡

在达孜区工业园里，当地企业有着一片大大的土地园区。园区里不仅有藏族特色手工艺品——藏香的传承，更重要的是，这里有着比较知名的拉姆拉绰唐卡画院。

拉姆拉绰画院位于企业园区的西侧，整整一排厂房，都是画院所在。走进画院，宽敞明亮的内部空间不禁让人感觉到一种宏大庄严的气氛。井然有序的画架前，一排排画师们正在用心描摹着心中的美妙画作。这里充斥着唐卡的味道，哪怕是照进里面的阳光，似乎也带着唐卡的颜色。

这里不仅有知名的唐卡画师，同时这里也有立志唐卡的学徒。而让我们最为惊讶的是，这里竟然有着许多女唐卡画师和学徒，据这里的副院长介绍，拉姆拉绰唐卡画院是全西藏少有的一家招收女画师和女学徒的画院，负责人认为，唐卡是西藏最具代表性的艺术形式，以前受限于民风民俗等方面的影响，西藏过去很少出现女唐卡画师。但是，随着社会的进步与开放，唐卡画师不能够仅仅限制在男画师中，女画师同样能画出优美的唐卡艺术作品。

就这样，出现了女唐卡画师，也出现了女手工艺者，也正是凭借着这种开放、进取的态度，拉姆拉绰唐卡画院成为西藏成绩卓著的唐卡创作基地。

每天，画院里的工人们都会在清晨时分来到工作场地，安然而坐，提笔开始唐卡画作的继续。日复一日，年复一年，这里安静的艺术氛围让身处其间的人们心态也变得安然宁静起来。画画，休息，这种简单的生活便是这座画院里所有人的生活写照。

这种生活看似枯燥，但只有内心安静的人，才能懂得这种生活有多么幸福。做着自己喜欢的事，并养活了自己，这不是很幸福的人生吗？

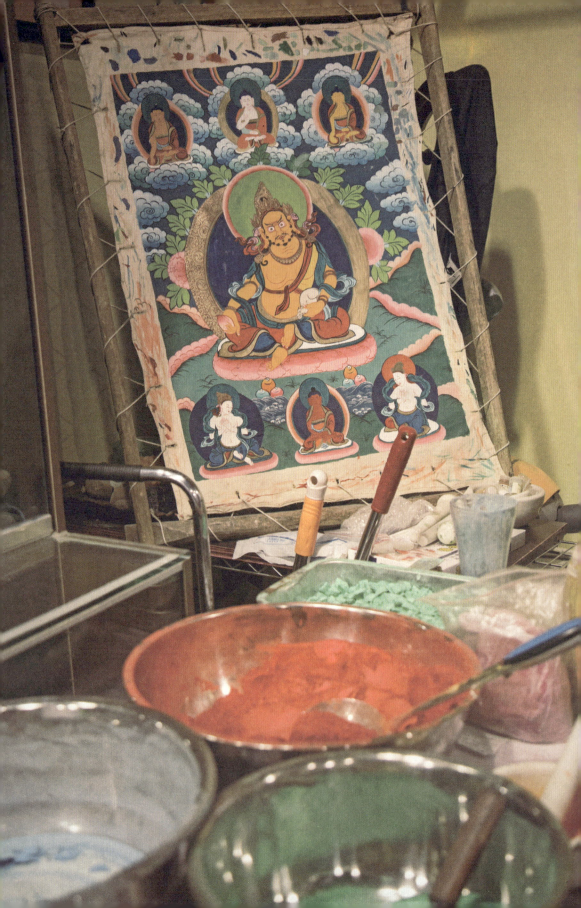

附录一：让唐卡艺术触手可及

从拉萨市八廓街的一家家唐卡销售商店，到中国邮政首次发行《唐卡》特种邮票，再到文化和旅游部正式复函批准西藏文联设立"中国西藏唐卡艺术中心"，过去很是稀有的唐卡，如旧时王谢堂前的燕儿般，已经"飞入寻常百姓家"。

曾几何时，拥有唐卡是僧侣和贵族的特权，唐卡技艺深锁于寺院，广大藏传佛教信众很难分享。作为藏族同胞传承了上千年的智慧结晶，唐卡艺术不应该只属于少数人。事实上，唐卡作为一门艺术文化形态，其发展离不开传播与传承，尤其在以信教群众为主体的西藏，只有接社会生活的"地气"，唐卡艺术才会"愈久弥香"。

让唐卡"飞入寻常百姓家"，贵在政府和民间的推动、内容和形式的创新。

首先，在政府的大力推动下，"西藏百幅新唐卡工程"正是在题材创新中实现突破，除了藏传佛教题材，《快乐甜茶馆》和《文成公主京藏戏》等反映社会生活变迁、传统民俗文化内容的唐卡得到了藏族群众的认可和喜爱。走上深圳文博会等平台的唐卡，更为外界了解西藏打开了窗口。

其次，民间艺人仍然是唐卡艺术传承和发展的中流砥柱。各大主要画派的风格、技法和师徒传承体系等是唐卡艺术的精髓所在，政府和民间组织要加强对不同画派的弘扬和传承人的保护工作，如在非物质文化遗产保护项目设立、资金奖励等方面对其进行扶持，为更多人能有机会接触、学习到唐卡艺术创造条件。

最后，唐卡的传承与发展还离不开创新平台与形式。随着旅游业的发展和人民生活水平的提高，唐卡市场的发展已初见气候，可以以此为契机打造唐卡展销会等平台，拉近唐卡创作与市场的对接；同时，还应该从载体上不断丰富唐卡的表现形式，如中国邮政发行的《唐卡》特种邮票，群众只需花少量的钱就能感受到唐卡的魅力，在具有实用价值、收藏价值的同时，也让唐卡艺术触手可及。（文：廖云路）

附录二：唐卡世家嘎玛德列，一笔笔勾描艺术人生

历时近一年，首届西藏自治区级工艺美术大师的评选进入媒体公示阶段，从全区各行各业的手工艺人中选取出来的 25 位候选人，将进行最后的评审，由媒体公示和大众评议来最终确定首届西藏工艺美术大师的名额。来自西藏昌都的嘎玛嘎赤派唐卡画派技艺传承人嘎玛德列老人也在其列。

嘎玛嘎赤画派，属西藏东部地区画派。相传由郎卡扎西所创，与其同时期的八世嘎玛巴米久多吉，奠定了嘎玛嘎赤画派的理论基础。16 世纪，嘎玛嘎赤画派开始盛行于康区，先后涌现出了一批大师。嘎玛嘎赤画派在发展过程中，由于生存地域与中原紧密相连，在政治、经济、文化上的交往也相对频繁，因此在绘画方面，多受明代以后工笔重彩画和四川绵竹木版年画的影响。嘎玛嘎赤画派在严格继承传统绘画的基础上大胆创新，吸收汉族画家工笔重彩之精华，注重抒情写意之风格；讲究色彩对比，结构严谨，画工细腻，最后达到精美绝伦之境界。其总体风格形成了有别于卫藏地区勉唐、钦泽两大画派的特征。20 世纪初，嘎玛嘎赤画派艺术达到了更为完善和成熟的阶段。2008 年，西藏昌都市卡若区嘎玛嘎赤唐卡画派技艺入选第二批国家级非物质文化遗产代表作名录。

源于内心的热爱

"兴趣是最好的老师。"爱因斯坦的这句名言，在今年已经 81 岁的嘎玛德列老人身上得到验证。出身于唐卡世家的嘎玛德列从小就耳濡目染唐卡艺术的独特魅力。从他外婆的爸爸那一辈起就开始传承嘎玛嘎赤派唐卡的绘画技艺，嘎玛德列学习画唐卡也是因为小的时候天天看爷爷在画，加之爷爷的鼓励，慢慢地激发了他的兴趣。而他的父亲西热洛桑和两个舅舅赤列旺修、贡布多吉都是嘎玛嘎赤画派最有名的唐卡艺人。

嘎玛德列 8 岁的时候开始跟着贡布多吉舅舅学习唐卡绘画技艺。最初的训练就是背记《大藏经》里面规定的每个佛像的大小与身体各部位的比例。"每个佛像眼睛的大小、鼻子的尺寸、眉毛的高度以及身与头的比例都是不一样的。"嘎玛德列介绍说所有这些全部都是有严格规定的，不能

有丝毫偏差。

画唐卡的第一步就是要依据这些规定在画布上画线，勾勒出准确的框架结构，首先要从释迦牟尼像画起。这一项技艺嘎玛德列训练了整整 4 年才熟练掌握，"这样的速度相对来说算是快的了。"嘎玛德列说道。

那时候没有电灯，嘎玛德列就点着酥油灯，在昏暗的灯光下一笔一笔地勾描，有时干脆就借着月光不停地画着。冬天冷得实在受不了了，就点起柴火取暖，手中的画笔却始终没有放下过。很多时候，家里人都睡了，他一个人还在画着。嘎玛德列说，无论当时条件有多艰难，他都从来没有想过放弃，"因为从小一看到家人在画唐卡就特别喜欢。"

从 11 岁开始，嘎玛德列的唐卡绘画技艺训练又进入下一个阶段，学习制作颜料、涂色以及画背景，这一学又是 6 年过去了。在他 17 岁的时候，嘎玛德列已经将藏传佛教 5 个教派中成千上万的佛像画法烂熟于心，不光能够独立地完成一幅完整的唐卡作品，还被邀请到青海绘制西藏著名的美郎热巴传说故事，他巧妙地运用 9 幅唐卡把这一传说故事完整地表现了出来。从此，嘎玛德列成为一位小有名气的唐卡画家。

将爱好当作事业

嘎玛德列每天都在固定的时间里从事唐卡的绘画工作，早上 8 点开始画一直画到晚上 8 点，从来没有停歇过。画唐卡已经成为嘎玛德列生命中不可或缺的内容。

嘎玛德列最初绘制唐卡时，并没有什么经济收入，纯粹是凭自己的兴趣坚持一种爱好。"那时候条件很艰苦，生活来源完全靠农牧业来维系，养养牛羊，种种地，换一些钱来。"嘎玛德列回忆说当时绘制的唐卡作品全部都是自己保存的，没有形成任何经济效益。

直到"文化大革命"结束，才开始有人慕名前来订购唐卡。渐渐地，画唐卡由一项兴趣爱好转变为一种谋生的手段，成为嘎玛德列毕生经营的事业。每幅唐卡作品依据内容的复杂程度和绘画技艺的难易程度，被标上不同的价格。"佛像的大小都是按着《大藏经》上的标准来的，我们的定价绝不能昧着良心。"嘎玛德列指着面前一幅近一米宽两米长，除了正中心的大佛像，还有 30 多个小佛像的唐卡作品说道，"这一幅要卖到五六万块钱，但是需要四五个月的时间才能完成。"

就这样，靠着经营唐卡作品，嘎玛德列一家的生活状况得到了很大改善。然而，商业化的运作并没有让嘎玛德列对于唐卡的热爱以及认真严谨的态度打一丝一毫的折扣。在完成客户订购的作品之后，只要时间允许，他总会坚持绘制自己感兴趣的唐卡，珍藏起来从不出售。

广收学生为传承

如今，年事已高的嘎玛德列已经没有精力像年轻时那样，每天一坐就是十几个小时，画个不停。每天能集中精力画上一个多小时，对他来说就算是很不错。嘎玛德列清楚地知道，嘎玛嘎赤派的唐卡绘画技艺是不可能到他这里就终止的，他有责任将这项艺术瑰宝传承下去。

从 1975 年起，嘎玛德列就开始教那些主动找上门来，要求学习绘制唐卡的学生们，到现在，陆陆续续已经收了 200 多个学生了。这些来自全国各地各民族的唐卡爱好者从事着各种各样的职业。"这些学生中有大学教授，对唐卡有一定的研究，也有绘画基础。还有很多是仅凭自己的兴趣来学的。"嘎玛德列对于这些自己找到他家里的学生向来一视同仁，耐心指导，并且从来不收一分钱学费。"学习唐卡也需要一些天赋，我教的学生中有些学好多年都没什么进步，有些只要一点拨就能领悟其中的奥妙。"嘎玛德列介绍说这就是所谓的"师傅领进门，修行在个人"，很多学生直到现在还会不时找过来，寻求他的指导。

嘎玛德列的外孙丹增平措也从八九岁开始跟着外公学习画唐卡，如今十几年过去了，学有所成的丹增平措一幅作品也能卖到几万块钱了。

慈祥的嘎玛德列说起自己最大的心愿，动情地说道："希望这项技艺能够后继有人，发扬光大，在我有生之年一定会尽自己的力量，将它传承下去。"

附录三：探访西藏大学艺术学院唐卡教室

这不是一间普通的教室，教室里的桌椅摆放得七零八落，学生可以自由走动；这是一间充满着艺术气息的教室，里面堆满了画布、画笔，空气中还弥漫着一股颜料稀释的味道。在西藏大学艺术学院，2012级美术教育专业班的学生们正在这里上唐卡课。

从1975年西藏大学开设艺术专业以来，唐卡、壁画、工艺美术等独具高原特色的课程成为该专业的办学特色；1985年，西藏大学开设了世界上第一个唐卡专业，完成了唐卡这门古老艺术由家族式传承向现代大学教育的转型；国内第一个唐卡专业博士点也已完成了招生。

据普次仁介绍，这门课程是2012级美术教育专业班的学生们第一次在画布上绘制唐卡，此前他们已经完成了勾线、白描等步骤的训练，在熟练掌握了佛像度量经的基础上，将花1个月左右的时间完成对唐卡的上色工作。

"我让他们绘制的是释迦牟尼，属于勉唐派的画风。相较于怒佛较为复杂的肢体语言、神态和背景图案，释迦牟尼的面部表情相对平和，技法上也比较简单，颜色搭配以蓝色、绿色、深红色为主，初学者掌握起来也较为容易。"普次仁说。

大二女生向巴玉珍来自昌都，她在绘画间不时停下来向普次仁咨询颜料的调配、色彩间的过渡等问题。"我对唐卡十分感兴趣，虽然现在学的时间还很短，但今后我会坚持学下去，"向巴玉珍说，"以前唐卡都是传男不传女的，现在我有机会系统地学习唐卡，非常难得。"

在班上，来自陕西的王博是为数不多的汉族学生之一。曾经有过国画功底的他，在唐卡的勾线、打底上要比其他同学轻松、自如很多。在课余时间，王博喜欢到西藏自治区群艺馆、八廓街等地参观、学习唐卡绘画。有时遇见一幅心仪的唐卡作品，他能呆呆地钻研1个小时，仔细观察画作的着色、构图、背景、画工等细节。

"绘制唐卡离不开对西藏文化，尤其是对宗教文化的认识，今后我还要在这方面'恶补'，争取画出的唐卡更带有神韵。"王博说。

临近下课时，普次仁将所有的学生召集在一起，对现阶段学生们在绘画上出现的问题进行总结。"课程结束时，他们每人都要提交一幅唐卡作品作为成绩考核，所以他们肩上也有压力。但除了上课时间，我们的教室也都是随时开放的，学生们可以利用课余时间继续他们的唐卡创作。"普次仁说。（中国西藏新闻网）

附录四：从唐卡精品展看西藏唐卡艺术的发展

唐卡是藏文化中一种独具特色的绘画艺术形式，唐卡的起源历史悠久，据传始于松赞干布时期，距今已有1300多年历史。唐卡题材内容涉及历史、政治、文化和社会生活等诸多领域，堪称藏族文化的百科全书。唐卡的绘制极为复杂，用料极其考究，颜料全为天然矿植物原料，色泽艳丽，经久不褪，具有浓郁的雪域风格，是藏文化中弥足珍贵的非物质文化遗产。

唐卡的绘制并非易事，需要长期学习和训练才能成为一名优秀的画师。而且画唐卡是个非常考验耐心的过程，一幅好的唐卡，一个画师往往要画数月甚至数年之久。

在西藏自治区群众艺术馆文化展厅，持续一个多月的唐卡精品展览，让这里成为艺术的殿堂。从西藏钦孜、嘎玛嘎赤、勉唐、勉萨派唐卡，到藏族刺绣、堆绣唐卡，前来参观的人们，或是脚步匆忙地走马观花，或是被一幅作品深深地吸引……他们都有一个共同的目的——领略唐卡这门藏文化独有艺术带来的魅力。

唐卡系藏文音译，指用彩缎装裱后悬挂、供奉的宗教卷轴画，是一种具有鲜明的民族特点、浓郁的宗教色彩和独特艺术风格的艺术作品。"唐卡展示了藏族同胞在艺术上的才华和创造力。唐卡展览对于把这样一种技艺传承下去，弘扬西藏文化是非常有意义的。"西藏美协顾问余友心说。

在"指尖神韵"——藏族刺绣、堆绣唐卡传承人精品展一角，有着一头乌黑自然卷发的小伙子正盘腿而坐，安静地堆绣一幅唐卡，仿佛从这个热闹的展览现场脱离了。

"这是《四壁观音》，完成这幅唐卡需要好几个月，甚至一年。最难堆绣的就是眼睛和脸。"他叫坚参，是国家级非遗项目拉萨堆绣唐卡传承人罗布的徒弟。

26岁的坚参，从11岁起师从罗布老师学习堆绣唐卡技艺。在刺绣、堆绣唐卡传承人精品展上，坚参的《央金玛》《觉布阿旺朗杰尊者》《宗喀巴大师》等堆绣唐卡作品普遍得到了业内人士和相关专家的好评。

对此，性格有些腼腆的坚参说："我的作品能展览出来并得到认可，我非常高兴。但是，藏族唐卡文化底蕴深厚，不是一朝一夕，或是几年就可以完全承袭下来的。我在罗布老师跟前学了15年，出了几幅像样的作品，但我依然觉得还有许多地方需要再精进，需要再沉淀下来，所以，虽然名义上我出师了，但我依然选择留在老师身边继续学习和创作。"

坚参的老师、国家级非遗项目拉萨堆绣唐卡传承人罗布也来了精品展，他特意将《吉祥天母》等自己的几件得意之作带到了精品展览上，"此次展览为我们唐卡传承人提供了一个相互沟通交流的平台，让大家相互学习借鉴、取长补短，也让我们获得了很大的动力和信心，推动唐卡艺术得到更有效地传承和保护。"

提供一个相互沟通交流的平台，推动唐卡艺术更好地传承和保护，正是主办方自治区文化厅和承办方自治区群艺馆举办西藏唐卡精品展的目的。自治区文化厅副厅长任淑琼说，举办这几期藏族唐卡系列精品展，既是西藏自治区当代唐卡艺术家们的一次集体亮相，也自治区非遗保护工作启动以来唐卡发展成就的一次全面检阅。各唐卡流派能在交流学习中彼此影响、共同进步，也让社会各界更好地了解了唐卡艺术。整个系列展览组织得力、井然有序、亮点纷呈，影响广泛且深远。

作为一名国家级传承人的罗布，也一直为传承这种民间文化做着力所能及的贡献。"我在拉萨办了一所堆绣唐卡学校，依靠传统的师傅带徒弟的方式传授唐卡绘制技艺。现在，国家给我们这些传承人非常好的政策，作为传承人也必须得负起责任，将唐卡文化发扬光大。"罗布说。

参观者昂桑正在细细鉴赏罗布的作品《益西措杰空行母》。他说："这幅唐卡作品中，益西措杰空行母一看就是藏族人，它的西藏元素太浓厚了。我本人也是画画的，从这些传统艺术中得到了许多灵感。西藏唐卡艺术拥有上千年的历史，传承人的有效保护是唐卡艺术流传至今的根本原因。"

随着西藏旅游业的发展，西藏唐卡在国内外持续受宠。而保护和传承藏族唐卡文化的重要性和紧迫性，正日益被官方和民间所共同关注和提倡。

藏族唐卡勉萨派国家级非物质文化遗产代表性传承人勉冲·罗布斯达告诉记者，唐卡的用料极其考究，画面辉煌艳丽，学习这门技艺需要积累漫长的过程，需要虔诚的心，更需要有耐力。"比如，每次绘画前，唐卡画师需要净手净面……所有这些仪式般的准备工作正是一种虔敬的心，更是一种信仰力量的支撑，所有这些都需要传承。"

自治区文化厅非物质文化遗产处处长吉吉说："通过举办这样的展览，可以看到老中青三代唐卡制作大师的精湛技艺、西藏非遗整个保护发展传承的现状，让更多的人了解参与藏族唐卡的传承与保护。"

附录五：嘎玛嘎赤画派唐卡展出

在2014年4月23日至27日期间，西藏自治区群艺馆举办了"指尖神韵——藏族唐卡嘎玛嘎赤画派传承人精品唐卡展"，共展出37名西藏嘎玛嘎赤派传承人的63幅唐卡作品。藏自治区群艺馆大厅中央挂着几幅《十六罗汉》系列精美唐卡作品，这是由82岁高龄的嘎玛嘎赤画派传承人嘎玛德列所作。"我从8岁开始学习绘制唐卡，到现在我教授了450多个学生。让我最开心、最欣慰的现象是现在学习嘎玛嘎赤派的学生们比以前多了许多，而且有很多优秀的年轻画师。每当看到很多来自各地到这里学习的学生我都会发自内心地开心。我用一生的精力去绘制唐卡，我也希望年轻的传承者们多在这上面努力。"

2008年，卡若区"嘎玛嘎赤画派"唐卡入选了第一批国家级非物质文化遗产扩展项目名录，2009年完成出版《嘎玛嘎赤画册》。

"《嘎玛嘎赤画册》主要以唐卡彩图和底线图、文字部分（包括绘画史和绘画理论）为主，其中65幅唐卡彩图均为寺院收藏的珍贵文物和私人收藏的传家宝物以及嘎玛德列老艺人技艺鼎盛时期所画的唐卡。底线图110幅是嘎玛德列老艺人花费三年时间所画。该画册的出版即是嘎玛嘎赤画派的传承教材，供世人传播和学习，也是对嘎玛嘎赤画派唐卡的有力保护和传承。"卡若区文化局副局长德青巴姆介绍说。

在西藏群艺馆展厅内，参观人员络绎不绝，有来自拉萨的市民，也有专程从卡若区赶过来的农牧民群众。"以前见过几位老师的作品，但是今天第一次看到这么多好的唐卡。我们老百姓欣赏唐卡一方面是对佛祖的尊敬，另外也要看线条。"专门从昌都赶来的群众次仁央宗说。

"指尖神韵是我们联合西藏唐卡画院共同举办的系列展览，上一次钦孜画派的展出非常成功，参观人次已经上万，可见市民群众对唐卡艺术的喜爱。下一步我们还会陆续将勉唐派、勉萨派的精品唐卡继续展出给广大群众。"西藏非物质文化遗产保护中心负责人阿旺旦增说。（中国西藏新闻网）

第四章
DI SI ZHANG

藏 人 故 事

巴尔廓旅馆

　　不要小看这些物质，它比你更加常态，如一块石头，它在青藏高原的群山上挺立了千万年，而你的出现只是它后来的一瞬，你将很快不在，最终还原，发现自己只是一块碳水化合物，它却仍可以继续挺立。不要淡看这座旅馆，它建成已有上百年，然后你来了，青年的你小住了几日。你离开后，它仍旧在此操其营生。等你再回来，你已是白发苍苍，而它再经修饰，仍是它年轻时的模样。它没有变而你却变了。整个青藏高原于漫漫历史长河中，几乎都保持着现在的这副模样，而你只是一瞬，却禁不住大变，你和它的时间概念完全不一样，因此，人的生命是如何的不堪呀！

　　拉萨的大美，也可以从岁月的角度解读。拉萨的大美在于它可以穿透时空的界限，它丰富的文化、灿烂的历史、所处的世界高度、所具有的坚强执着，尤其是佛的驻地、天堂的久远，使它的魅力经久不衰，吸引千秋万代全世界的人，它的美可以到达任何时空，而人却经不住时空的一地和一刻。

　　十几年前我曾经在巴尔廓这座旅馆住过，一想起拉萨，一梦回拉萨，梦路就从此展开。由于这座旅馆曾经的历史、建筑的精妙、政府的保护、所有者的勤勉，它已成为拉萨城久远历史的一部分，它始终是城市的一分子，就像拉萨城永远将持续存在一样，它也将不断持续存在，拉萨城不会老去，它也不会老去。它不老，而我却必须老。它以及拉萨城才是大美，我尽管也有过少年的英俊，青春的年华，同行的朋友也有过青春的美丽，但都只是浮夸的美、易逝的美、短暂的美，肤浅得很，以至于留不下时空美的印痕。曾游拉萨，再游拉萨，拉萨的大美，由此可以更深层次地从时空中展开，来一次，不知道自己的变化，不知道拉萨的变化，只有在两条线的对比中，才能发现人的线和拉萨的线是不平行的，生命力的量级也完全不同，人以年为单位统计生命的长短，而拉萨城可能要以世纪来论了。

　　拉萨的大美，让人可以从时空穿透中去细细体会。

附录：拉萨开办客栈的人

许多旅游者、退役军人、拉漂游魂在拉萨开办客栈。拉萨的客栈往往是一个独立的藏式风格院落，上下几层，独立精巧。楼顶有无穷风景可观。或站或坐或卧，你都可以闲适地领略到远处布达拉宫的神韵与雄阔；同时，拉萨东西南北的风景也可以尽收眼底。在这里，有净蓝、奇蓝的天空，你可以感受拉萨浩荡的天风，看各尽其态的洁白云朵——有时候白云如波涛一般布满苍穹，浩浩荡荡——这里还有无尽的日光倾城，紫气氤氲。如此境地，成仙成佛，凭你选择。

客栈一楼大多为多人间床位，男女各一大间群居，房屋墙面为橘黄色；二楼为豪华间、标间（有双人间、单人间、三人间等），房间墙面颜色为粉红色，舒适而温馨。客栈提供完善的网络、洗衣机、太阳能、淋浴，部分房间有电视、桌椅等设施。价格合理，无论你是何种形式的来客，这里接纳一切无作奸犯科行为（或已改良从善）的旅行客、背包客、骑行客，以及自带帐篷、睡袋的人。大家共聚拉萨，在天风与佛韵中谈天说地、说禅论道、谈情说爱、吟诗作画，无论如何都有你发挥的空间。喝喝青稞酒，品尝酥油茶，或是安静地晒着阳光，或是于静谧之中冥想，或是凝神眺望……时间在这里可以发展，也可以在这里凝止。你可以在这里发展，也可以在这里忘记自己。

客栈周围往往拥有南北口味的小吃餐馆，还有藏式茶馆、琅玛厅（藏族青年男女表演舞蹈、唱歌的地方，你可以在晚上边喝酒边领略藏族人心中的风情）；拉萨北边是拉鲁湿地风光带，可以邀上三五骑客沿湿地外围路线骑行；再往北可以直上色拉寺，去爬山，听辩经，精彩无限；客栈一般离布达拉宫和大小昭寺不远，可方便感受佛韵天境；宝藏之地——八廓街上，各种新奇，定让你目不暇接。（中国西藏新闻网）

拉萨三轮车

在全中国的许多景区，都可以看到载着游客的脚踏三轮车，它们轻便、欢快、环保，是深受许多游客青睐的出门旅行交通工具。但拉萨的旅游三轮车别有一番属于自己的独特风味，从车辆结构、车饰、音响、骑行人的风范，均可看出。

整个车大多采用单排座位前骑行式结构，一般不设两排座位，简单、便捷、宽敞。虽然拉萨气温相对内地低，寒冷季节的时间相对较长，但拉萨的寒冷只出现在夜间，白天相对暖和，比内地的冬天舒服多了，刮强劲寒风的时候极少，所以拉萨旅游三轮车一般不采用全封闭式结构。内地如北京，甚至用铁皮把三轮包得严严实实，密不透风。开放式的风格使拉萨旅游三轮车始终坚持住了旅游观光的职能，游人在车上可以全方位欣赏拉萨的风景。

拉萨三轮车的车顶一般用帆布缝制而成，充分体现了藏族的文化喜好及装饰风格。外观多采用黄色或者红色，上面的线条、图案和人物宗教色彩浓厚。四周往往垂以细碎的飘带，随风晃动，尤其是车行驶时，更是摇摇曳曳，增添了不少动感。有的车还在车顶前方插以各种颜色的小旗。车行驶起来，旗子迎风飘扬，象征旗开得胜，煞是壮观。

在车的上部靠近骑行人的左方往往配以车载音响，在乘客和骑行人的头部之间，方便两者聆听音乐，也便于骑行人调试。播放的音乐是典型的藏族歌曲。游客坐在藏式三轮车里，由藏族骑行人领着，一方面用眼睛观赏藏地风光和拉萨的美，一方面用耳朵聆听藏地文化，用心灵感受藏地情怀。坐人力三轮车，在拉萨是实实在在的文化体验，视听并举。

　　因高寒缺氧，在青藏高原无论是工作的节奏，生活的节奏，还是旅游的节奏，都应该慢下来，这里适宜文化分享、文化体验的"细嚼慢咽"。在拉萨城内，相比汽车旅游，我更推荐三轮车旅游。因人的体力消耗大、易疲劳，步行并不是合适的拉萨出行方式。许多人走不了多远就会头昏眼花，因而这更能体现出拉萨人力旅游三轮车的出行优势。

　　传统上，拉萨旅游三轮车的动力为人力，现在也依然如此，所以应该感谢藏族同胞的体力服务。当然，现在也有电动三轮车了，但并没有成为主流。

拉萨甜茶馆里的三重快乐

首先，拉萨甜茶馆的欢乐是周围社区的欢乐。左邻右舍，亲朋好友，三三两两，聚于甜茶馆，说家长里短，道江湖八卦，谈论国事，纵论世界，大摆龙门阵，启发心智，插科打诨，好不热闹。当代拉萨社会的形成和发展，没有甜茶馆这个节点和纽带，很难想象。不到甜茶馆来的拉萨人，一定是被这个社会的一些小群体抛弃，或者自弃于社会之外。在拉萨寻一个人，访一位朋友，拜一位亲戚，往往不在家中，而是在茶馆中。拉萨越来越多的欢乐，也就集于这茶馆之中。

其次，拉萨甜茶馆的欢乐也是老板或者创业者一家的欢乐。许多甜茶馆为家族式创业，员工为家庭成员，至多为同乡、朋友或者熟人，生产方式也

是作坊式，因而经营活动还较为传统，且以妇女从业者为多，一般是母亲带着孩子或者老板领着家族其他成员忙活。作为一个家族式的小微企业，许多拉萨甜茶馆并不追求很高的赢利目标，只求老老实实打好甜茶，备好货，让周围几乎天天光临的熟客满意，生意有得做，有钱赚就行了。所以，拉萨的甜茶馆，是追求自我满足的甜茶馆，而不是利益最大化的甜茶馆。

最后，拉萨甜茶馆周围社区的快乐，展现在早晨、上午和中午时分。当地许多社区居民习惯在这几个时段上甜茶馆，在早晨转经以后，或者晚些起床以后，一般会在甜茶馆里吃完中餐后归家休息，或者再忙一天中的其他事情。甜茶馆在下午三四点往往由喧闹转为沉静。这时，往往也是老板一家，或者员工们一天茶馆生活的开始，忙活了一早上，一上午，一中午，也该到了服务一下自己的时候。大家坐在茶桌旁，享受劳动后暂时清闲的快乐。

游人们如果在下午三四点钟进入拉萨的甜茶馆，会误以为这里生意清淡，这其实只是老板和雇员们在享受自己茶馆的快乐。作为游者应该知道，自己的到来可能打破了社区茶馆一般的运营规律。这个时候是休息调整的时间，只有不懂得、不遵循拉萨本地人节律的游者，才会在下午时分闯入甜茶馆。不过，只要店门开着，就意味着正在营业，拉萨的甜茶馆也不会吝啬施与旅游者一些快乐。

因此，拉萨甜茶馆下午和晚上的快乐，一般更多是旅游者的快乐。

附录：在甜茶馆里遇见学者和尼姑

许多资深旅行者会流连于八廓街的各个甜茶馆，笃定地认为每家甜茶馆的口味和氛围都不相同。

有的甜茶馆空间狭小，但甜茶的味道很好，是这条街上生意人喜欢去的场所；有的甜茶馆开在大清真寺对面，煮出的甜茶奶香十足，又因其所处位置接近于西藏大学和主要街口，所以很多藏族学者和老师常常在此相聚，喝茶论道；有的甜茶馆没有标牌，门脸很小，茶馆里平时常见几个妙龄的姑娘在忙碌，她们烧出的甜茶甜度不高，但香醇无比；还有的甜茶馆开在尼姑庵里，无论煮茶、烧火、收钱，全是寺院里的尼姑操持。（中国西藏新闻网）

拉萨的文化小酒吧

八廓街的许多小酒吧，每间大多七八平方米，里面装满高原文化，所有的物件都是高原文化的遗迹、残骸，比如一个牛头；或者文化的见证，一副朝拜者磕完一路长头后留下的行头；或者文化的存留物，一个高原骑行旅游者再也带不回去的磨坏的车轱辘；或者文化的阐述者，比如各种摄影作品、绵绵不断的歌声。

这些小酒吧堪称斗室，小巧精致，把各种文化物品一股脑儿全拉进来，堆在里面，就是想垒成一个个文化的堆子，又好像一个个鲜活的文化墓葬群，随着岁月的逝去、历史的尘封，这些东西就定格在这里，埋葬在这里。在古墓里，是随葬品陪伴着逝去的主人，而这里，是留存的文物陪伴着热爱历史、崇尚文化的现代人。因为历史的逝去、文物的留存，古墓里的一应物

件随着人的逝去而逝去、尘封；而拉萨酒吧中的一应历史物品，随着现代人的不断探访，一次次复活，一次次还原，一遍遍启封。

从空间上看，这些小酒吧的下部必须有桌子、椅子以及饮酒、品文化的人，保持现实的流动、新鲜空气的畅通、现代气息的充盈。而上部、屋顶、四壁及地面的角落空间，则可以成为文化的驻地，有自然风光、人物风采、历史遗迹，所有来过拉萨，经历过拉萨的人类活动的见证物或者遗弃物。文化太多，但小小的空间却不嫌它太多。

因为空间有限，有的文化只好吊着，比如有关各类旅游者、游览的风光照片，就用线穿着从屋顶吊下来，就好像一串串历史的花朵，从历史的天空垂下来。有的文化只好挂着，比如各种绘画，用相框装着，挂在墙壁，以免它掉下来。有的文化就固定在这块墙壁上了，比如一些壁画，墙体保持多久，它们的生命就可能多长。有的文化就镶嵌在墙上，比如五谷丰登，供到这里的人膜拜。有的文化被钉在墙上，比如牛头、藏戏脸谱、一些乐器（像七弦琴）；有的文化在屋里装着，比如书架上的书、柜中的各类历史物品；有的文化摆着，比如不同历史时期的藏地旅行资源、旅行路线、旅游须知，它们指引着藏地文化的历史和未来。

附录一：揭开"羌姆巴"的神秘面纱

古老的藏族面具艺术作为宗教文化和民间文化的载体，它的起源可追溯至1400年以前。"羌姆"面具艺术作为一种凝固着藏族喜怒哀乐形象的表情艺术品，一开始就成为藏族悠久、凝重的文明发展史真实的写照。

藏族悠久的历史文化不仅体现在卷帙浩繁的经典文献，艳丽古朴的绘画雕刻，金碧辉煌的寺院、建筑，展露于甘露般清淳、甘甜的民间歌舞海洋中，也展现于神奇和幻梦般凝重与豪放的藏传佛教"羌姆"神舞面具艺术中。

面具，藏语音译为"巴"，是指用纸、布、木、金属、泥、石等为原料制作而成的，可戴在头上进行宗教仪式、舞蹈、戏剧、歌舞等表演或供悬挂、祭祀、供奉、膜拜、观赏用的人物、动物、鸟禽面部的造型艺术形式。

"羌姆"面具是多彩多姿的藏族面具艺术中独具风采的重要组成部分，"羌姆"意为跳神之意，藏传佛教寺院每逢重要的佛教节日都要举行盛大的宗教仪式——"羌姆"跳神活动。"羌姆"绝非一般娱乐形式，而是一种神圣、严肃、庄重的宗教仪轨祭祀活动，表演的僧人都要着以宽大的神衣，手执法器，戴上象征神、佛、护法、鬼怪的威严而光怪陆离的宗教面具，在庄严雄浑的法号、唢呐和鼓钹的伴奏下，按照佛教密宗教义教规表演各种动作，以祭祀先祖、神灵，为芸芸众生消灾驱邪、祈祷福寿吉祥。

（一）历史解读"羌姆巴"

藏族面具艺术，是藏族文明历史进程中的产物，是悠久而古老的藏族文明孕育出的在世界艺术海洋中独树一帜的藏族面具艺术。和任何国家、民族的艺术一样，藏族面具艺术也伴随着它的民族走过了自身形成、发展、兴盛的漫长历程。

1. 远古藏族先民"万物有灵"的原始宗教信仰观念和生灵崇拜、神灵崇拜、祖先崇拜是藏族面具形成的基因

面具源于原始巫教和图腾崇拜，它从一个侧面反映了一个民族原始初民的思维观念、审美情趣及文化特征。远古时期，以游牧部落生活方式生存的藏族先民生存的自然环境极其恶劣，他们与相依存的牛、马、羊、犬、

黄鸦、崖雕等飞禽走兽建立了极其密切的关系，这种亲密的关系也源自藏族先祖崇信的"万物有灵"的原始苯教思想。故藏族原始苯教所崇拜的神祇大多以各种动物形象为寄托象征。

（1）猕猴崇拜。猕猴是藏族最早崇拜的动物之一。源于藏族古老的"猕猴变人"的优美传说。时至今日，在古老的嘉绒藏戏和民间歌舞中表现最多的动物形象仍是猴。在嘉绒藏族人心目中，猴是一种吉祥物，他不仅是自己的先祖，而且还象征着机智、勇敢、灵巧、智慧。

（2）牦牛崇拜。藏族人的衣、食、住、行都离不开牦牛，牦牛是藏族人生存之本、生命之源。藏族人认为，牦牛是为藏族的生存来到雪域高原的。故牦牛在藏族人心目中自然是崇拜的神灵。在古老的苯教创世说中，牦牛还被视为创世大神。

牦牛崇拜现象在藏区民间更为突出。在喜庆节日，人们要跳类似牦牛图腾面具的牦牛舞；在圣地神山、圣湖、玛尼堆上、佛塔四周和居家大门顶上都有供放牦牛头骨图腾的习俗；一些寺院内还悬挂有整头牦牛干尸标本，用以镇魔驱邪。

（3）羱羝崇拜。苯教把世界分为天、地、地下三界，认为三界各有其主，即年、赞、禄三神各统治着三界。年，藏语意指羱羝，一种似羊的野牲，是年神的最初形象。年神高居于天上的白云之中，是光明、生命永生永存的象征。苯教又把他想象成山神、人间的守护神。故羱羝成了藏族古代人们崇拜的对象。

（4）大鹏崇拜。这是苯教神话中的一只拓荒宇宙、开天辟地的神鸟。苯教认为宇宙乃鹏之天地，大家都把善行归功于它，故藏族人把大鹏视为祖先和保护神，是至高无上的神鸟，其造型多高置于神像背龛、头顶供奉。

此外，在藏区还盛行狮、虎崇拜，这是和狮虎本性的威猛无敌分不开，古代藏族人把狮、虎视为是战神和附着在人身左右二肩的生命保护神的象征。

2. 藏族土著先民的绘面、绘身习俗，是藏族面具艺术的初期形式

绘面或绘身是一种古老而神秘的民族习俗，广泛流行于世界各地的原始民族中。据史料载：位于藏区东部昌都一带的东女国"其俗贵妇人，轻

丈夫，而性不妒忌。男女皆以彩色涂面，一日之中或数度变改之"。可知藏族先民最晚在新石器时代的母系氏族社会有了绘面习俗，而且已掌握了不同色彩的矿物颜料涂面美饰的方法。至吐蕃时期，这种面涂赭色之风在藏地已十分普遍。

3. 藏族古老的原始宗教、苯教中原始的巫术、巫觋、拟兽舞等为藏族面具艺术的产生和发展提供了最初的土壤

古老的藏族面具艺术作为宗教文化和民间文化的载体，它的起源可追溯至一千四百年以前。在阿里日土县发现的新石器时代的古崖画中，除凿刻有大量的动物图腾外，还以拙朴的手法勾画出戴面具者的舞蹈场面。据藏文史籍记载，公元6世纪的朗日伦赞时代，戴着人面的白山羊皮面具作为民间艺术表演的形式已出现。

4. 佛教的传入，佛教文化的兴起，使藏族"羌姆"面具艺术脱颖而出，并伴随着佛教在藏地的昌盛发展形成体系

公元7世纪初，松赞干布英才大略，统一了西藏高原诸部，建立了吐蕃王朝帝国后，帝国很快强盛起来。在当时松赞干布颁布《十善法典》举行的盛大庆典会上，就曾表演过戴上狮、虎、牛、豹、马、鹏面具起舞的土风舞。这是藏族"羌姆"面具出现的基础。

在佛教前弘期赤松德赞时期，藏族寺院宗教"羌姆"神舞面具开始形成，它源自于藏传佛教寺院的出现和寺院宗教祭祀活动。公元779年，在西藏第一座佛、法、僧三宝俱全的佛教寺院桑鸢寺的落成开光大典上，莲花生大师根据佛教密宗宗教仪理内容的需要，采藏族土风舞、拟兽舞、法器舞、藏族古鼓舞和苯教仪式中的狮、风、雕、鹿、牛、羊、马等面具舞形式、与他创作的戴着人头骨饰花鬘跳跃的金刚力士舞与佛教哲学的内容相结合，形成了一种哑剧似的舞蹈形式——"羌姆"神舞，用来镇魔酬神。

从此，藏传佛教历代"羌姆"神舞活动、寺院内的雕塑作品和密宗殿的悬挂面具中都有各式各样的面具形象出现。这些面具表现的内容除了表现佛、菩萨、历代高僧、圣人之外，主要是表现各类护法神祇，护法神中除一小部分为表情慈祥的静善神外，绝大多数为形象夸张、面目狰狞、表情威严的厉神面具。

佛教后弘期（公元11世纪），萨迦派、噶举派、宁玛派、包括所有佛教化的苯教寺院等教派都按各自的教义创立了不少舞种，并盛行跳"羌姆"。据《噶当书》所载，当时"羌姆"共有三百六十种，护法神数目不下三千种，其面具形象数量之多，造型变化之丰，可谓空前绝伦。

此外，藏族"羌姆"面具艺术在发展中，同时还受到来自印度、尼泊尔和汉地文化的影响。这些外来文化优势的营养，更促进了藏族"羌姆"面具艺术发展的多样化、系列化、程式化。

（二）形式解读"羌姆巴"

"羌姆"面具造型表现的内容十分广泛，除佛、菩萨、高僧、圣人外，主要为各类护法神祇所组成的强大阵营。面具中最引人注目的是那些护法神祇面具，护法神中有一小部分善静形，即面具表情为和善、慈祥、温情。绝大多数护法神祇的面具形象狰狞、恐怖、严厉、威猛。它们头戴人头骨冠，牛头马面、青面獠牙，手执人骨制成的法器，腰扎人头串珠，或身绕毒蛇，表示对妖魔的镇压。这些面具造型夸张、奇特，具有强大的威慑力。

"羌姆"面具中还有一部分动物面具，是宗教面具中最具生气的部分，如鹿和牦牛、羊、龙、大鹏的造型。这些动物面具的造型也是以威猛、狰狞、恐怖、怪异为审美追求，造型神态的高度夸张、变形，装饰的繁复瑰丽是"羌姆"面具为佛教宣扬制服恶魔、压倒邪恶的必然手段。此外，"羌姆"面具中还有一部分现实人物造型。

"羌姆"面具的造型和色彩本身也带有严肃的宗教寓意和哲理，如具身密之威的红色面具，具语密之威的黄色面具，具意密之威的蓝色面具。同时不同形象的面具代表密宗中不同佛、菩萨、本尊、护法等。即使是同一个节目，同一个神灵，不同地区、不同教派的面具形式也不尽相同。

（三）人文解读"羌姆巴"

1.夸张的造型

藏传密宗是以隐秘、深邃、诡谲的教仪为其特点，表现在面具艺术上必然是以强化的视觉效果进行的说教，包括造型和色彩的夸张、浓烈。甚至为了传神的需要，有的护法神的面具头部比例夸张到占据全身长度的二分之一左右，无不给人以恐惧和威力无比之感。

2. 繁复的装饰

这源于藏族人民爱美、向往美的审美观念，这和藏传佛教壁画、唐卡的精细刻画，雕塑中细枝末节的塑造，建筑艺术的金碧辉煌和藏族服饰艺术中饰品的华贵琳琅如出一辙。尤其是对以圣器出现的神、佛、护法的神圣面孔更需作意精制细作，纹饰的匠心创意和丰富变化，用料的考究精选，色彩的大胆渲染，制作工艺的高超，使面具显得金辉银灿、繁富瑰丽，神圣典雅。

3. 宽泛的题材内容

藏族"羌姆"面具自成体系是以题材的广泛，包罗万象的内容为基础的。藏族面具无所不包，无像不视，在世界各国、各民族的面具汪洋中可谓登峰造极，首屈一指，形成了藏族宝贵的精神财富。

4. 浪漫的表现手法

藏族"羌姆"面具艺术保持并发扬了原始祭祀面具和民间面具艺术的简练的造型优势，运用兽皮、牛羊皮、牛羊毛线等材质本身呈现出的原始、粗犷、拙朴、自然天趣之美。造型的抽象，色彩的洗练，表情的夸张，制作的即兴发挥，都给人以浪漫的奇幻之感。

总之，藏族"羌姆"面具艺术是构成藏族传统文化的群体艺术的组成部分，在漫长的历史长河中，它用真实的写照记录了自己的成长，也记录了自己民族发展进程中的喜怒哀乐、悲欢离合。它以特定的艺术表达语言、独特的民族民间地域风格和乡土艺术魅力，成为藏族人民乃至世界上其他地区和民族交口称道的艺术品。

附录二：与萨迦寺"羌姆"面具的约会

萨迦寺"羌姆"面具源自桑耶寺建寺之初莲花生大师创立的羌姆金刚神舞面具，根据举办时间和宗教内涵的不同，可分为夏季密宗金刚舞面具和冬季护法神舞面具两大类，并形成了两类不同风格特色的面具形式。

萨迦大法会中的"玛素尔玛""羌姆"神舞中的牛、羊、狮、鳄鱼四兽舞。"多吉普巴"（金刚橛）神舞。这些古老的神舞表演，大多数舞者都戴着灵兽面具，使人感到新鲜而奇特。

萨迦寺夏季密宗金刚神舞（金刚橛）面具，主神造型为多吉雄罗，神妃为柯坚德丹，大多为端禽灵兽面具，10大部将都戴狗头面具，20位部从分别戴狮、虎、牦牛、狼、鹰、猪、蝎、鹿、豹、蝙蝠、鼬、鼠面具，四大门神戴乌鸦、猫头鹰、戴胜鸟、鹞子面具，寓意山神水怪、灵兽端禽皈依佛法。这些动物面具以夸张的手法，突出动物的灵性、野性、色彩逼真，具有较强的装饰趣味。

　　萨迦冬季护法神"羌姆"面具以造型巨大，气势壮观为特色，其面具主要有萨迪护法神贡布（怙主）、护法女神班丹拉姆（吉祥天女），及其眷属神格隆（比丘）、夏纳（咒师）、巴姆（妖女）、格巴（勇士）等。主神贡布，班丹拉姆等8尊神面具均有约一人之高，重约百斤，需由木框架支撑，穿护法神衣表演时需由1人主演，两人护持，整个神象外观高约3米多，像超高巨人。4头体型庞大的野牛神面具，更令人惊讶，它需由5个壮汉扮演，一人撑持牛头面具，其余四人各支撑一腿，面具之巨，令人叹为观止。

　　主神"格巴多吉"亦称喜金刚。万神殿之喜金刚有八头十六双手，每头有三眼，头饰五骷髅，颈挂50个头骨，狰狞威猛。"羌姆"面具中的"格巴多吉"虽无多头多手，但头身巨大，獠牙外露，怒目圆睁，一副凶恶之相。

　　三位伴神——班丹拉姆（吉祥天女）、库吉贡波（宝帐怙主）、班果常司（大黑天子化身），其面具造型不仅巨大，造型亦狰狞恐怖，令人胆战心惊。

　　魔女"巴姆"面具，为萨迦寺特有的神魔，造型呈蓬头垢面、五官狰狞、龇牙瞪目，野怪狂放，令人毛骨悚然。

　　这种造型上追求夸张、变型、大体量和色彩浓艳、追求对比强烈的视觉感官刺激的结果，是要强化一种宗教的威严，显示佛法的强大法力，维护信念的秩序和树立教法的崇高感，亦是对邪恶魔怪的威示和镇压。

　　萨迦寺"羌姆"面具多为立体脱膜圆塑，先用泥塑好模型后，在外表层层糊以草纸或布片成形，然后扣出模泥着彩，上光漆而成，局部饰件则采用镶嵌、组装的手法，以达到面具整体的完美统一。

附录三："羌姆"面具艺术的分类

藏族面具艺术由于历史久远，文化背景多变，所表现的内容与形式上的差异，形成了品类繁多的不同类型。

（一）划分标准

1.按其所表现的内容和形成发展的历史脉络可分为：宗教面具、原始祭祀面具、寺殿"悬挂"面具和"羌姆"神舞面具、民间艺术面具、藏戏面具、民间歌舞面具、折嘎（说唱面具）、吉达面具。

2.按制作面具所使用的材质可分为：泥塑脱胎纸壳或布壳面具、布质面具、皮毛皮革面具、木刻木雕面具、金属雕镂面具（多用薄铜敲制）。

3.按面具造型形式可分为：人物面具、动物面具和拟人化的动物面具。

4.按形态可分为：硬塑型和软塑型两大类，也可分为平板式面具、半立体面具和立体面具三类。

（二）"羌姆"面具艺术色彩的象征意义

藏族面具艺术的色彩极富藏族独特的审美情趣，它运用抽象、象征、比喻等手法给色彩赋予了性格化特色。每一种面具颜色代表着一类较固定的角色。

1.白色：象征纯洁、高尚、温和、长寿，也表普通男性。

2.黄色：象征广博、神圣，代表上师、高僧。

3.蓝色：象征坚毅、勇敢、沉着，代表大鹏、猎人、渔夫。

4.红色：象征热烈、权力、正义、奋进或智勇，代表国王。浅红色代表国王身边的大臣。

5.绿色：象征生命活力、胜利、功业、成就、德行，代表女性。

6.黑色：在藏戏中象征邪恶、罪孽、黑暗、反面人物，而在宗教"羌姆"面具中则具有不同的象征意义。

（三）跳"羌姆"的时间

萨迦派一年三次，分别为藏历2月、7月和11月，而以冬季和夏季所跳"羌姆"规模最大。

噶举派每年藏历12月29日跳"羌姆"。

苯教寺院每年藏历 2 月 28 日—29 日跳"羌姆"，有的为 7 天，有的为 9 天。格鲁派每年藏历 12 月 28 日—29 日跳"羌姆"。

（四）护法神祇面具大观

1."荡金曲嘉"

意为法王，是文殊菩萨显化的阎罗形象，水牛头造型，三目圆睁，头饰五骷髅冠，二角竖立，张口龇牙卷舌、面目狰狞、蓝色身，以示忿怒。

2."大威德怖畏金刚"

造型色彩基本同荡金曲嘉，他是以野牛形象为主。但以出场先后和所执法器不同以表不同教仪。

3."旦正"

意为马头金刚，密号名"摩诃嘎拉神"。是观音菩萨的化身。故有时也被视为菩萨。其面具造型为人面型、暗红色，眼白血红、浓眉倒立、方额连腮胡。头戴五骷髅冠，顶上有一个（或三个）绝色马头。

4."贡布"

即依怙主或救主。面具造型为人面型、蓝面三目，血口大张，龇牙卷舌、忿怒相、头戴五骷髅冠，骷髅间绕以蓝色之蛇，形象严厉威猛。

5."姜色"

意为大司主，面具造像为红面，人形，三目圆睁，血口大开，龇牙卷舌，獠牙外露，头戴五骷髅冠，眉、须胡及冠上骷髅均为金色。

6."夏"

意为鹿，藏族风俗视鹿为吉祥，乃风俗画"六长寿"之一者。鹿的面具造象为三眼明目。"雅"意为牦牛，是藏族人崇拜敬的神灵，其面具造型，夸张、生动、富有野性灵气。

7."独达"或作"多尔达"

骷髅神也称天葬台主，其面具造型为人型骷髅，白色身，头戴五骷髅冠，耳边插风翅，若无风翅则称之为"托干"，即干枯的头盖骨。嘴、眼、鼻孔涂红色。

8."巴吾""巴姆"

意为"天界勇士"。"巴吾"即男性，为黄面，"巴姆"即女性，为绿面、面具造型为人面型。

9. "摩诃嘎啦"

意为魔王，是金刚乘内的一名护法，面具造型特点为青面獠牙，眼嘴血红，披头散发。狰狞恐怖。

10. 怙主婆罗门

集智慧和力量为一身的护法神，面具造型为一睿智长者，善相，长须飘洒，三眼，目光炯炯有神，头戴大骷髅冠，面黄色。

11. 班丹娜姆

即吉祥天女，藏传佛教密宗女护法，是作为贡布依怙主的明妃，属忿怒佛母，面具造型为红面、头戴五人头骨冠，脑后红发竖立，三目圆脸，张口龇牙、卷舌，作忿怒相，有的口角悬吊一人头。形象极其凶恶。

12. "森格"

意为狮、狮面神，面为黄色，作忿怒相，属于护法类中的战神。

13. "却胜"

为水龙、属护法神，其面具特征为龙的基形，有的以鱼、虾、蛙的形象为基形。

14. "撒门底"

是誓愿法王"荡金曲嘉"的明妃。其面具造型为绿面、头戴五人头骨冠、表通武。头骨间绕蛇，背披鹿皮，三目圆睁，张着血盆大口，獠牙外露，两耳垂吊大金环。

15. "乃穹·多吉扎"

即鬼王，面具造型色彩为红色：头戴五人骨冠，五小头骨为黄色，三目圆睁，咧嘴，獠牙外露，形象凶残无比。

附录四：略论藏戏的面具艺术

面具，藏语称"巴"，是藏戏艺术独有的面部化妆手段。德国学者利普斯更在《事物的来源》一书中说："从死人崇拜和头骨崇拜，发展出面具崇拜及其舞蹈和表演。"藏戏面具艺术源于西藏原始巫教和图腾崇拜，反映了藏族原始的思想观念和审美意识。《莲花生传》记载："译经师在桑耶寺慈氏洲译经完成后，由长老持经绕孜务殿三周，排成行列，戴上面具，击鼓跳舞，为所译经典开光。"这种舞蹈就是藏传佛教寺院跳神舞"羌姆"的滥觞。这些舞蹈的形式和内容在第司·桑结嘉措的藏医学著作《亚色》中有所记载："在桑耶寺落成典礼上，臣民们进行'卓''鲁''谐'等文艺活动。'卓'是戴面具的鼓舞，'鲁'是只唱不舞，'谐'是既唱且舞，类似哑剧形式的舞蹈。"这说明原始苯教的亚舞经过自身的发展和人为的革新，开始向寺院中的跳神舞"羌姆"过渡。但有一点会引起人们的注意，这就是公元8世纪的祭神宗教舞"羌姆"中已出现了面具。面具艺术在藏戏的形成和完善过程中发挥了重要作用。面具的出现，正是宗教仪式向藏戏过渡的标志之一，为藏戏的形成奠定了基础。在西藏桑耶寺康松桑岗林神殿的一幅反映该寺落成庆典的壁画中，就有多处这种阿卓鼓舞队和白面藏戏开场仪式表演的场面，鼓舞队领舞师和白面具戏七个"阿若娃"都戴的是粗犷、质朴、原色的山羊皮面具。莲花生大师在塑造羌姆中愤怒相护法神的面具造型时，受到了印度佛教密宗的影响，但他把这种戴假面具而舞的形式运用到羌姆中来，很大程度上却是受到西藏苯教的影响，在将苯教的某些神鬼吸收到羌姆中的同时，亦将当地苯教戴面具而舞的形式和这种面具舞蹈中的某些模拟动物舞蹈吸收运用到了羌姆之中。11世纪随着密宗的各种吉祥傩仪，特别是跳神"多吉嘎羌姆"的正式形成和藏传佛教后弘期各种不同教派的出现，开始塑制出各种更为完整、丰富的神像面具。西藏藏戏面具艺术最早起源于吐蕃早期的苯教文化，即民间原始祭祀和图腾崇拜之中，先在图腾拟兽舞蹈中产生动物面具。四川平武的白玛藏族祭白熊部落要戴着熊的连皮头骨，披上熊皮；黑熊部落则戴黑熊头和披黑熊皮，各自跳起模仿熊和熊生活习俗的舞蹈，这类被顶在舞蹈者头上的动物头骨，就是最早的藏戏面具。

　　戴着面具表演是世界各种戏剧在发展初期用以表现角色性格、突出角色形象的普遍艺术现象。藏戏的面具戏形态与古希腊戏剧十分相似，世界文明刚出现艺术奇葩之时，古希腊的戏剧体裁——综合艺术形式在雅典诞生了。那时在露天剧场演出，剧中男女人物各有定型的面具，演员全部是男性，女角色和合唱队都由男演员扮演。演员用面具罩着整个头，面具的嘴部还藏着一只扩音铜器。古希腊戏剧演出是宗教仪式的一个组成部分，特别是希腊悲剧，始终带有宗教色彩，内容题材多源自歌颂酒神和荷马史诗中的神话与英雄的传说。面具是古希腊戏剧演出中的主要道具，并具有一定的象征意义。而藏戏中的面具，实际上一开始也是来自宗教哑剧舞蹈仪式"羌姆"。藏戏早期的演员也都是男性，有了面具，也便于男演员扮演女角色。像西藏觉木隆这样发展较快的藏戏剧团，虽然不仅有女性演员，甚至出现了藏戏女演员明星。但在进行藏戏面具艺术表演时，不是每个演员都戴面具，其主要角色反而不戴面具，而女演员受当时社会条件的限制许多地方不能去，因此需要男演员戴面具进行表演。

藏戏面具有着独特的艺术价值和文化价值，戴面具表演藏戏是藏戏早期表演人物的一种戏剧艺术形式。西藏藏戏面具艺术主要体现在白面藏戏和蓝面藏戏。17世纪至20世纪初，是藏戏面具艺术发展的巅峰时期，特别是蓝面藏戏面具艺术的发展达到了登峰造极的境地。有藏戏专家认为藏戏面具艺术经久不衰，至今仍然存活主要就源于西藏地理、历史和社会等种种因素，一直到今天基本上还保留并发展着那种最完整、最古老、最具民族特色的面具戏形态，而且还保持着强大的艺术生命力，在藏区民间群众中有着极其深厚的基础和广阔的舞台。

藏戏在发展过程中，受到来自各方面文化的影响，但更多的是受到藏传佛教文化和古印度文化的影响，也受到西域文化和祖国内地文化，甚至间接地受到西方古希腊戏剧文化的影响。藏戏之所以发展形成面具戏的形态，还与它至今基本上一直是广场演出的形式有关。因为戴面具演出，可以更好地塑造剧中人物形象，增强艺术感染力，有助于坐在远距离广场上的观众观看，对角色人物的直观了解，也有助于演员对角色性格的把握和刻画。同时也使剧本、演员和观众三者在同一空间产生更强烈的艺术感染效果。在藏戏艺术的探讨和研究中，对藏戏面具艺术的研究是一个非常重要的课题，倘若忽略了这方面的研究，那么，对藏戏艺术的研究将是不全面的。藏戏面具艺术形式多样，种类繁多，但无论是西藏藏戏面具，还是康巴、安多，乃至嘉绒藏戏面具都源于西藏白面藏戏和蓝面藏戏面具艺术。藏戏面具使古老的面具艺术从主要表现虚幻荒诞的神世界，迈入了主要表现现实世俗的人的世界，人类的真善美和假恶丑获得更直接、更深层的表现，又使独具特色的面具艺术发展得最为充分，几乎吸收了藏族原始祭祀的、民间表演艺术的和宗教跳神及悬挂供奉的所有面具艺术因素，形成了自己独特的风格和品种式样繁多、风采韵致各异的庞大系统。为了人们对藏戏面具艺术有更多的了解，这里对藏戏面具艺术的种类、内容、形态、样式、特点和色彩等从不同角度略做探讨和研究。

（一）原始祭祀面具

原始祭祀面具，主要指由俗人和部分僧众参与进行的藏戏面具艺术表演，更多的是属于原始巫教和苯教的一种民间驱傩活动中所使用的面具，如西藏米林县东多村由嘎莫寺祭祀形成的嘎巴鼓舞中的男女木刻面具、西藏林芝市巴宜区林芝村"米那羌姆"中"波梗"神侍面具、西藏后藏昂仁县吉达面具等都是典型的藏戏原始祭祀面具。

（二）民间表演艺术面具

比较典型的有西藏林芝民间歌舞"羌姆"中击鼓而舞的女巫面具，现在西藏林芝还保存着这种人数众多的女巫戴着白山羊皮面具表演的藏戏歌舞艺术。西藏曲水县希荣野牛舞中领舞师面具、西藏山南市乃东区哈鲁岗乡的"阿卓"鼓舞队领舞师面具等。

（三）宗教面具

宗教面具主要指藏传佛教寺院跳神面具和寺院中悬挂的镇邪供奉面具。主要有以下几种类型：

1. 苯教羌姆面具

苯教主要祭祀本地神祇，这些神祇被莲花生大师收服后，成为藏传佛教神系中一种处于较低地位的护法神，其中的骷髅神，是守护墓地或天葬台的神祇，面具为骷髅相，头是骷髅骨。另外还有牦牛神，它常与鹿神一起出场舞蹈，舞蹈和面具吸收了吐蕃早期民间野牛舞特点。安多地区苯教寺院跳神主角是阿尼玛卿山神，给它伴舞的是野牦牛头、龙头、狮子头及大鹏头四个戴动物面具的神。

2. 宁玛派羌姆面具

藏传佛教宁玛派祭祀的主神是来自印度佛教的玛哈噶拉，为印度婆罗门教和印度教的主神，另外还有本尊神金刚橛，这些神的面具为典型的三目威猛愤怒相。还有一位象征入藏传法的印度僧人阿扎勒，面具为棕色或黑色，大鼻子，络腮胡，面目和蔼静善，脸形明显带有印度人特征。

3. 噶举派羌姆面具

藏传佛教噶举派祭祀的主神是怖畏金刚护法神，面具为愤怒尊相，蓄威蕴怒，三目圆睁，头发倒竖，发眉髭须呈赤黄色，犹如火焰，张口卷舌，龇牙咧嘴。冠为髑髅，是密宗的一种骨骼庄严饰品，其意在令人警惕无常，克服死亡的恐怖。虎皮为裙，蛇为胳腕。金刚神在密宗中能摧毁一切烦恼，这种恐怖神形象，最早来源于被吸收到密宗里的印度教主神湿婆及其妻子的相貌。

4. 萨迦派羌姆面具

藏传佛教萨迦派冬季大法会中三个主神面具直径约一米，加以上身骨架就有一层楼房高。在平措颇章院跳的是黑面怒相护法神舞，伴有牛、羊、狮、鳄四兽和孔雀舞；卓玛颇章院跳的是红面权力护法神舞，其中嘎尔萨新编乐舞就吸收了"米那羌姆舞"财神孜玛尔、三羊、四牛等舞蹈及其藏戏面具艺术，都有萨迦家神供奉的特殊色彩。

5. 格鲁派羌姆面具

藏传佛教格鲁派主要信奉密宗神，如阎魔，即地狱之主，最早为印度教中掌管阴间的主神，像布达拉宫每年藏历十二月二十九日的跳神，叫"则古多"，这个舞蹈更确切的叫法是"阎罗的舞蹈"。阎魔面具为水牛头形象，头上火焰长角，呈三目威猛愤怒相，还有吉祥天女，最早为婆罗门教的命运、财富、美丽女神，佛教吸收后成为密宗护法天神，面具为蓝色三目愤怒相。西藏札什伦布寺的跳神舞中有"巴吾、巴嫫"的表演，面具是长眉阔耳饰有耳环的静善神相，但他们穿插于节目之间，做带有世俗情趣的哑剧滑稽性小节目的表演。

（四）平板式软塑面具

平板式软塑面具是藏戏中最为典型、最有独创特色的一种面具，它的样式也发展得最为丰富。一般由皮革或呢料、绒布制作而成，从最为简单的一张革片上挖出三个洞当作眼和嘴，再在两眼间挂一个胡萝卜形鼻子的白面具，造型十分夸张、装饰格外美观、绘制特别精巧、色彩尤为绚烂的蓝面具，发展成了一套系列式的平板软塑面具。它们的主要区别是在底色的不同运用，如屠夫白面具，以白山羊皮制成，脸部呈平面，眼睛、嘴巴按形雕空，眉毛画上或嵌上，鼻子以侧面剪影制成片状突起一块，用山羊皮上的毛制成胡子和头发。面具白色象征纯洁、温和、慈悲和毫无害人之心。

国王红面具，以一块皮革制成，脸部糊上红呢作底色，嘴、眼、鼻按程序制作，眉毛和上唇胡子按形嵌上，下巴和两颊装饰以黑色或灰黑色胡子，胡子比较稀疏，额部有日月徽记。面具红色象征权力和威严，具备文韬武略，智勇双全，呈现庄严、宏伟、辉煌之色相。这种面具属于正戏人物老年男性角色使用，如老国王、大臣、头人等。

母后绿面具，脸部呈平面墨绿底色，嘴、眼、鼻和额部均按程序制作。面具较小，只有巴掌那么大，戴在演员额头上，演员的眼睛和大半个脸露在外面，面具成为一种象征。这种面具属正戏人物老年女性角色使用，如王后、母亲、牧羊女等。

尼姑棕色面具，用一张光板皮革制成，嘴、眼、鼻和额部均按程序制作，脸部底色为棕色，头上戴尼姑帽。棕色归于黑色范围，黑色表示邪恶。这种面具是藏戏《朗萨姑娘》中掌管内务的老尼姑阿纳尼姆使用的，这是一个阴险、凶残的反派角色。

舞女半白半黑面具，用光板皮革制成，脸部底色右半面呈白色，左半面呈黑色，其他均按程序制作。半白半黑色"阴阳脸"象征阴险、奸诈和欺骗；反派丑角黑面具，以黑绒布制成，嘴和眼睛按夸张形态裁制成空口，嘴巴很大，胡萝卜形的黑鼻子又粗又长，挂于额下两眼间，可以任意晃动，鼻尖上还挂一个白色小海贝。这种布质软质面具，虽然仍是平板形态，但戴在脸上有立体感，整个造型较夸张变形，明显赋予讽喻喜剧色彩。面具黑色表示怒相，象征妖邪、罪恶和黑暗。

白面藏戏开场人物阿若娃面具，早期的面具与屠夫白面具相同，以面具上部的白山羊皮的毛当作白发，以下部的山羊毛当作胡子。后来受蓝面藏戏影响，阿若娃改称温巴，面具也按蓝面具的样式略作装饰，头顶加了个箭突状物和彩缎额圈边，两耳饰唐东杰布所戴螺制耳环。扎西雪巴黄面具，扎西雪巴是白面藏戏中发展最为成熟、丰富的一个艺术流派，它的面具在后期阿若娃（温巴）面具基础上进一步装饰而成，脸部还盖上黄呢子做底色。黄色象征智慧、兴旺、强盛，表现容光焕发，功德无量，知识渊博等。蓝面藏戏开场人物温巴面具，在平板式软塑面具中做了最为丰富、精致、奇巧、夸张的装饰。

这些平板式的软塑面具，与民间的原始祭祀如"吉达"和表演艺术如"折嘎"的面具在制作材料、造型样态和艺术格调上是一脉相承，保留并发扬了清新、活泼、简洁、明快的风格韵致。它与宗教的跳神和悬挂供奉面具相比较，更显它那种鲜明浓郁的民间创作和世俗艺术色彩。在观众心灵深处更易于掀起情感的共鸣和波澜，使用这种面具更能直接地表现人性的深层意义，更直观地刻画现实社会生活中的人物性格。

（五）半立体软塑面具

一般由布或布层中塞入棉絮或兽毛制成，如白、蓝两种面具戏中的村民常斯老头面具。以塞入薄絮毛的布袋缝制成略呈立体的假面脸部，嘴和双眼有的按形裁空，有的按形缝嵌，鼻子制成立体的，眉毛、胡子以牦牛尾毛缝缀。

民间藏戏，如西藏扎囊县朗杰雪德村常斯老头和老太面具，完全用一张皮革压塑成半立体的假面，嘴、眼按形雕空，鼻子压塑成稍稍突起之形。头发、胡子就以皮革上下边的毛制成。

昌都藏戏中的仙翁面具，则以一张皮革压塑缝制成半立体的假头面具，有如撑开的半个倒扣的皮袋，前面脸部嘴、眼按形雕空，眉毛、胡子缝缀上，鼻子压塑得稍具立体感。这种半立体软塑面具数量不多，但很有特色，它来源于早期的原始祭祀和民间藏戏艺术中的平板式软塑面具。

（六）立体硬塑面具

立体硬塑面具一般是泥塑或泥塑脱出纸壳或漆布壳绘制而成，用于藏戏中的魔怪角色和神舞角色。

1. 魔妃哈江面具

它是一种借鉴跳神中魔怪和愤怒相神的立体面具。有假面假头，其造型为青面獠牙，巨齿交错，双目圆睁，披头散发，下眼皮上有一颗大黑痣。

2. 九头罗刹女王面具

为三面、三层、九个头垒叠的恶鬼形象，每个面色青紫黑红，三目圆睁，獠牙交错，身上还披挂一串串骷髅。整个面具表凶相，象征灵魂阴暗，罪孽深重。

3. 目迪杰布面具

藏戏《白玛文巴》中国王目迪杰布是信奉外道的反派角色，实际上站在佛教的角度当作魔怪来处理。

4. 怖畏金刚面具

20世纪上半叶由西藏觉木隆藏戏剧团扎西顿珠，将其穿插到《朗萨姑娘》中表演跳神时所用。面具为三目威猛愤怒尊相，与跳神面具大致相同。

5. 地狱阎罗面具

《朗萨姑娘》中一个魔怪角色所用，面具与跳神中阎魔水牛头三目愤怒尊相大致相同。

6. 松赞干布面具

藏戏《文成公主》中松赞干布所戴面具。按佛教传说故事，松赞干布是观音菩萨的化身，面具有观音的慈祥、端庄、智慧之相，帽顶有阿弥陀佛的小佛像，表示对阿弥陀佛的顶礼膜拜。

7. 骷髅鬼面具

骷髅鬼原是西藏本地的一种厉鬼，在莲花生大师赴藏时曾拼死反抗。这个厉鬼在沸腾的湖水中煮成骷髅后，作为被降伏的苯教神祇，莲花生大师把他编入羌姆之中。后来在藏传佛教不同教派的羌姆中被赋予多种意义，主要有三种：墓地保护者、吉祥精灵、指路精灵。

8. 马头天王面具

为《诺桑王子》中仙女云卓拉姆的干达婆天王所戴面具，在头冠上制设一个马头形象。面具既是神仙面具，又是动物精灵面具，兼有两者特点。

9. 卖线老妪面具

相貌丑陋。《舞姿论》云："面目丑陋装难遮，体态龙钟语不清。"如剧本《白玛文巴》中卖线老妪，弓腰驼背，手扶拐杖，面目粗恶干瘪，满脸皱纹，嗓音沙哑，说话结巴，恰似乞丐模样。

10.动物面具

（1）蝎子精面具为假形，用布和棉絮制作。

（2）虎、豹、熊、豺面具为假形，以布料或皮毛制作。

（3）母猴面具为假形，以绒布制作。

（4）野猪面具为假头，以纸板或漆布制作。

（5）龙女面具为假头，以布或皮革制作，头上装饰五个高昂的蛇头。

（6）牦牛面具为假形，头用泥塑纸壳或布壳绘制而成，全身皮毛以粗毛线编织而成。

（7）鹦鹉面具为假头，用绿布制作的假形。

藏戏中的动物精灵面具，虽然受羌姆舞中泥塑动物灵怪面具和民间图腾拟兽面具的影响，但它已根据戏剧情感抒发的需要，做了较为自由的变化和发展。在造型和色彩意象上表现得极为质朴和写实，许多飞禽走兽都要制作出全身皮毛的效果，十分注重它本身自然真实的形态。这种明朗、粗拙、朴实、清秀的风格，和宗教动物面具那种繁复、怪诞的色彩及夸张变形的造型，形成鲜明的对照。

藏戏中的动物往往是主要人物角色或者是神佛菩萨的化身，演员戴套假形面具作人格化或者是神的实际是人之理想化的表演，反映出馨香淳朴之美。而宗教艺术中动物面具以凶神恶煞的形象出现，用以镇压"八方鬼众"，反映出狰狞怪异之美。动物面具可以在各个领域出现，这些动物都被罩上神灵的色彩，许多动物成为藏族信仰和崇拜的图腾，如西藏原始苯教所崇拜的神祇是羊头、牛头、马头、虎头。苯教的最大护法神是九头鸟玛却斯巴杰毛，藏传佛教的主尊护法神有一些是动物和人身的结合物。在这一文化环境下，也就出现了藏戏中的动物角色，它们代表着各种神灵或具有神性或人性的生命，适合各类动物特征的舞蹈动作又起着推动作用，为剧情增添了清新明朗的活跃气氛。雪域藏地特殊的地理环境及古老的生活习俗，使藏族与牛、马、羊、犬、鹏等飞禽走兽有着极为密切的关系，在藏戏中无论是什么剧种和流派，都离不开各种动物面具的使用。

（七）藏戏歌舞说唱面具

1.羌姆舞面具

羌姆舞面具是古印度高僧莲花生大师吸收了西藏早期的土风舞，结合佛教密宗的金刚舞，逐渐发展起来的羌姆舞面具。羌姆舞面具属宗教面具，品种有皮、木、铜、泥、漆布等各类。羌姆舞面具种类繁多，尺寸硕大，造型怪诞，色彩艳丽，形制奇特。一类是护法神祇面具，多为怪诞恐怖的形象，他们神通广大，为各类智慧本尊的化身；另一类是阎罗、鹿神、尸陀林主等面具。

2. 牦牛舞面具

牦牛舞面具为领舞者所戴，牦牛舞主要流行于拉萨等地，由五人表演，领舞一人，其余四人扮演两头牦牛，领舞者为牧民打扮，头戴白色面具，类似蓝面藏戏中的温巴面具，对面具无规范要求，因此现在也有戴蓝面具的。牦牛舞在大的庆典和节日里表演，是藏戏舞蹈保留节目之一。

3. 卓舞面具

卓舞在西藏拉萨、林芝、山南、日喀则等地流传。卓舞有山南和日喀则两种风格，山南卓舞两人领舞，一先一后，领舞者戴白色平板面具，卓舞者头戴长辫，舞到高潮时两手击鼓，身体左右上下翻转，长辫随之扫地旋转，气势壮观。山南卓舞的鼓较小，系在腰间，所以舞蹈动作幅度大。日喀则卓舞的鼓较大，鼓身有长把，舞时鼓把插入背部腰带间。一人领舞，领舞者戴蓝面具，手握长柄吉祥箭，舞于园场中心。卓舞也多在大的庆典和节日表演，是藏戏舞蹈保留节目之一。

4. 折嘎面具

演唱折嘎的艺人为男性，分一人演唱或两人以上演唱。一人演唱时，左肩挑有毡制的、上面蒙有白布的面具一面，面具上涂有男女有别的红黑两种颜色和黑山羊毛缝制的老人鬓须，前额位置还镶有一面小铜镜。据说此物为格萨尔王无穷智慧照耀四洲的象征。

（八）藏戏面具颜色的象征意义

藏戏面具的色彩丰富多样，不同的颜色具有不同的象征意义。白色面具象征纯洁、温和、善良、慈悲、长寿、智慧和富足等；黄色面具表示容光焕发、功德无量、种性优越、知识渊博、利益众生、威猛勇敢、神通广大、神圣而有智慧等；红色面具象征权力，表示文韬武略、智勇双全，内外事务操持自如；绿色面具表示功业彪炳，事业有成，有胆有识，克敌制胜；阴阳脸面具以不同的颜色来区分，表现不忠诚、不可靠，诡计多端的两面派人物性格特点；黑色面具表示愤怒相，给人以威严、怖畏之感；紫红色面具表示凶相，表现恶残暴，令人生畏，表演时显得内心残忍傲慢妒忌，狰狞可怖，语言和动作狂暴粗野；深蓝色面具表示勇士相，既英勇无畏，又慈悲善良的性格特征。

藏戏开场戏所戴面具为温巴面具。温巴面具又分白、黄、蓝三种颜色。早期的白面具温巴（为渔夫或猎人）面部为白色或黄色，与屠夫白面具相同。面部用白山羊皮为原料，周围全用山羊毛装饰，以上部羊毛当白发，下部羊毛做胡须；面部最上方有个箭头形状的装饰物，后面披背，前面吊齐胸长；除鼻子鼓出来以外，整个面具扁平，质地也较粗糙。整个造型粗犷奔放、原始古拙。黄面具温巴也叫扎西雪巴面具，它的面具是在白面具基础上进一步装饰而成。蓝面具用蓝底花缎作底，下颚部分用獐子毛或山羊毛装饰成胡须。因唐东杰布是白发白须，温巴的白胡须是为了纪念唐东杰布，蓝面藏戏的主要面具是在白面藏戏面具的基础上继承和发展而来。

藏戏面具与西藏各类傩面具相比较而言，在总体风格上保持并发扬了原始祭祀和民间艺术面具运用兽皮、牲畜皮和粗毛线等材料本身所反映出来的古色古香和稚拙之美，还有那种运用布片、呢料、棉絮等较为近现代的材料所反映出来的即兴表现的随意性和制作上的自由性、放纵性，使藏戏面具永远保持了民间创作的自然质朴、常演常新的状态。

古老的藏戏作为综合性民间表演艺术的生命力所在，在艺术表现上又吸收了宗教面具造型的夸张变形、荒诞怪异、浪漫奇幻，装饰的繁复瑰丽、浓墨重彩、镶金嵌银、精致考究，蕴含寓意的隐秘、深邃、诡谲等传统手法和特点，使各种类型的藏戏面具获得了突破性的发展。它又在艺术特性上，为适应藏戏表演的需要，特别是为适应表现人性价值和世俗生活情趣的需要，在传统的西藏傩面具用于藏戏的时候，做了独到的创新和发展，使之产生质变，形成了它特定的艺术表现语言，形态样式的丰富多彩而又风格韵致的独立统一，以及异常鲜明、浓厚而又神奇殊妙的藏戏艺术特色。藏戏面具艺术古老稚拙而瑰丽精致，夸张变形而装饰优美，虚实结合而形神俱现。

（作者华热·索南才让系青海民族出版社副总编辑、编审，资料来源：《西藏艺术研究》2013年第2期）

户外生活美

在拉萨的街头、台阶上、花坛边、草地上、广场上、树下、河边……到处可见藏族同胞席地而坐，或者一个人坐着晒太阳，或者三三两两围拢在一起，拿出随身携带的糌粑、酥油茶、点心，边谈边笑边唱边闹，甚至跳起轻盈豪放的锅庄舞。他们随遇而安，大地就是他们活动的舞台，蓝天白云就是他们活动的背景，不需要放音乐，在自己歌唱中就能找出节拍，自然而然随节律舞动起来，不像内地很多歌友那样，唱歌还要对着卡拉OK的字幕唱，边看歌词，边听韵律，眼睛一刻也离不开大屏幕。曲、歌、舞、旋律从来就在藏族同胞的嘴巴上、脚上以及身体的摇曳中。

整体而言，拉萨城只是西藏偌大一个农牧区的缩影，这里的大多数常住居民来自农牧区。拉萨人口的大幅增长也就在近几十年，新移民带来了农牧区文化，加上拉萨千百年来传承和发展的高原草原文化。尽管现代生产方式和生活方式不可逆转地改变了拉萨，现代文化元素被不断摄入，并在城市中越来越占据主导位置，但农业文化、牧业文化仍在拉萨盛行，留下了浓墨重彩的一笔。

能够坐在街头，不受打扰，自顾自地享受来自天堂的太阳，对祖国内地的许多城市的人来说，是一种莫大的奢侈。不仅其他城市缺少像拉萨这样温暖的太阳，尤其在冬天，更在于其他城市缺乏像拉萨这样一份安闲、乐天知命，能放得下世事万物，不追名逐利。其他城市的人们为生计而奔忙，为名利而打拼，即便有拉萨这样的阳光送给他们，估计他们也难以眷顾，难以有能力珍惜。

至于亲朋好友，左邻右舍，三三两两欢聚在街头，于区外朋友来说，也是难得的梦想。不仅各忙各的事，多年朋友各奔东西。即便在一个城市，如果平时没有什么要紧的事，一年中也难以相见，忙到甚至连一个电话也懒得打。不像在拉萨，人们想起了，即刻就能相见，平时相约在街头，有空就去

过林卡，这在拉萨是普普通通的生活方式。

相比区外，拉萨生活的舞台更多在户外，户外无论什么时候无论什么场所，都可能开展活动，都可能找到快乐。

附录一：仓觉阿妈的快乐

给幸福确立个概念实在是一件简单的事情，但在社会中我们却发现，其实幸福没那么简单。就像雕塑家罗丹说的"生活中并不是没有美，而是缺少发现美的眼睛"。的确，幸福也是这样一种道理，我们可能对幸福真的不太"熟"，没有认出它，但换个角度认真思考一下，我们就随时能发现幸福：饿着的时候吃个饱饭，那个"饱"就是幸福的滋味；穿个暖身的衣服，那个"暖"也是幸福的滋味；跟自己喜欢的人在一起，那个"喜欢"就是幸福……

幸福到底简单不简单，因人而异。老年人，也就是你我的长者，相对我们来说，可以算是"过来人"，所以，对于幸福的滋味，他们的感受比任何人都要丰富多彩。

家住雪新村的仓觉阿妈今年已经75岁了，她的幸福是一种"很大众化"的幸福，她对幸福的概念跟别的老人一样，健康的身体是一种幸福，子孙满堂是一种幸福，孝顺的孩子是一种幸福。她的幸福实在是很"平凡"。

此刻，让我们感受一下老人"平凡"的幸福，不敢说她的幸福有多么的智慧，但我相信，经过岁月洗礼的老人，对于幸福的滋味感受肯定会比任何人都要深刻……

问：您幸福吗？

答：……（老人显得害羞，善意地笑着，并且有一丝紧张）

问：您现在觉得幸福吗？

答：挺开心的，宗角禄康公园里环境美，所以挺开心的。

问：那么对您来说什么是最开心和幸福的？

答：就是这样早上能转转布达拉宫，喝一会儿甜茶，心情就很好，而且这边环境美，所以在这里感觉挺幸福的。

对话中发现，仓觉老人是一位性格开朗、健谈的人，虽然她显得有点紧张，但后面还是很放得开地和我聊了起来。起初仓觉老人并没有弄懂我采访的真意，我们的交流都显得很客套，但我表明自己的采访真意后，老人开始"认真"起来，每一次提问后，她都会思考一会儿，回答时的速度也慢下来了……

问：您认为幸福是什么？

答：幸福就是一种感受，能否幸福都跟自己的欲望是有联系的，就像俗话中说的"知足者常乐"，如果你知足、满足，你就能感受到幸福。

问：那么您现在幸福吗？

答：我觉得我现在年龄这么大了，算是幸福的。不管好坏，活了这么久，大小什么样的事情都经历过了，现在没什么要求、可苛刻的，挺幸福的。

问：您什么时候最幸福？或者什么样的事情可以让你感到幸福？

答：最幸福的事莫过于孩子们的幸福，我们这些老人就是幸福着他们的幸福。对我来说，最让我感到幸福的也莫过于孩子们的孝顺，他们对我好，我就感到很幸福，很幸福……

问：您现在的幸福仅仅局限于孩子们的幸福？

答：孩子们幸福了我就能安心过我的生活，他们幸福了我"走"的时候也就可以很安心。其实，我们老人对幸福的要求也是不低的，有时候真的也会有"自私"的想法，但是不给别人添麻烦已经变成了我们老年人真正的"幸福"。很多幸福只是一种想象，别人理解了，我们的幸福才能实现，所以不管是自己的孩子，还是别的年轻人，真希望他们能理解我们这些老年人的心。

问：能不能分享一下曾经让你感到最幸福的一件事？

答：其实回想起来还真的很多，回忆终究是美丽的，要说也说不完。对我个人而言，最幸福的一件事是……（老人回忆了很久，才继续作答）以前的苦事现在想起来，都真的很甜蜜，以前为了孩子和家庭，辛苦了一辈子，那时候有时真的很羡慕那些生活上比较安逸的人，心想如果我像他们那样那该多幸福。但现在，过去所付出的都是值得的，我的付出得到了应有的回报，如果没有以前的"苦"，我可能品味不出我现在的"甜"，认真一想，曾经付出的那些努力，恰恰成了我记忆中最值得、最幸福的事。

问：您认为现在的年轻人幸福，还是您那时的人幸福？

答：其实现在的年轻人也挺苦的，公务员考试这么难考！而且生活上的压力真的不能跟过去比了。我们那时真的很辛苦，但对幸福有更深的理解，以前的话一个土豆，要多好吃，就有多好吃，但现在吃肉都变得没有味道了，什么东西都"淡"了，幸福也是一样。幸福不幸福和谁更幸福，主要还是心态，只要你会感受幸福，不管哪个时代都会一样得到属于自己的幸福。

问：您说幸福容易吗？

答：幸福真的不容易，但也不困难。辛苦了半辈子，我现在才会幸福。有时候，幸福更多的是付出了才能得到的，付出得多，幸福就多，反之，幸福就会很少，或者不会有太大的意义。所以，幸福是要去争取的，而不是等来的。

对话了将近一个小时，我和仓觉老人的对话也就结束了。虽然老人和我年龄悬殊，但真的能感受到老人所谓的幸福。老人的幸福是自己付出后得来的，她的幸福是幸福着孩子的幸福。人的一生中会经历许许多多的事情，但是最关键的是我们一定要争取一个好的结果，无论什么事情，只要我们努力和坚持，并且往积极的方向发展，我们就会等到"开花结果"的一天，那时候，过去所有你付出的东西，包括你的痛苦在内，回想起来也会变成你幸福的回味，那种幸福，也就是升华了的幸福。（《西藏日报》）

附录二：徒步旅游：山水间快乐行走

"无限风光在险峰"，最淳朴的乡土人情、最幽静的山川美景大多藏在深山，只有一步一个脚印地去探索才能发现。在户外运动蓬勃发展的今天，徒步旅游已成为深受自助旅游者喜欢的一种旅游休闲体验形式。西藏是户外运动者的天堂，有很多经典的徒步线路，甘丹寺至山南桑耶寺徒步旅游线路被誉为中国十大经典徒步线路之一。但是，长期以来，这条线路也是"藏在深山人未识"。目前，达孜区旅游局正着手将这条线路打造成一条精品的徒步线路，相信不久，曾经的幽幽古道将撩开她那神秘的面纱。

1. 藏在深山的经典徒步线

甘丹寺至山南的桑耶寺这条徒步线路，号称中国十大经典徒步线路之一。这条线路，以前只是鲜为人知的商道、传统的朝圣之路。慢慢地，那浓厚神秘的宗教色彩、古朴原始的民风民俗、多变的山景和秀丽的高山湖

泊，吸引了越来越多的国外游客，蜚声海外。

位于达孜区塔杰乡的主西村为该条徒步线路的起点，这个曾经藏匿于深山的小山村，也因为这条徒步线路被越来越多的人熟知。同时，主西村的村民也多了一条生存之道——为徒步旅游者提供向导服务和牦牛驮运服务。

甘丹寺到桑耶寺全程徒步线路景色非常美，尤其是每年的夏季和秋季，雪域高原的美被发挥到了极致，绿树成荫、农田繁茂。柔美与粗犷在这里神奇地融合，蔚蓝的湖水、格桑花点缀其间的高山草甸、雪山、森林、村落、溪流构成了一幅幅美丽的画卷，让人悠悠然不知所归。

途中，需翻越两个5000多米的垭口，穿越偏远地带，是一条比较艰苦的徒步路线。甘丹寺海拔4240米，桑耶寺海拔3600米，两座垭口间的山谷平均海拔也在4940米，这条线路一般为4天的行程，体健者3天半便能走完。通过此徒步线路，使得格鲁派祖寺与西藏第一座寺院形成完美的时空相连，历史的交接与碰撞在此展开，再次延续。

在山水间前行，除了美到极致的风景，这条古道还承载着厚重的历史，徒步过程中，除了用眼睛去看沿途的美景，更多的是用心去感受古道厚重的历史。

据达孜区发改委主任李君介绍，该线路的旅游总体规划由西藏大学和北京大地风景旅游景观规划院编制，目前，徒步旅游大本营的建设已基本完成，其他配套基础设施正在完善中。

据了解，该项目内容包括入口服务区、农牧业文化体验区等四大重点项目。景区在未来发展过程中，将针对户外远足、休闲旅游，不断开拓软型徒步旅游产品。

2. 幽幽古道情

次仁是主西村村民，42岁的他是村里的一名向导。没做向导之前，次仁只到山上放牧，偶尔会走这条线到山南的桑耶寺。

次仁说，他特别喜欢带游客走这条古道，他带的游客大多是外国游客，他不会英语，汉语也说得不好，带游客时，往往都是通过导游翻译，或打一个手势，游客也能看懂。

多年的向导生涯，次仁结识了很多朋友，他说，他喜欢在路上行走的感觉，喜欢带游客走这条古道，和来自不同地区的游客交流，开阔了视野，在行走的过程中把这条古道的历史介绍给游客，从而让更多的游客能来家乡旅游。今年，次仁带的游客不多，但是，每带游客走一趟，他都很开心，因为，他乐在其中。

次仁得知这条线路将被开发成一条精美的旅游徒步线路后，次仁很开心。他说，线路开发了，就会有越来越多的人来村里。作为村里的一员，一名向导，能把家乡自然风景，最美的人文景观介绍给更多的游客，让游客感受不一样的达孜，于他而言，是一件快乐而有意义的事。

注意事项：徒步运动可不像平时走路那么简单，它充满了不可预测的变数，对徒步者的体力、毅力和智慧都是一个挑战，当然，其中也充满了惊险和刺激、收获与喜悦。由于该徒步线路目前还未完全开发，沿途没有补给，需自备干粮。因途中有岔路，所以，最好请当地的向导带路。向导每人每天50元，可租牦牛驮运装备，也是50元一天。（中国西藏新闻网）

小巷美

对拉萨的关注，仅大街不够，更重要的是小巷。大街仅是拉萨城的几根动脉，小巷子是四通八达无处不在的毛细血管，后者才更加丰富，更加重要。拉萨的小巷很多、很深、很悠长，它们才是拉萨的无穷无尽，它们才是拉萨的深不见底，它们才是拉萨的广阔天地，它们才是拉萨的众多细节，它们才是拉萨的具体可见。

当前拉萨的小街小巷，小里小弄，相比多年前，已不再偏，不再"走投无路"了，最深的小巷子仍旧是热闹繁华的街市，最远的小弄和市中心的广场一样热闹，所有的街巷都实现了道路的硬化、灯光的到达、警力的覆盖，最值得关注的是公共厕所和各类市政设施，如进出水道等，也很普及。拉萨的小街小巷，生活很舒心，健身有去处，经商有客流，游玩很惬意。

一个城市的繁荣，光繁荣在几条大街不够。城市的现代化，应是由表及里，由外到内，里里外外，太多的城市只是几条大路的光鲜，经不起小街小巷的深挖，经不起里面老城区的反复推敲。甚至可能是，金玉其外，败絮其中，城市的发展和升级远未完成。但拉萨城提供了一个样本，什么叫里里外外一致，什么叫内外兼收并蓄，什么叫整个城市完全系统、一体化发展，优秀的样板就在这雪域高原的拉萨。

拉萨的繁荣，除了国家的巨大投入，还在于拉萨这座城市的自有能力，独特的文化、高原的胜景、佛教的圣地，每年吸引了来自国内外的大量游客。正因为各种各样的旅游需求，拉动了拉萨的巨大供给，各种各样的供给，才有了拉萨大街小巷大量的商业设施，各种各样的商业设施，使拉萨不仅有了大街道的繁华，更有了小街小巷的兴盛。

拉萨的大美，不仅在于大街，更在于小巷，小巷使拉萨的大美更丰富、更细致、更具体可见、更触手可及。

藏式旅馆美

到西藏旅游一定要住藏式旅馆，尝试一下藏式床、椅子、柜子、桌子、壁画、地板、供奉物的新鲜，甚至连牙具、火柴、烟灰缸、纸巾等也要尝试一下藏式的。旅游就是要求新、求异，看自己以前没见过的，当然住也要住自己以前没住过的。

地地道道、原汁原味的藏式旅馆，区外游客不一定住得习惯，那都是一些老式的建筑，给排水设施基本上没有。藏式洗手间，也不同于其他地区，而是建在高处，一般露天。房子、窗子比较小，屋内不得很明亮。因藏族同胞用酥油，吃牛羊肉食比较多，房间里一般弥漫着一股浓浓的膻味气息，区外游客一般初来会不适应。

目前，拉萨向区外游客开放的藏式旅馆大多经过改良，尤其是厕所卫生设备，与区外完全一致。藏式旅馆从装修到旅馆布局，基本保留了传统，尤其充分发挥了藏文化中壁画的优势，到处雕梁画栋，上面承载了丰富的藏地世俗和宗教文化，让房客在不经意间饱览藏地的传奇和宗教故事。

藏式旅馆大多是由原来的大院子改造而成，因而铺陈了浓浓的大家庭气氛。院子中间摆满藏式的桌子、椅子，供房客们自由活动，比如消遣、休闲，很多旅店都提供酒类饮料，或者甜茶，俨然旅馆内的酒吧、餐厅和茶馆。来自全国各地，以及海外的游客，特别是年轻人，喜欢在此交流旅途心得。

拉萨的藏式旅馆很多都是由区外人开设的，而且多数是年轻人。这些老板有的投资量很大，除去租金，庞大的装修规模、精细的装修手艺，使装修费用巨大。他们还引进了先进的酒店管理技术，广泛开展电子商务，区外游客很多会通过网络预订这些旅馆。酒店一般设有专门的接待处，负责迎送外地游客。还是应该钦佩这批区外来的青年才俊，他们既有知识，又懂市场，还能拼搏在高原。同时，他们来高原创业，也是因为热爱高原，包括这里的

自然环境和人情风物。很多人甚至首先是作为游客来的西藏，后舍不得离开，同时又发现了商机，才留下来发展的。

拉萨的藏式旅馆装修的是藏文化，包装的是藏族传统，是地地道道的旅游文化产业。

文化装修

　　来到拉萨，进到当地传统的小店，包括茶馆、餐馆、商店，或者到藏族群众家里，所见的物件、家具、装饰总觉得在内涵上比内地很多地方要厚实。除了物质的构件，还多了许多其他沉甸甸的东西，繁复的东西。简单的物件上还载有很多其他的附件，物质之上还有很多文化元素，主体之外还衍生了许多其他功能，包括内地人懂的、不懂的，当然更多是一种新鲜、神秘。

　　比如一个精致的藏餐馆，墙上悬有一幅幅唐卡，仅这些画里，就有着生动的故事，众多的寓意。店内物品从材质到内容的选择，包括所挂的位置，都有讲究。游客一来餐馆，光墙上几幅画就足够让他们先琢磨一阵。还有进

门处往往装饰着传统的架子或者柜子，作用相当于屏风，但也有大量实用功能，比如摆花、摆草、摆各种器物，包括各种镀银的铜器，有铜壶、铜盘、铜锅、铜杯、铜碗、铜碟之类的。金黄色的铜制品往往能体现一个藏餐馆的品格、风味和档次，让人一看就不同于一般的小餐馆。富有文化的装修，让食客一到这里，就觉得环境好、心情好。

相比之下，区外的很多场所，无论是物什，还是装修，就只剩下实用的成分了。文化简单和被剥夺到只有物质的外表，越方便越好，比如餐馆的餐桌，简单到就只剩下一个桌面和四条桌脚，上面再抹一层油漆。实用主义把不该抹去的文化都抹掉了，工业把实用以外该省的地方都省去了。仿佛一张桌子的全部就只是为了让人解决肚子问题，是一个物理过程，而不是社会过程和文化过程。实用以外别无讲究，就只为了饱肚子，什么文化寓意、饮食情调、色彩气氛，统统都不要了。老板只是做生意赚钱，食客只是饱肚子，或者说买个饱。

我们的祖先其实都很有文化，无论什么东西，都喜欢在上面搞个什么创意，弄个什么讲究，寄寓个什么意思。在做家具、搞装修的同时，不仅为物，更为文化。比方说区外的八仙桌，主位的扶手上很多地方喜欢雕上龙，以示对主位上的人的尊重。拉萨的传统文化在很多方面相比祖国内地保护的要好，来到拉萨的游客初看拉萨的物什和装修会觉得似乎有点笨重，殊不知里面都是厚德载物。

拉萨的茶馆、餐馆和各类传统场所，不仅仅是让人解决衣食住行问题，更是让人捉摸拉萨人自古至今的各种生活逻辑、人生寄寓及无穷创意。比如椅子上的各种图案，桌子上的各种雕刻，窗棂上的各种装饰。因为不懂，游客难得其美，但如果真懂了，也会像拉萨人一样，天天看看就喜欢，心情就愉快，心里就踏实，日子就充实，因为这些东西表达了人们各种各样的想法和喜好，人们每天都在和这些文化对话。

附录：猴子与魔岩女的传说

这是一个在西藏地方流传了几千年的猴子与魔岩女的传说。

很早很早以前，观音菩萨派一由神变成的猕猴到西藏雪国的地方修行。这个猕猴来到一块黑色山岩上，潜心修习菩提慈悲心，对于佛法有了很深的领悟。就在这时，有一个住在邻近地方的岩魔女来到他面前，用非常爱慕的口气说："让我们结成夫妻吧！"猕猴与魔女结为眷属以后，生下了六只小猴，他们性格爱好各不相同，在树林里各自寻找生活。过了三年，父猴再去探望时，小猴已繁衍到500多只，此时树上的果实已经吃完，又别无其他可吃的食物。于是父猴返回神界，取来青稞、小麦、豆子、荞麦、大麦芽，撒到大地上，使那里长满不种自生的谷物，猴子们因得到充足的食物，身上的毛和尾巴都变短了，又慢慢懂得使用语言，这样就变成了人，成为雪域高原的先民。

这个故事虽然罩上了佛教的迷雾，但故事不仅传播得十分广泛，还被记录进了古老的经书。在布达拉宫主体建筑的走廊上，有西藏著名画师400多人绘制的698幅壁画，其中有两处绘出了藏人起源的故事。在罗布林卡达赖喇嘛新宫的经堂里，也有猴子变人的绘画。山南泽当，就是因"猴子玩耍之地"而得名。你去那里旅游，泽当人会指着镇后的沙当贡布日山告诉你，山上有猕猴住过的山洞。在离泽当3公里的撒拉村，有藏族传说中的第一块青稞地，是猴子弄出的土地，是西藏之母。每逢播种季节，藏人都会在这里抓一把神土，祈救祖先保佑丰收。

这种很接近达尔文进化论的神话故事的最深层底蕴是什么呢？是一种天才想象力的展示，还是追寻"我是谁？我来自何处？"这个简单而又难以回答的哲学命题呢？（中国西藏新闻网）

羌塘草原的女子

　　羌塘草原女子的身姿，可用一个字——"垂"，一个词——"一泻而下"来描绘。羌塘草原女子静立或者坐着时，耳上的饰物垂着，长发从后齐齐梳起垂着，狭窄的上衣垂着，一袭长裙垂着。而行走或者奔跑时，耳上的饰物明明晃晃，更是一泻而下；长发一起一伏，如长河一泻而下；上身的衣服紧紧贴着瘦肩，沿削长的身子一泻而下；长裙晃悠，沿细长的大腿一泻而下。

　　这样一种"垂"和"一泻而下"，与羌塘草原女子不论何时、无论何地都戴着的圆阔帽有关。圆阔帽如天上的白云，羌塘草原女子戴着有轻盈飘逸的风采。在亦步亦趋向上的一当儿，马上接下来的是向下的"垂"和"泻"，圆阔帽给了羌塘草原女子向上的托力，自然也给了她们向下的层次、距离和力度。

　　对羌塘草原的天气我不敢恭维，羌塘草原的天气异常的冷峻和凛冽，但对羌塘草原女子在高寒中存有的暖意和优雅，我却趋望之。每每上街，羌塘草原女子款款而过；或者茶馆里，羌塘草原女子静静而坐；或者在辽阔的草原上，羌塘草原女子亭亭而立时，我总是情不自禁放下手中的工作和事儿，侧目而视，如《汉乐府》中的行者驻足看罗敷。只要是美，每个人都不忘眷顾；只要是一种审美，人都难抵挡诱惑。

　　羌塘草原的美，是高寒中的美。能够经受住严寒的美，便也与其他没经严寒拷打的美不同了。来到羌塘草原后，首先感受到这里的诸多美与众不同，包括羌塘草原女子的美。美是感性的，很难理性总结出个什么，也无须总结什么。抛开脑袋和逻辑，就用眼睛和感性，慢慢观赏西藏北部高原，感觉羌塘草原女子吧。

附录：寻找拉萨以北的女儿国

《隋书》和唐玄奘所记载的女儿国苏毗，很有可能就在拉萨以北的林周县。这里的松巴山上至今还有古老城堡的遗迹和吐蕃时代墓葬的遗存，生活在这里的人们称自己为"松巴人"，而松巴就是古书中的"苏毗"女儿国。

《西游记》里"女儿国"的故事，并非吴承恩完全杜撰，在青藏高原就有原型，而且"唐僧"玄奘在《大唐西域记》中记载过。这个女儿国的大体方位在哪里，当时的统治中心在何处，截至目前仍无定论。

不过有一种影响颇大的说法，认为松赞干布之父囊日松赞所攻灭的雅鲁藏布江以北的"森波杰"，就是汉文史书上所记载的"苏毗"亦即历史上的"女儿国"。根据敦煌本吐蕃历史文书，这个"森波杰"的最后堡垒"宇那堡寨"，就在被囊日松赞改名"澎波"而至今仍叫此名的拉萨市林周县。

在这里我们寻访到了一个"松巴村"（"松巴"是藏文"苏毗"的另一种汉译），这里有一个"松巴家族"，村后的"松巴山"上还有未知是堡寨抑或是寺院的遗址，特别是在松巴山遗址西侧山腰和坡脚，还有当地人称为"松巴墓地"的一片墓地群，颇有一点赞普墓与列山古墓的气势。要知道，西藏地区的大型土葬墓，一般都是吐蕃及其以前的，此后慢慢就只有天葬了。如果说山顶的遗址还不能确定那是属于吐蕃时代的堡寨、还是吐蕃之后的寺院，这大片的墓地，起码清楚表明了这一带在吐蕃时期是一个重要的统治中心，因此很可能就是史料所记载的"女儿国"的都城。

史书记载，苏毗的臣子与雅鲁藏布江以南的吐蕃互通声气，摧毁了曾经横跨昌都到阿里的苏毗古国。

在西藏地区工作的一大乐趣，就是在工作之余，可以一边读西藏历史，一边"按图索骥"寻访历史书所讲述故事的发生地。尽管历史人物不会穿越重现，但那遗址也足以让人发思古之幽情，静静地凭吊一番。这是我一直坚持"周末一游"的缘由。

比如，读《敦煌本吐蕃历史文书》，在当时人们所记的"赞普传记"中，记载了松赞干布的祖父达日年塞与父亲囊日松赞，怎样与雅鲁藏布江以北邦国的反叛臣子秘密联合，最后带精兵万人过江消灭敌手，将吐蕃领地扩大到雅鲁藏布江以北、最终奠定了吐蕃一统青藏高原的根基。

大体经过是这样的：当时雅鲁藏布江以南，已大部归于吐蕃（雅隆部落）治下，都城在秦瓦达孜城堡（今山南琼结县）。但在雅鲁藏布江以北，主要有两位统治者，一位称为"森波杰达甲吾"，一位称为"森波杰赤邦松"。这两位统治者势力不小，就连当时的吐蕃赞普达日年塞，也得把自己的妹妹"嫁在森波杰之侧"。可能因为势力强大，据说这达甲吾"背离风俗，改变国政，恣意妄为"，谁劝谏就处罚谁。

有一位达甲吾的旧臣，可能资格比较老，名叫"念•几松那保"，大胆地指责达甲吾"嗜恶反常""风习日乱"，被达甲吾逐出大臣之列。几松那保心怀愤恨，居然杀死达甲吾，归降赤邦松。至此，雅鲁藏布江以北也出现了一位唯一的统治者。

赤邦松赏给几松那保许多土地和奴户。其中有"娘"与"孟"两氏——吐蕃之前的所谓"小邦时期"，通常是把被降服的部落或氏族整体变为奴隶（奴户），这里就是指娘氏与孟氏变成了念氏的奴户。不知是不是有点小人得志，或是由于以往有积怨，念氏的主妇即"女当家人"巴曹氏对奴户很粗暴，经常威吓，"且以妇女阴部辱咒之"——据说这是至今犹存的最毒的咒辱！

娘氏不能忍受，跑到赤邦松那里诉苦。赤邦松却说："没有人比念氏更忠于我，主妇辱咒呵责，示以女阴，对你也没有什么不合适的。"这娘氏极为气愤，但也无可奈何。

在此前后，赤邦松的一位似为主管监察的官员"韦•雪多日库古"与代理内相"辛•墀热顿孔"因事在湖边格斗，辛氏竟将韦氏杀死了。韦氏的兄弟名叫"旁多热义策"的，到赤邦松跟前鸣冤，要求赔偿抵命。赤邦松则说："辛•墀热顿孔是代理内相，我不好说他。况且以善诛不善，诛则诛矣，何用抵偿？"韦氏也极为愤怒。

这一个奴户、一个官员，因深恨赤邦松，不约而同走在一起，萌生了反叛赤邦松、归降吐蕃之意。此后，韦氏的舅氏一族"农氏"以及与娘氏关系密切的蔡邦氏也加入进来，偷偷与达日年塞联系并立盟誓——吐蕃前后的人们很相信盟誓的威力，许多事情都要靠盟誓定下来。但不久因达日年塞去世，事情就暂时耽搁下来。

达日年塞之子伦赞赞普继位后，再次与赤邦松的这些叛臣们盟誓，并约好里应外合，攻打赤邦松。这之后，经过准备，伦赞赞普让弟弟伦果尔和母后守国，他亲率"精兵万人"，"启程远征"。娘氏与农氏充当耳目，韦氏与蔡邦氏充当向导，"遇大河于渡口涉渡，仔细查明行军道路"，最终攻破宇那堡寨，灭掉了赤邦松，王子"芒波杰孙波"（意为"土地众多的苏毗之子"）逃亡突厥。至此，雅鲁藏布江两岸尽归吐蕃，伦赞赞普将赤邦松的领地"岩波"（似意为"沟坎"）改名为"澎波"（意为"富裕"），韦氏以及岩波之地的民众，则因他"政比天高、盔（权势）比山坚"，而尊称他为"囊日松赞"（意为"天山赞普"）。娘氏、韦氏、蔡邦氏等，因功获得大片土地与奴户，以后就成为吐蕃政权时期的显赫家族，有的屡屡与王室通婚，有的氏族成员时任论相。

囊日松赞攻灭赤邦松，的确是吐蕃历史上意义极为重大和引人注目的事件。不仅是这一战，使原先僻处于雅鲁藏布江以南、因喜马拉雅阻隔而无法向南发展的吐蕃，重心移到江北，控制了母亲河"雅鲁藏布江"两岸肥沃的土地，从而方便北上西进，最终在松赞干布时期，定都拉萨，攻城略地，很快降服其他区域的大小邦国，统一了青藏高原，建立了强大的吐蕃政权。而且，这一战争的另一方，还与西藏最有传奇色彩的"女儿国"有关。

被灭亡的苏毗国，原来就是唐僧曾记录的女儿国？

在中原史书中，苏毗是一个传奇的"女儿国"。《隋书·女国传》记载："女国，在葱岭之南，其国代以女为王。王姓苏毗，字末羯，在位二十年。女王之夫，号曰金聚，不知政事。国内丈夫唯以征伐为务。山上为城，方五六里，人有万家。王居九层之楼，侍女数百人，五日一听朝。复有小女王，共知国政。其俗贵妇人，轻丈夫，而性不妒忌。男子皆以彩色涂面，一日之中，或数度变改之。人皆被发，以皮为鞋，课税无常。气候多寒，以射猎为业。出朱砂、麝香、牦牛、骏马、蜀马。尤多盐，恒将盐向天竺兴贩，其利数倍。亦数与天竺及党项战争。其女王死，国中则厚敛金钱，求死者族中之贤女二人，一为女王，次为小王。贵人死，剥其皮，以金屑和骨肉置于瓶中而埋之。经一年，又以其皮内于铁器埋之。俗事阿修罗神，又有树神，岁初以人祭，或用猕猴。祭毕，入山祝之，有一鸟如雌雉，来集掌上，破其腹而视之，有粟则年丰，沙石则有灾，谓之鸟卜。"

有趣的是，去西天取经的"唐僧"玄奘在《大唐西域记》中，也记载了这个"女儿国"——吴承恩所写《西游记》中的"女儿国"，部分就渊源于此："此国（北印度）境北大雪山中，有苏伐剌拏瞿呾罗国（原注：唐言金氏）。出上黄金，因以名焉。东西长，南北狭，即东女国也。世以女为王，因以女为国。夫亦为王，不知政事。丈夫唯征伐田种而已。土宜宿麦，多畜牛马。气候寒烈，人性躁暴。东接吐蕃国，北接于阗国（今新疆和田），西接三波诃国（今拉达克）。"——尽管玄奘并没有提到这女王"姓苏毗"，而称该国为"金国"（与《隋书》所说女王丈夫号称"金聚"相符），但从他的文字描述看，显然与《隋书》所说的女儿国或者说"苏毗"，是一回事。

按史料的可靠性讲，《隋书》比玄奘所载更为权威一些。因史载这个姓苏毗的女国于"隋开皇六年"（586 年）曾"遣使朝贡"，与隋朝有直接交往，因此《隋书》对苏毗女国的详细记载，有些很可能来自使者的介绍。玄奘的记述虽然来自传闻，但也离事实不远，因他所描述的"北接于阗"，得到了考古的证实。在今新疆和田市民丰县（历史上也属于阗）的尼雅遗址，发现了许多大约在公元 4 世纪前后的文字资料，其中有 20 多件，都提到了当地受到"苏毗人"的攻击。而其所记苏毗"东西长，南北狭"，正可与《隋书》所言苏毗向天竺贩盐，并与天竺（在极西）和党项（在极东）都有战争相符，说明它是一个横跨藏北地区（藏北多盐）的部落联盟（那个时代还没有真正意义上的国家）。

所以，从数量不多的史料可以推知，经过激烈的兼并，尽管藏地仍有一些小邦——比如不见于十二小邦名单上的洛扎，还曾打败过达日年塞，并把他囚禁起来——但在藏地，当时已大体形成了最大的三股势力，一是阿里的象雄，二是雅鲁藏布江以南的吐蕃，三是雅鲁藏布江以北的苏毗。

根据相关史料，当时苏毗所控制的地域（不能理解为像后来的国家那样严格统治，而只是形式上有一个统治中心的部落联盟），西在圣湖玛旁雍错附近与象雄相接，东与今昌都及四川西部的附国接壤，北在唐古拉山南北与突厥相邻，南隔雅鲁藏布江与吐蕃为界。

不过，到了达日年塞时期，雅鲁藏布江以北的苏毗内部，已是矛盾重重。当时苏毗有两王（这与《隋书》记载相符，两位王均称为"森波杰"，说明是同属一个国度或部落联盟）。

有一种看法认为，身为"大王"的森波杰达甲吾，很可能想结束"两王共治"、氏族及部落参政的传统做法，树立相对专制的王权，因此与赤邦松以及旧氏族首领的矛盾日深。所以吐蕃史料记载达甲吾的罪行是"背离风俗，改变国政，恣意妄为"，大臣念氏指责达甲吾的不是"腐化""奢靡"，而是说达甲吾，"嗜恶反常""风习日乱"，显然是说达甲吾不守旧规矩。这时"小王"赤邦松想必也有独裁之心，所以在念氏杀死达甲吾之后，赤邦松就欣然当上了整个部落联盟的唯一主人——达甲吾被臣子杀死，居然没有引起动乱和战争，就一切均归赤邦松，说明这两位森波杰应是大小王的关系，大王死去，小王继任，理所应当，所以才如此平静，而不像吐蕃赞普来夺王位，要"精兵万人"才得以成功。史载囊日松赞还一直打到藏北，藏北多野生动物，囊日松赞因打猎获得的动物肉太多，拖到地上沾上了藏北多见的盐巴（苏毗常以贩盐为利），这才发现了食盐的美味，表明王弟与母后监国、"启程远征"并非小题大做，极有可能囊日松赞是在攻下宇那堡寨后，又一路追击苏毗王子，才打到了藏北地区。

因此，从一定意义上讲，这个苏毗的最后堡垒"宇那堡寨"，才是苏毗真正的都城。那么，它又是在今天的什么地方呢？

拉萨以北的林周县，苏毗人的后裔依然在此繁衍。

从囊日松赞攻下宇那堡寨后，把原先的"岩波"改为"澎波"，说明它即位于原先的岩波、后来的澎波境内，也就是今天的林周地区。所以在得到一本《林周县志》后，我就开始注意翻查有关"宇那堡寨"的信息。果然，在县志中，记载有"今林周境内有'额布查松'邦国，王名公赤森波杰赤邦松，辖区中心在今江热夏乡斯木巴村一带，有城堡遗址"。见此，我大喜过望，还有城堡遗址，那就好找多了。

然而，托人在林周县打听这城堡遗址的具体地址，结果很令人意外：不仅遗址不知在何处，就连"斯木巴村"人家也没有听说过！这是怎么回事？我反复琢磨这"斯木巴"是哪几个藏文字，一边念叨着"斯木巴、斯木巴……"，突然恍然大悟，这"斯木巴"，应该就是"孙波"或"森波"了。于是忙让县里的人，寻找发音类似于"孙波"或"森巴"之类的地方。很快，县里回复了：有一个叫作"松巴"的自然村，现在一般称为"农牧处组"的，附近山上有遗址。

于是我们驱车前往。这个村民组属于今天的林周县江热夏乡江热夏村，位于澎波河与拉萨河的交汇处，周围是绿意盎然的广袤原野，真当得起"澎波"（富裕）之名。"江热夏"意为"东柳园"，附近果然绿树成荫，令人不禁联想起有关苏毗崇拜"树神"的传说。

在村里找到了一位现年71岁的老人"益西索朗"。据县里同志介绍，他算是村里有点文化、很有见识的人了，但问到有关"苏毗"或"孙波"历史的事，他一无所知。不过，一提起"孙波"这个名称，老人却一脸骄傲的表情。原来，这个自然村的40多户，都属于"孙波"家族——老人的读音更接近于"松巴"。村子背后的山，就叫作"松巴"山，海拔近5000米。据老人讲，山上有许多类似于城堡又像寺院的旧址，60多年前，他们全家就住在松巴山顶。现在，生活在半山腰的叫"上松巴人家"，生活在山脚下的，是"下松巴人家"，但山上山下的都属于一个家族，而老人就是这个"松巴家族"的族长。这一上一下，也不禁让人联想起苏毗或曾分为农业区和游牧区，但同属一个苏毗的史实。

老人还有一个特殊的身份：他是村里的"驱雹巫师"。驱雹巫师藏语称"阿巴"（本义为"咒师"），源于原始苯教的巫师。在原始部落和氏族时代，苯教巫师一般由氏族的长者和部落的首领来担任。在遥远的古代，掌握了神权，等于能通天、通神，就可以牢牢掌握和控制氏族与部落大权，因此，苯教巫师在藏族先民心目中，具有十分崇高的地位。苯教产生于西部象雄，但吐蕃的苯教，主要是在吐蕃第一代赞普聂赤时期，从苏毗流传过来的，故称"苏毗苯教"（或译"孙波苯教"）。老人的这一特殊身份，就像松巴山上的遗址，让人难免联想起 1400 多年前，这个苯教国度的兴衰浮沉。

目前松巴山上的遗址，已很难寻觅到 1400 多年前的陈迹。据乡里人介绍，遗址现存房屋废址 41 座，佛塔 5 座，煨桑台 1 座，显然是一处寺院的遗址。寺院的来历及何时废弃的时间不详。不过，西藏地区寺院除一些新创者外，有不少往往建立在古代的一些堡寨遗址上。因为在古代，寺院不只是简单的宗教场所，往往是一个地方文化、经济、政治乃至军事中心，所以在兵荒马乱的时期，寺院往往也需要建在易守难攻之处，与堡寨的功能有异曲同工之妙。松巴山上的遗址，明显可以看出这一点：所有建筑都建在松巴山山顶及两侧陡峭的坡地上，在建筑四周依山势建有围墙九段，围墙与悬崖峭壁在建筑外围共同形成了一道屏障。

可以想见，在森波杰的时代，高大的堡寨（甚至可能有九层），像吐蕃第一座宫殿雍布拉康一样，巍然耸立在松巴山顶（《隋书》所谓"山上为城"），俯瞰着蜿蜒南去的拉萨河支流澎波曲，还有河流两岸大片的绿色农田。彩色涂面的男人们在农田里耕作，女王与数百女官，处理着近到旧堡辗嘎尔，远到拉萨河源头更北地区的辽阔草原上各部落的事物，包括与远到西方的天竺、东方的党项之间的贸易（贩盐），有时是战争事务。

作为一个历史悠久、部落与氏族众多、统治松散的古老大国，这巨大的堡寨显得仍很渺小，加上各氏族、部落头领（包括境内的小邦王）对国家事务往往意见不一，女王对国家的管理深感力不从心。眼看着雅鲁藏布江南部、与苏毗有姻亲关系的吐蕃只有一个赞普、男人专权，往往更有效率，苏毗的统治者也感到了些许不安，甚至是威胁。在这种情况下，传闻东方新近出现了一个强盛大国，威名远震（隋朝初年隋文帝攻打突厥屡屡得胜），苏毗王室派使者与大国结交，或许隐含了引进外援以抗衡来自雅鲁藏布江南岸吐蕃威胁的意图——隋文帝开皇六年（589 年）苏毗朝贡时，正是后来密谋要攻灭苏毗的吐蕃赞普达日年塞当政时期，这或许并不是一个简单的时间巧合。

与此同时，苏毗的"一把手"达甲吾，也企图仿照吐蕃赞普的做法，让自己的权力更集中，然而不久就因此覆亡了。小王赤邦松的想法其实与达甲吾一样，也要加强自己的权威，因此不理会奴户娘氏的抱怨，反而为忠于自己的念氏辩护。娘氏家族那时的领地，一般认为是靠近热振一带，那是拉萨河的中游地区。再向北，就是苏毗的游牧部落了——后来吐蕃政权划定苏毗茹，南部界限就在拉萨河源头的麦地卡。所以与游牧部落邻近的娘氏，与北部苏毗各部，关系一定也很密切，甚至在对赤邦松不满方面，还有不少共同语言，这或许就是后来苏毗反叛吐蕃时，已成为吐蕃宠臣的娘氏能够不费一兵一卒就将苏毗北部各部落平服的原因。当然这是后话。另一方面，赤邦松又因袒护杀了人的"代理内相"（可能是新近提拔、比较听话的宠臣），而得罪了邻近吐蕃的韦氏（韦氏所属的"卧域"，在雅鲁藏布江北岸，今山南桑日县的雅鲁藏布江北部地区），终于引来了吐蕃的大兵。

不知在怎样惨烈的战火中，松巴山上的这座"宇那堡寨"被攻破，甚或被夷平——因为吐蕃赞普并没有在澎波这里建立宫堡，而是在与澎域有一段距离的拉萨河对岸的一条山谷"甲玛沟"，兴建了"强巴弥居林"宫，作为吐蕃统治雅鲁藏布江以北地区的大本营。此后，宇那堡寨就慢慢湮没在历史的尘埃中，被多数人所遗忘，仅仅变成了一个历史名词。好在还有一批"松巴人"，从吐蕃时期，一直到混乱时期，看着这里兴建起寺院，又默默注视着寺院的坍塌，他们都坚守在这废弃的堡寨遗址边上。花开花落、云起云消，时代在变，风俗习惯也在变，那些"女子当家"的传统早已销声匿迹，但"松巴"的名号一直没有改变，似乎在等待着世人重新审视这座"女儿国"的都城。（中国西藏新闻网）

林卡快乐

　　雪顿节期间，偌大个罗布林卡，遍地都是过林卡的人，过林卡在拉萨一般以家庭为单位，一家几口外出，找一片树木，或者草地，搭好帐篷，或者在树荫下铺上地毯，拿出随身带去的食品，既有传统的，又有现代的，既有藏式的，又有内地的，不过主要以传统食品为主，边吃、边聊天、边休闲，甚至玩耍，大人打麻将、玩扑克，小孩子采花草、做游戏。而且常常不止一个小家，而是邀上亲友，是大家庭、大家族，不止自己本家，还将已成家的兄弟姐妹，七姑八姨都叫过来，一二十个人一起过，好不热闹。过林卡是融合亲情的好方式，这样的时刻过的是"家"，是亲情，而不是什么社交、人情生意。

　　过林卡也是拉萨人亲近自然的一种方式，夏天或者秋初是西藏难得的温暖季节，一年中能够绿的地方都绿了，而且绿的时间很短，能够绿的地方也不多，因此人们会抓紧在这个季节外出，享受绿色，享受五彩缤纷的野花，

享受宜人的天气。此外，拉萨一年中此时氧气最为饱满，到户外饱吸新鲜空气，也是拉萨人的一种奢侈。

在拉萨附近的河边、山谷，过林卡的帐篷，或者席地而坐的一群群人，几乎铺天盖地，尤其到了夏末、秋初，天气不再炎热，阳光正好，如此构成了拉萨户外一片盛大的景象。拉萨的天上有朵朵白云，地上则有过林卡的花团锦簇，它们是地上的朵朵彩云，蔚为壮观。

尤其是那一种快乐、祥和的气氛，过林卡时人们不带着生活压力，不背着工作负担，一切为了放松。大家都如此，因此是欢乐祥和的热烈。在此时，即便生活有什么不快，工作有什么压力，在整体氛围中，在众人的感染下，一个人心不宽松、神经不放松都不行，过林卡的一切只为快乐。

尤其是雪顿节期间的罗布林卡，这里拥挤着的，凑热闹的，就类似祖国内地集市贸易、摆摊这些景象，只不过不是金钱买卖，而是心灵交流，快乐交互；不是分享财富，而是分享喜悦。每个"摊"上都摆着精美的食品和小吃，但这些东西只为自己所用，不投向市场。

装扮人美

雪顿节期间虽以休闲为主，但拉萨人，不管男女，休闲并不随意。人们在节日期间往往盛装出行，男士们都修好边幅，女士们更是精心打扮，男男女女都穿上漂亮的民族服饰。雪顿节是人的海洋，更是盛装的海洋、帅哥的海洋、美女的海洋。

相比传统服饰，现代服饰要轻便、简洁、容易打理，因而近些年来，少穿传统服饰多穿现代服饰的人越来越多，平时穿传统服饰的主要是中老年人。出于工作或劳动的方便，穿传统服饰的人也有减少的趋势。更不用说年轻小姑娘、小伙子，大量时装才是他们日常穿着的最爱。

但在节庆日，特别是像雪顿节这样的节日，可不一样。目前，藏族相比中国其他民族整体上还比较崇尚传统，对于雪顿节这样一个传统节日，人们往往要探亲访友，尤其是年轻人要见长辈，在长辈面前还是传统点比较好，能给人一种听话、不忘本的好印象。

但节庆日穿上民族传统盛装远不仅仅止于为了亲友、为了传统。藏族传统服装非常经典，非常好看。藏族女孩少有其他很多地方的"肥妹"，大多出落得苗条、身材修长，着上老祖宗为她们量体而做的藏装，更加飘逸、更加洒脱、更加蕴含、更加内秀，曲线往往得以充分展示，该收的地方即收，该放的地方即放，一袭长裙把整体的身体美全部展露出来了。

着藏装的女孩在街上回头率特别高，引得外地游人不断驻足，一群藏族美女更美了一个拉萨城。一直盯着一位藏族美女于游人有点不好意思，很唐突，甚至是对人的不尊重。但爱美之心人皆有之，并无过错。许多游客实在喜欢看藏族的美女，就只好装模作样地在她们前后转悠，然后乘机偷偷拍几张照片。

节庆期间，小伙子也要穿上民族传统服装，比如长袍，男式藏装的腰部有一个大结一样的装饰，男士穿上后煞是英武，有高原牧者和勇士的雄姿，再配上长靴，更是英姿勃勃，就只差一把象征威力的藏刀了。

附录一：现代藏族女性的缤纷生活

为角逐西藏旅游的形象代言人，现代时尚的藏族女性不断展示自己的美丽和自信。有的温柔恬静，有的热情奔放，有的现代时尚，有的古典端庄，她们的美丽、自信和勇于挑战的个性，给予了我太多的启示，对现代藏族女性的生活也有了这番感言。

爱美之心得到充分张扬。爱美之心人皆有之，更何况年轻的女子，但曾几何时，一头长发、性格文静、对人谦和、衣着朴素，是评价一个藏族女性的审美标准。藏族谚语里对男女孩子的行为评价也有"女不哑，男不疯"的标准，意思是女孩子要特别文静，话要少，只要不哑就行，参与竞争更是无从谈起。但随着社会生活的变化和各种时尚潮流的不断涌动，这种审美观念正在发生变化，穿自己想穿的，做自己想做的，个性的张扬使审美标准也更加多元化。

从拉萨近几年美容美发行业的快速发展，就不难估计这一服务行业的消费者数量。前几年还只是美容美发，如今的服务内容越来越宽泛，美体、纤体，甚至可以"武装"到指甲。据西郊一家美容院的工作人员说，到他们那做美容护理的大多数固定客户多为藏族女性，她们以包月或购买套装护肤品的形式来做美容护理，尤其以教师、公司白领、机关职员等职的业女性为多。在衣着打扮上，引用一位朋友的话，最能说明问题，"原以为距离的遥远，会使藏族女孩子的衣着与时尚无缘，没想到这里也有人走在时尚的前沿"。

参与竞争意识空前高涨。在中央电视台的某个观众互动节目中，出现了一个藏族女孩子的身影，她的才艺表演征服了所有演播室内的观众，掌声、喝彩声一片。如果时光倒回到十几年前甚至几年前，这件事一定会是个大的新闻，一定会引起不小的震动，但这次没有。因为现在有太多的藏族女性已具备参与竞争的意识、勇气和才干，并且正在通过各种方式参与竞争，所以使得其新闻卖点不大。

考研、深造、读书充电，在快速发展的社会大环境下，藏族女性对知识的渴求和对内在修养的追求正在凸显，各行业、各领域涌现出来的优秀女性越来越多，第一位藏族女博士、女专家之类的称谓逐渐成为过去式，这无疑是件令人高兴的事，这说明藏族女性的生活正变得五彩缤纷，绚丽多姿。（中国西藏新闻网）

附录二：融入拉萨女人秀发的"蔓蒂"

"蔓蒂"是一种染发剂，在西藏有很长的使用历史。据说旧西藏时，有来往于西藏和印度之间的商队，专门替西藏的贵族女子在印度采购"蔓蒂"。

"蔓蒂"的发音来自英文单词 mehandi，也有人拼作 mehndi 或 mehendi。藏族同胞读这个单词时，去掉了中间"h"的发音，读音接近于"扣嗲"，这两个字组合在一起，读出来时完全摆脱了汉语声调的生硬感，听起来轻快而别具风情。

在藏语系里，"蔓蒂"的词性是模糊的，有时指一种行为，是动词，有时仅仅只是一种护发原料的名称，又成了名词。藏族同胞说做一个"蔓蒂"，或干脆以"蔓蒂"二字来概括他的意图时，往往他的意思是：用"蔓蒂"这种原料做一次头发护理。八廓街和其支道上的那些小理发店，大多都能提供"蔓蒂"服务，即便是不提供这种服务的理发店，老板也会告诉你：本店不提供"蔓蒂"服务，不过你可以自己去买"蔓蒂"拿到店里来做。而能买到"蔓蒂"的地方，往往就是距离理发店仅几十米远的专营印度商品的小杂货店。"蔓蒂"总是被摆在卖印度商品的小店最显眼的位置，有袋装的，也有盒装的，五花八门，分别来自印度、巴基斯坦和尼泊尔。在拉萨老城区，显然"蔓蒂"比从内地传过来的焗油、导膜等护发方式更加流行，更能为人们所接受。

"蔓蒂"的真实含义

Mehndi 在国外的意思是"人体彩绘"，而移植到喜马拉雅地区，是指印度彩绘艺术 Henna Painting，彩绘的这一过程被叫作"蔓蒂"(Mehndi)，也就是使用 Henna（海娜）来进行人体彩绘的意思。

"海娜"是一种藤蔓植物，用其磨制而成的植物性粉末可用作染料，这种植物生长在埃及、印度、巴基斯坦等热带和亚热带地区。在我国，人们把这种植物叫凤仙花，又名指甲花。指甲花在印度很多地方都很常见，百姓们在他们的房前屋后种上这种植物作篱笆用。它不仅是印度妇女们的常用美容品，也是最为普遍的染发品，因为将其叶子晒干碾碎后可以用作染色。这种植物的粉末不仅能染发，还能被用作护发素，可使头发柔软并防止发梢分岔。据说它还有冷却效果，所以在炎热的夏季，人们还用它染手掌和身体。

西藏的"蔓蒂"史

"蔓蒂"在我区不再指人体彩绘，而是成为一种产于印度的植物染发原料的名称，也就是说，这是藏族同胞对"海娜"（指甲花）的另一种称呼，把"蔓蒂"作为一个名词时，蔓蒂、海娜、指甲花其实是同一种植物。另一种时候，"蔓蒂"概括了一种行为，就是用"蔓蒂"这种原料来进行染发或做头发护理。现在的拉萨，似乎大多数成年女性都懂得应用"蔓蒂"，至少知道"蔓蒂"这种原料的功效。记者曾多次在拉萨的美容美发厅遇到几位女性顾客正在做"蔓蒂"，有时也能碰到男性顾客。而在冲赛康这种经济繁华的街区，在天气较好的中午或下午，一些小理发店门口偶尔也会坐着一些头顶一团"黄泥"晒太阳的人，他们就是正在做"蔓蒂"。

据说旧西藏时，"蔓蒂"是贵族女性化妆盒里必不可少的用品，甚至有来往于中国西藏和印度之间的商队专门替她们采购"蔓蒂"等印度护肤品和化妆品。虽然"蔓蒂"在中国西藏的应用由来已久，但真正成为大众消费品，还是在20世纪80年代，人们的物质生活改善之后。20世纪90年代，"蔓蒂"开始成为美容美发店的一项服务，到现在为止，因其原料的纯天然无合成性，也因其价格相对焗油等要实惠很多，"蔓蒂"仍然被许多人选作日常护发用品。

八廓街上一家美发厅的管理人员仓觉说，"蔓蒂"这种护发原料本身就带有天然红棕色素，使用后可使头发带有红棕色光泽。如果想要使用它让头发变黑，则需要在调制药膏时加入一些添加剂。

做"蔓蒂"的过程

仓觉说，焗油和"蔓蒂"除了原料不一样，裹头发的方式也不一样，"蔓蒂"是从中间裹起，不须用发夹，直接将头发一层一层堆砌在头顶，裹好之后，顾客头上犹如戴了一顶厨师帽。

参观仓觉为顾客做"蔓蒂"的全过程：

1. 准备好热茶水，加入适量蜂蜜和一个鸡蛋的蛋清，一勺橄榄油，再加入"蔓蒂"，搅拌均匀，注意，要搅拌成很稠的膏状物。加入橄榄油和鸡蛋清是为了让头发更有光泽。

2. 先把头发洗干净，趁着湿润时，用刷子把混合好的发膏均匀涂抹在头发上，从中间涂起，一缕一缕从发根至发梢涂抹，再将抹好的发缕堆砌在头顶，这样染出来的头发才会色泽均匀。

3. 用发箍将抹好的头发罩住，这时可以晒晒太阳，一个小时后拆开洗掉发膏。

如果自己在家里做，过程可以简化一些，时间可以更久一些。一般来说，"蔓蒂"在头发上糊得越久，效果就越好。一位女士说，有时候她和同事们会中午来美发厅先在头发上涂抹好"蔓蒂"再回去上班，到下午下班后再到美发厅来洗掉。而头顶"蔓蒂"去上班，这种状态似乎并没有引起同事的惊奇，可见"蔓蒂"在拉萨已被大家视作极为平常的一件事情，没什么可大惊小怪的。

所以如果有一天，你在街上遇到有人正头顶一团"黄泥"在逛街，千万不要惊讶，他（她）不过是在做"蔓蒂"而已。

形式美

　　拉萨的美，在很多情形下都被赋予一些礼仪、形态和举止，这种形式美体现在拉萨人的衣食住行、节庆活动、建筑装饰等方面，稍一留意，就会发现与区外许多不同的地方，这些不同之处往往承载着高原独有的文化、特殊的审美视角、自有的喜好。这些不同之处体现在一些小环节之中，区外游客如果琢磨出了这些小细节，就如同掌握了一把钥匙，就可能打开整个高原的文化宝库。

　　掌握内在，先要从外在开始。了解内容，更要先熟悉形式。掌握实质，当先求表象。游客到西藏观光旅游，正是先从外在开始，熟悉形式，先求表象。拉萨大美，这些外在、形式和表象往往眩人耳目，让人心醉神迷。不可能要求每个游客都能在短时间内了解高原文化的博大精深，如果把旅游看作休闲、放松，这些形式美也就尽到了其功效。世间大多数人大多数时候毕竟是感性动物，如同地球上的绝大多数生物一样。

附录:"仙女节"与"男人节"

西藏老百姓的传统节日很多,除了隆重的宗教节日,还有很多民俗节日。其中,"仙女节"和"男人节"是两个很有特色的节日。

2012年11月下旬的一天早上,我刚到单位,就有两个藏族女孩兴冲冲地跑过来,一到我面前,就把手伸过来:"谢部长,我们来收钱。"收钱?我一下子被说愣了,实在想不起来最近需要交什么钱,不过看着她们手里确实拿着一沓钞票,想来可能是单位又组织了某项活动。"要交多少?"我询问道。两个女孩相视一笑,回答:"随意给啦,谢部长。"我从衣兜里拿出钱来,掏出一张一百的,问她们:"够不够?"她们高兴地点了点头,说:"够了,够了。"两人又是相视一笑,无比开心地走了,看得我是一头雾水。

没想到,我中午去食堂吃饭,刚坐下,就有一位藏族女服务员走过来,把手伸到我的面前:"谢部长,过节了,发点钱吧。"

过节?我更惊讶了,难道今天是个特殊节日,还要给女同胞钱?看我困惑的样子,旁边一位藏族同事笑起来,解释道:"今天是西藏的'仙女节',要给女同胞发红包。"我总算是明白过来了,掏出一张五十元给她。那服务员笑着接过,行了个礼,说:"图吉且。"一看我给钱了,旁边一位汉族女干部也开始跟着起哄:"我也过'仙女节'。"一边说一边把手也伸到了我面前,没办法,我只能再掏钱。

听小同事洛桑讲,"仙女节"又名"吉祥天母节",讲的是吉祥天母白扎拉姆与赤仆宗赞的爱情故事。传说,白扎拉姆是西藏护法神班丹拉姆的女儿。班丹拉姆原是印度神话中的人物,赞普松赞干布在拉萨修建大昭寺时,专请其做大昭寺的护法神。因为其护法有功,后来晋升为西藏护法神。她亲自选拔松赞干布的将军赤仆宗赞做大昭寺护法神。但是,班丹拉姆性格有点古怪,不近人情,听说白扎拉姆看上了赤仆宗赞,并与其私订终身,非常生气,就把白扎拉姆的花容月貌变成一副难看的青蛙脸,试图阻止两位年轻人的来往。但容貌的改变没有动摇两人的感情。班丹拉姆动怒了,便把赤仆宗赞赶到拉萨河南边的一座山上。这对情侣无法渡河相见,而且每年只能在藏历的十月十五日隔河相望半支蜡烛的工夫。

虽然白扎拉姆自己的爱情生活十分不幸，但她却是一位慈悲友善的女神，特别护佑妇女和儿童，因此得到了众人的同情。人们就将每年的藏历十月十五日，也就是女神和赤仆宗赞隔河相望的日子，设定为"仙女节"。

　　"过节这一天，女人们特别高兴，她们会早早起床梳妆打扮，然后到八廓街煨桑祈祷，前往大昭寺为女神敬献哈达，许下心愿。据说这一天许愿特别灵，许多单身美女都要去敬香，希望能找到如意郎君。如今的'仙女节'已变成藏族的'妇女节'，从拉萨走向了整个雪域高原。"洛桑说。

　　白扎拉姆与赤仆宗赞的故事让人想起牛郎织女的故事。银河迢迢难渡，隔开了牛郎和织女；拉萨河水奔流，隔开了白扎拉姆和赤仆宗赞。

　　"'仙女节'和七夕节有点像，都是动人的爱情故事。既然有'仙女节'，不知道咱们男同志有没有节日？"听了"仙女节"的故事，我觉得很有意思，询问道。

　　洛桑马上接话："'男人节'啊，你可以去普兰。不过，要钱没有，酒可以尽情喝饱。"

　　洛桑讲，"男人节"，当地称"顿强节"。传说，"男人节"起源于17世纪。当时，甘丹才旺率兵打败森巴入侵后，为庆祝战争胜利，所有男人庆祝了7天。后来，阿里人为了纪念这一英雄事迹，就每年举行"男人节"，流传至今。

　　这个节日我可从来没听说过，自然产生了去看一看的强烈愿望。2013年5月初，阿里地委党校郭运良老师打电话借录音笔，说要到普兰收集有关"男人节"的资料。机会来了，我本抱着一定要去的打算，可是当时单位工作实在忙得走不开，很遗憾地没有去成。等郭老师一回来，我马上跑去找他，想要解开这"男人节"的神秘面纱。郭老师说，当时科迦寺门前土场上非常热闹，就像吃百家宴。科迦村的成年男子，全都坐在卡垫上，喝酒、吃肉、看藏戏；而妇女要轮换为男人上茶倒酒，提供吃喝。

　　"'男人节'是个群众娱乐性节日，每年在科迦寺广场举行，是不是和宗教还有什么联系？"我好奇地问郭老师。郭老师一笑，说他也就这个疑惑问过科迦村的一位老干部。据老干部讲，一般情况下，群众娱乐性节目确实不在寺院前表演。但是，普兰"男人节"最早从科迦村开始庆祝，科迦村因科迦寺而得名。科迦寺位于美丽的孔雀河畔，科迦村位于孔雀河北岸一个向阳的空地上，科迦寺紧邻河畔与科迦村连在一起。传说，在11世纪，科迦村背后山坡上的小寺院里住着两个一老一少和尚。有一天夜里，小和尚翻来覆去睡不着，干脆起床，就到窗边看是否天亮。突然看到河滩上有东西在闪光，那时的孔雀河畔是一片荒滩，人迹罕至，他感到很奇怪，想着等起床后再告诉师傅。由于记性差，他一见师傅就忘了。好几天过去了，一直没有告诉师傅。后来，小和尚想了一个办法，捡了一块石头揣在怀里，见了师傅，给师傅倒茶，一弯腰石头掉下来了。师傅以为小和尚要打他，小和尚赶紧说明缘由。师傅告诉小和尚，下一次见到亮光，你悄悄地去做个记号。

一天夜里，小和尚再次见到亮光，就找到亮光处把他怀里揣的那块石头搁在那儿。第二天师徒二人去寻找，发现那儿除了一块大石头什么都没有。师傅说，这是奇石阿莫利噶在发光，预示着这是一块吉祥地，将有神迹出现。老和尚的话应验了。不久后，普兰来了7名身强力壮的印度云游僧，从事佛事活动，行前特给普兰王留下7大包银子，普兰王请教大师如何处置，大师称此乃财神赐予的非凡妙果，不能占为己有，应行善积德。普兰王依照神意和大师指教，动用大量的人力、财力，相继在噶尔栋修建了规模宏大的上下宫堡和色康大经堂，暂时把7名印度游僧留下的银子供于其中。不久后，普兰王取出7大包银子带到地处中尼边界的"谢噶尔仓林"，请尼泊尔工匠制造一尊世间罕见的文殊菩萨像。造完后，他又请仁钦桑布大师加持开光。在运往噶尔栋的途中，经过孔雀河畔沙滩时，被那块阿莫利噶石卡住了，无法前行。这时，忽然听到文殊菩萨开金口说："吾依附于此地，扎根于此地。"普兰王喜出望外，就在此地修建寺院，安置菩萨像，寺院取名为科迦寺。普兰人说，藏语发音中，"科"就是车轮，"迦"就是停下的意思。有了科迦寺，朝拜的人多了，寺边就形成了一个村，叫科迦村。

这是关于科迦村和科迦寺由来的故事。不过，关于科迦村举办"男人节"，还有一个"山寨"版传说。据说，阿里人看了电视剧《西游记》后，认为唐玄奘西天取经，走过阿里，而且孔雀河就是《西游记》中的子母河，科迦村就是剧中的"女儿国"。科迦村世代都是女人多男人少，男人金贵，所以科迦村才过"男人节"。（文：谢恩主）

人美

　　拉萨的大美离不开藏族卓玛的美和藏族小伙子的帅，人美高原美，高原美人更美。在西藏，一个美丽的姑娘可以美丽一个村庄，一个帅气的小伙可以帅呆一个城市。帅哥美女大家都喜欢看。

　　西藏的村庄多出美女，无论是农区还是牧区，美女一片片出，一村村出，一窝窝出，美女的问世不分贫富，不分城乡，不分贵贱，不分地区。也许得益于高天厚土，心向上苍，藏族女孩的身材从来都是高挑的，腰板都是挺直的，脸都是朝向前方，眼都是能够左顾右盼的，大方得体，一举手一投足中散发出高原特有的豪气、盈满蓝天白云之中的浩气。

　　西藏的小伙子也很帅，首先在于其身材的细长，脸孔的瘦削，全身轮廓分明，着上藏装，佩带上藏刀等装饰，如果再骑上战马，一定有欧洲中世

纪骑士的风范。大多数小伙子来自农牧区，可能因为骑惯了马，或者多干农活的历练，一个个身体灵活，步伐矫健。这可以从他们跳锅庄舞的场面上看出，他们往往舞步轻快，像老鹰一样灵巧，同时不乏力度。

人体美绝对应该是一个地方美的一部分，拉萨大街小巷走着的美女、帅哥，无疑也是拉萨亮丽风景的一部分。游客们从来不掩饰自己对人美的追求，当街上走过一位美女，藏族美女或者内地来的美女，不仅男游客会驻足，女游客也会驻足，是游客都会驻足，自然美和人美本来就是一体的。汉朝乐府中有"行者见罗敷，下担理髭须"的描写，由此可见爱美是一种正常的旅游心态，爱美之心人皆有之。

有一位西藏诗人在驻村时描写过村庄中的卓玛，是这样写的：登巴峡谷的姑娘，美丽异乎寻常；她的眼睛，是清泉一汪；她的笑脸，是雪莲缩放；她的纤腰，白云一样流畅；她在牧羊，草原不再荒凉；她在收割，土地一片金亮，她在洗衣，快乐水中流畅。一个登巴姑娘，扮靓整个村庄，一群登巴姑娘，让远方的客人，误以为进入仙子聚集的地方。

应该说，美女美了拉萨，帅哥也帅了拉萨，拉萨的大美也跟它盛产美女和帅哥有关。

附录：光棍节，在拉萨心动邂逅

每当光棍节来临时，你是否会为"脱光"发愁。如果是，你不妨走上拉萨的街头，去邂逅心仪的美人，为光棍节增添一丝乐趣和浪漫。

拉萨从来都不乏美女，拉萨的美女和重庆、江南、东北甚至其他藏区的美女都有着很大的不同。拉萨的美女与生俱来就和这里的自然环境很好地融合在了一起，或者用这样的方式来表述西藏的美女更为贴切——"她们就是自然的灵动"。

有了美女的生活，拉萨因此才充满了温柔的神韵。走在拉萨街头，在不经意中，你会与不同风情的美女擦肩而过。在此我们给你推荐在拉萨最能遇见美女的6个地方，让你的生活充满美感。

1. 宇拓路

美女特点：时尚

推荐理由：

宇拓路地理位置优越，是拉萨最繁华的商业步行街。宇拓路一端临近布达拉宫和拉萨百货大楼，另一端与八廓街（八角街）、大昭寺广场相连，集中了各色的旅馆和土特品商店，再加上街道两边琳琅满目的出售西藏特色民族手工艺品的小商户，使得这里成了拉萨人流量最大的街道之一。宇拓路集聚了游客的衣食住行之需，吸引了大量的人流，所以在这里你能频频发现各式各样的美女。

在宇拓路上行走，尤其是在旅游旺季时，你能随时发现各种类型的美女。路两边的摊主不乏身着藏装、具有西藏本土韵味的年轻漂亮姑娘，你不必交流就能感受到那份独特的美。这类美女大多身材修长，在藏装的映衬下婀娜多姿，肤色微黑却掩盖不了姿容秀丽，嘴角上扬便笑靥生辉，和脸上的高原红交相映衬，更显得风姿绰约。购买纪念品的行人中有很多身着靓装的美女，她们肤色胜雪，眉目如画，神若秋水，桃腮欲晕，说不出的柔媚细腻，一袭长裙给你清凉之意，或穿着火辣给你以视觉震撼，或温婉动人让你驻足轻叹。作为旅游圣城，外国游客也络绎不绝，她们大多身材高挑，金发明眸，耳边偶尔响起的各式外语更增加了一些异域风情，清甜的声音给人说不出的舒服之感。除了年轻时尚的姑娘，另外一些斯文儒雅，看起来身怀哲理、富有大智慧的知识型、内涵型美女更让人如沐春风，她们清秀绝俗，容色照人，满脸都是温柔，满身尽是秀气，恰是明珠美玉，纯净无瑕，和她们交流就是一种享受，让人眼界开阔，思想顿悟。

不管是在清静的早晨，喧嚣的白天，还是静谧的晚上，只要漫步宇拓，心情愉快，就会轻松地发现各式各样的美女，一饱眼福的同时让你忘却烦恼，尽情享受醉人的拉萨。

2. 西藏大学校本部

美女特点：青春

推荐理由：

作为位于西藏本土的唯一一所综合类大学，藏大无疑集中了包括青海、四川等地区的优质藏族美女。知性或者野性，感性或者性感，各种款式应有尽有。雪域高原旷野长风中孕育出来的蓬勃生机，配上这所全国重点高校的书香气息，有点动静相宜的意思。藏大学风一直不错，很多看起来风情万种的美少女，其实都是踏实求学的好学生哦。因此在这里，即使欣赏美女，都变成了很学术的事情，可以从容坦荡地进行。

当然值得一提的是，西藏大学面对全国招生，并且以文科为主。所以除了藏族美女之外，其他各民族的资源也很丰富，你懂的。

西藏大学校本部附近也有很多有特色的小酒吧、书吧和甜茶馆，哪里都不缺乏青春爽朗的笑声，很适合营造轻松浪漫的气氛。

3. 丹杰林巷

美女特点：风情

推荐理由：

八廓街老城区的丹杰林巷，是一条集小酒吧、饰品店、小餐馆等创意场所于一体的特色小巷，穿梭于小巷，曲调浪漫的酒吧音乐在耳边靡靡而绕，阳光照进窄窄的小巷，在历经沧桑的石板路上洒下一半明媚，留下一半忧伤。

我沿着一面面白色或藏红色的墙，信步走过一扇扇古色古香的藏式大门，嗅着门内隐隐飘来的酥油和糌粑的香味，不断地与一个或几个着传统藏族服饰、手里抱着青稞酒壶的藏族女子擦肩而过。那一定是为她们的丈夫精心准备的美酒吧，我这样想着，忘忑地望向不远处一位小麦色皮肤、酒红色面颊的少妇，就在不到一秒的低眉含笑间，她都没有看我一眼，我却对她一见倾心——那个拥有他的男人是多么幸福啊，美丽的藏族女子，请接受一颗漂泊的心对你的深深祝福。

路过一家毫不起眼的手工饰品店，我无意地一瞥，与一位尼泊尔风格打扮的女子目光相遇，她洁白修长的手里拿着一串还没有完成的佛珠，一袭洒脱地笑着告诉我，两年前来拉萨旅游，之后就不想走了，成了"藏漂"一族。今天下午她想给自己放半天假，就锁上了自己开的酒吧的大门，逛到这里帮店主串珠子，设计点创意小饰品。我默默地看着她眉眼间的专注，帮她递剪子，珠子；她偶尔抬起头来对我微笑，与我谈话。不知不觉间，一个下午过去了，而这短短的半天，也成为我旅途中挥之不去的一帘幽梦。拉萨，真的是可以勾起人心里所有浪漫情怀的地方。

4. 仙足岛沿河路

美女特点：慵懒

推荐理由：

仙足岛原为一片住宅小区，因为紧依拉萨河，近几年岛上陆续开了很多家庭旅馆，而沿河的一侧民居也都陆续装修成了咖啡馆、酒吧，很具小资情调，也吸引着越来越多的游客在此流连。

女人若水，午后或者黄昏，点一杯咖啡或者一瓶啤酒，听着慵懒的音乐，沐浴着慵懒的阳光，看拉萨河静静流淌，发呆、沉静，即便穿着冲锋衣，也会呈现出一种慵懒的美！

5. 东孜苏路

美女特点：浪漫

推荐理由：

东孜苏路位于八廓街东南角，街道呈东西走向，东临清真寺到八廓街入口，整条街是古老的藏式建筑。

这条街的最西边就是很有名的玛吉阿米餐厅，这里是个极好的遇到美女的地儿。二楼和三楼都有极好的俯瞰视野，八廓街上的林林总总全部收入眼中，而其中流动的人群更是清清楚楚，你看你看，美女的脸渐渐在走近……

美女们穿着各异，有一身藏装很淳朴原生态，也有穿着异域风情的，还有一些穿便装打扮很都市的美女满街穿梭，这就要看你的眼力是否够用。

玛吉阿米餐厅的名字，出自六世达赖喇叭仓央嘉措的情诗，相传是仓央嘉措情人的名字。在如此受造化厚爱的地方，相信你也会有自己应有的造化。

6. 布达拉宫广场

美女特点：曼妙

推荐理由：

布达拉宫是拉萨乃至西藏的地标性建筑，门前的布达拉宫广场总是吸引更多的人驻足，美女自然不在少数。尤其是每晚广场的夜灯点亮，喷泉随着音乐时高时低，美丽的姑娘穿着传统藏装跳起了锅庄，曼妙的身姿在夜灯下显得格外迷人。

某一日，晚饭过后在街边闲逛，不知不觉走到了广场，音乐已经响起，姑娘们也伴着音乐舞了起来。就在这时，一位穿着粉红色藏装的女子映入眼帘，雪白的皮肤上若隐若现着美丽的高原红，如墨一般的长发辫成了辫子随身舞动，脸上带着浅浅的笑容，那欢畅的舞姿，那优美娴熟的动作，那千般娇姿万般变化，似孔雀开屏、似莲花绽放、似飞龙穿梭。让我不禁看呆了眼。

其实，在拉萨只要你有一双发现美的眼睛，美女将无处不在。（文：陈静、刘芳、智幸花、彭月圆、刘琳琳）

善良的心最美

　　拉萨的大美，更在于藏族人民有一颗善良的心。所谓善良，就是当人有难、有不便时，于心不忍，要帮要助；知道这个事情会于人不便时，于心不忍，不管什么理由都不愿意做。青藏高原自古以来多灾多难，故人们祈求大家平安，幸福吉祥。他们认为只有向善，人才更有生存和生活的保障。高原之人受佛教化千百年，讲究抑恶扬善。善良是青藏高原的处世之道，是西藏人民的良心。

　　有一次我坐在小昭寺前的一家藏餐馆里，因为流浪儿童多，接二连三，不堪应对，不胜其烦，但面对稚嫩的脸，明明知道他们背后有人操纵，我还是不忍心呵斥。当时我端着一碗酸奶饭要吃时，乞儿攀着我的双手，一定要夺，还有几盘菜，脏兮兮的手已经染指了。正当我左顾右对、疲于应付时，

邻座的藏族老奶奶拄着拐棍站了起来，朝着乞儿戳戳点点，要把乞儿赶走。乞儿欺负老奶奶年老体弱，不置可否。这时周围的藏族同胞围了过来，合力帮我把这一些不谙世事、无人管教、粗野顽皮的乞儿赶走了。

我对孩子并不恼怒，只是感觉我不能够帮到他们，很遗憾。但在这件事上，藏族同胞的善良，急人所急，为人不忍，给我留下了很深的印象。特别是那个藏族老奶奶，多么慈祥的脸，天使般的笑容，有着天国般的温暖，还有像太阳一般亮堂、温和的目光。她的心就像高原上的太阳，映照着我，把我这个内地人温暖得热泪盈眶。

还有很多事情，是我在拉萨亲历的，使我感受到了拉萨的善良，西藏的善良。很多时候，我看到藏族群众坐在家门口的台阶上、门槛上，晒着太阳，眼睛澄澈，异常明亮，没有污浊，所见不存任何污心秽念，就真诚地看着人，望着上苍，向佛祈祷，并以自己的全部身心向佛敬拜，口中喃喃念着经，一刻也不离真诚和善良。

有时听到藏族群众发自内心，从灵魂深处念出的经声，你会被他们的虔敬和真诚打动，多么可爱的一群人，有自己的信仰，有自己的感恩，也许是高原妖魔鬼怪多，多灾多难，高原之人对恶才如此痛绝，对善才如此崇尚。

户外活动美

夏末秋初，先是雪顿节，而后是沐浴节，拉萨的人们趁此时纷纷跑向户外过林卡，欣赏阳光，也是挽留即逝的绿色，生机盎然的大自然，很快就要在深秋入冬时间褪去。有它们在空气就新鲜，氧气也更加充足。拉萨的人们涌向户外与内地有着不同的含义，不同的境况。比如说重庆，重庆人往往会在黄昏太阳落山以后涌向广场，彼时江北区的观音桥步行街，就整个成了一条纳凉街，人们从屋里跑出来，享受一天即将过去时难得的阴凉。纳凉活动往往从下午6点钟一直持续到深夜，整个步行街首先是纳凉街、休闲街，其次才是商品街、贸易街。

从户外活动的形式来看，拉萨有其特别风采。其他城市的户外活动是一种随意，几千年农耕文明，几十年城市化的结果，让很多人已经远离真正的原野生活，生活的主要场所由室外转向了室内。这样的情形并非自古如此，

远在我们的祖先游牧时代，搭一顶帐篷居住是一种生活常态。追溯更远的祖先，猿人在山洞，没有窗户，只是一个洞穴，日常活动也应该以洞外的天地为主。还有更远的祖先，比如猿猴时代，在树上搭一个窝，只是晚上或者遭遇风吹雨淋时的栖身之所，绝大多数时间应该是与大自然为伍，自己的小天地是小而又小，陋而又陋，何以容得这些伟大的自然之子。

人自从建造了城市，并兼之科技的发达，在室内已经可以做越来越多的活动，能满足基本生活所需，连食物也不用外出购买了，可以叫外卖。但如此，人越来越把自己束缚在了室内，久而久之，自然之子的本来风采就尽失。很明显，内地在这方面走得已经很过了，而拉萨则还保留了许多原始的古朴，老祖宗留下的许多良好习惯在这里还能够得到一定保持。人们外出过林卡，是一项非常重大、非常正式、非常隆重的活动，往往会早早准备外出的行程，去哪儿，准备什么装备，带什么食物和营品，邀请哪些亲友，搞哪些活动，这些都要全面系统考虑。绝不是像内地那样，到外面随便走走，逛一圈就回来。

拉萨的人们热衷于户外活动，而且不是被迫，是一种自觉的追求。不像内地的户外活动，比如外出纳凉，是被迫的，是为躲那暑热，躲那闷气。前者的文化氛围、可圈可点的文化气象，值得内地人过生活时借鉴。

附录：赛马

在当雄赛马节里，帐篷城里人马同欢。

经常听到有人说这辈子一定要去一次西藏，由此可见，这片神圣的土地承载着多少人的向往和梦想。如果有机会踏上这片土地让自己梦想成真的话，那不妨去当雄看看那里的赛马，会使你的旅程锦上添花。赛马节，不仅仅是牧区人民的盛会，也是他们心爱的马儿们的旷世盛会。

人与马共同的盛会

在所有民间传承的藏族节日中，几乎都少不了赛马。而当雄的赛马节更是让人们尽情享受了一把扬鞭策马奔腾于天地之间的快感。

当雄赛马节是西藏北部草原规模盛大的传统节日。赛马节之前，方圆各乡各地的牧民们便带着帐篷，身着艳丽的民族服装，佩戴齐各自最值得炫耀的珠宝饰物，于花海似的草原中一路踏歌而来。一座座帐篷一夜之间便挤满了当雄赛马会场四周，直至连成一片蔚为壮观的"城市"。物资交流，文艺会演，各种民间体育，比如拔河、跳远、抱石头，以及与宗教有关的活动的举行令这实有其名。

在赛马节的时候，场地周边，连绵很远的地方，仿佛兴起一座规模宏大的帐篷城。

同世界众多游牧民族一样，藏族和马也有着不解之缘。在西藏北部，牧人们深知拥有一匹好马的意义。和人一样，马也需要荣耀，因此，赛马节也可以说成是马的盛大节日。无论从哪方面来说，8月赛马节时的当雄最为喜庆热闹，也最美丽。而且，赛马节也是一个恋爱的季节，委婉而羞涩的人们习惯将之视为"浪漫"。因此，说牧区的人们看重赛马节的程度甚至会超出对藏历新年的期待一点也不为过。

自由而有趣的赛马节

正式比赛之时，虔诚的骑手们都要先绕着巨大的焚香台转圈以示敬意，接受德高望重的喇嘛的祝福，这可以看作是英姿勃发的骑手和披红挂彩装扮一新的参赛马匹的亮相。赛马道两侧观众的呐喊与喝彩声，在催马疾驰之中轰天彻地似的响成一片，历久不绝。这是粗犷豪放的牧民们与天与地最为热烈的情感交流。

赛马节的赛程长短不一，多在十公里左右。按选手年龄还会分有儿童、成人等比赛组别，按比赛内容则分为马上射箭、打靶、竞技、短道冲刺、马上拾哈达、马上献青稞酒等，有时还包括有类似于盛装舞步的走马赛。名目繁多而又新颖有趣的赛马活动会令现场的观众忘情不已。

当雄乃至西藏区内的赛马都不会有严格划一的裁判制度，形式较为自由，带有浓厚的表演意味。夺冠的马的名字却会迅速传遍草原，名声甚至远远超出其主人。这些以"世界之星""黑色闪电""草原雄鹰"等命名的宝贝一样的骏马因夺得好的名次而进入各种故事与传奇，供人传颂。身负夺冠重望的赛马早在冬季来临之前便进入调养，赛手们奉以最精细的饲料，不惜天天亲自给马儿沐身打理，无微不至。往往一匹好马可以牵动一大家子人甚至一个乡村的人们为之幸福地忙碌。

古老而又享有盛誉的当雄赛马节是藏北重要的旅游观光项目。选择夏季游西藏的游客切不可错过。当雄是拉萨最能体会藏北牧民生活的地区，另外，游人们尽尝牧人文化之别致后还可再饱览大山大湖之奇丽，神奇的纳木错就在附近。

琅玛厅梦想

中国的深夜，大约只有一个地方是彻夜歌舞狂欢的，那就是拉萨，那儿的琅玛厅从晚上10点或者11点开始营业，一直要持续到第二天凌晨5点，在其他地方都是黑夜的时候，这个地方是白昼；在其他地方都进入梦乡的时候，这个地方醒着；在别的地方死一般寂静的时候，这里热闹非凡。凡是到拉萨的内地朋友，我都热情地、强烈地推荐他们去琅玛厅看看，那里是西藏文化的精粹所在，不去遗憾，可能会错过西藏应该遇到的最美好事物之一。但可惜，因为作息时间的关系，也因为旅途劳顿，我的大多数内地朋友听到我的推荐都非常新奇，积极性很高，但一旦到了要落实计划、真的要前往时，很多人都没能成行。因此，对很多人而言，西藏的琅玛厅只是我推荐给他们的一个梦想。

推荐的次数多了，而很多人又没能成行，留下遗憾，回去后很多人听说我提起过西藏的琅玛厅，又不断要求我介绍，不管是来西藏错过的，还是没有能够来西藏的，都表现出新奇和极大兴趣。为此我想要把西藏的琅玛厅好好写一下，描绘出来，让没有去过的人能从我的文字中感受到琅玛厅的美。尽管对于琅玛厅的美，我的文字难抒十一，但我还是想斗胆试一试。

琅玛厅的活动形式

从20世纪80年代开始，拉萨和区外的演艺厅同时起步，但因为独特的高原文化涵养，拉萨的演艺厅根据藏族特点，形成了不同于区外演艺厅的风格。藏族从来就是一个高原歌舞民族，歌舞之盛，歌舞能力之强，在很多情形之下是久习农耕、深受儒家文化教化、受封建道德束缚的祖国内地人所不能比拟的。这在演艺厅中也有很大体现，演艺厅里的表演几乎是藏地各处歌舞、说唱、藏戏、杂耍的大会演。

西藏的演艺厅在当地叫琅玛厅，与区外不同之处首先在节目形式上，区外以相声、小品、语言类节目为多，其次是歌唱，再次是舞蹈。而拉萨则充分发挥民族地区文化所长，以舞蹈为多，其次是歌唱，最后才点缀上一点插科打诨、语言类节目。同时，在节目中带出了藏族丰富多彩的服饰文化和民俗文化。整体而言，拉萨琅玛厅更重形体语言。

在拉萨要欣赏到正宗、典雅、精美的藏装，琅玛厅是为数不多的几个好去处，很多有正式藏装的场所，比如婚庆现场，一般外地游人难有机会去，但去琅玛厅却人人都有机会。藏族传统服装充分适应了高原自然条件、气候状况，切合藏族群众特有的修长的人体美，服饰端庄，线条如行云流水。琅玛厅的装饰则充分吸收了藏族传统装饰艺术，桌子也都是藏式的长方形大方桌，大厅四壁的角线上刻有藏式的花纹，壁上大多为宗教故事类彩绘，整个琅玛厅因装饰而有了浓浓的宗教文化氛围，让人仿佛在佛的厅堂中纵情笑语、欢歌、美舞。

琅玛厅的独特之外还在于整个过程的组织上，区外的歌舞厅大多是主办方组织演员向观众献艺，观众完全是被动参与，整个节目过程中谈不上互动，只是偶尔的一声问候，一两次握手。比如主持人提问，观众回应。如果演艺者表演精彩，观众席上会爆出热烈的掌声。此时演员也可能下台与观众互动，但也仅此而已。而拉萨琅玛厅的活动几乎分为演艺者献艺和消费者参与两大版块，而且两大版块交替进行。比如先是一段演艺者的歌舞，然后接下来就是消费者的时间，一般是跳舞，大家走上台去跳起欢快的锅庄舞。为了活跃气氛，最先是由主办方派出艺人作为领舞，待上台人数多了，很多时候甚至挤不下，就分化成几圈，内外大小圈，直到把整个舞台都占满，好不热闹，好不快乐。人足够多了以后，领舞的演员再退出。观众几段舞蹈跳完后，也累了，就走下台休息、饮酒或者喝饮料，这时主办方组织的演艺活动又开始了。

琅玛厅歌舞之美

西藏的琅玛厅集区外的舞厅、酒吧和演艺中心于一体，无论你是否会跳舞，无论你是腰缠万贯还是囊中羞涩，你都可以在琅玛厅中度过快乐的一晚。在西藏的琅玛厅也不用担心黄赌毒问题，这里跳的是锅装舞，一群人男男女女围成一圈跳，彼此之间在一起，却相互独立跳，于整体却又是步调一致，男男女女之间没有任何肢体接触，当然人多时有点摩肩接踵是例外。不用担心像区外的交谊舞，男女一起跳，一对对泡入舞池，容易滋生跳舞以外的其他问题。西藏的琅玛厅中跳舞只与快乐有关，与男女私情、伤风败俗几乎不搭边。当前，全国各地的舞厅关得差不多了，传统意义上跳交谊舞的歌舞厅甚至在大多数城市已经绝迹，只是留下一些所谓的慢摇吧，全没有当年舞厅盛行时的气氛，规模与气势自然不可与西藏的琅玛厅同日而语。

区外歌舞厅的绝迹，应该说与歌舞这一活动形式不能创新，不能与时俱进有关。纯粹跳舞，健康的歌舞厅难以运营，它们缺乏像西藏琅玛厅那样的多功能。在西藏的琅玛厅，你可以一晚上不跳舞，但绝不影响你的乐趣，你可以欣赏演艺，可以和朋友一起饮酒聊天。同时，区外可能受唯分数论的影响，青少年在学校里已经不学舞蹈课了，整整一代人的舞蹈能力几乎丧失，这些人即使到了舞厅，也迈不开脚，上一辈的什么三步、四步在一切向钱看，在找工作、投出身、考大学的目标驱动下，已经完全被省略了。此外，区外也缺乏藏地农牧文化氛围下的自由、开放、洒脱，每个藏族的孩子几乎从一生下来就接受民族舞蹈的熏陶，所谓会说话就会唱歌，会走路就会跳舞，而区外人忙于搞经济，发家致富，很多成年人几十年来甚至没有很好地休闲狂欢一下，歌舞于他们已经远得不能再遥远了。

区外歌舞厅的绝迹更与歌舞厅这一文化娱乐场所没有管束好，没有引导好，黄赌毒泛滥有关。许多人跳舞跳不了，就只能在舞池里搂搂抱抱，把健康的舞蹈形式引向歪路。由于健康的舞蹈活动没有开展，舞蹈素质差，歌舞厅的运营离一个正常歌舞场所应有的歌舞美感相去甚远，也给社会治安带来大量问题，更给一些不法经营者以可乘之机，也易给官商勾结和腐败滋生以空间。经过几轮打击，区外无论是健康的还是不健康的歌舞厅基本上都消失了。来到拉萨，重温歌舞厅的情怀，有一些耳目一新的感觉。区外的歌舞厅作为曾经美好的娱乐文化场所，应该重新发展、振兴。歌舞厅不是人民群众不喜爱，引导好也可以为社会精神文明服务。在休闲娱乐业大发展的今天，区外应鼓励经营人员和主管部门来拉萨取经。歌舞厅不是不能管好，关键是如何管；歌舞厅不是不能经营好，关键是如何经营；歌舞厅不是没有好社会名声，当年的良好口碑就是明证。

从拉萨的琅玛厅来看，让人对区外的歌舞厅深为惋惜。大美的拉萨，也包括琅玛厅的歌舞美，这正是其他很多地方所缺的。

附录：西藏民歌

西藏民歌是西藏民间文学中一朵瑰丽的花，具有深刻的思想性和较高的艺术性。纵观西藏民歌的发展过程，可以看出藏族社会历史、时代生活、风土人情，以及文化艺术演变的基本概况。

早在西藏文字出现以前，作为口头文学的民族形式，民歌已经在群众中广泛流传了。藏文产生和运用后，不仅促进了藏族社会的进步和文化发展，民歌也因此被文人充分采用而得到丰富和发展。从发现的藏文文献中看，古代藏族人民进行交流，常用民歌作为表达方式。

西藏民歌经过漫长的发展历史和本身的演变，依然具有可诵、可唱并能随歌伴舞的特点。所以，人们往往一谈到民歌，便容易想到音乐和舞蹈，这是正常的。但有些人常常把民歌与乐曲、舞蹈在概念上混淆。事实上，西藏民歌与音乐、舞蹈是有很大区别的。按其结构和表达形式分，西藏民歌可分为"鲁"（亦称古如）和"谐"两大类。

"鲁体"民歌又分为"拉鲁"——山歌，和"卓鲁"——牧歌。文人诗歌与"鲁体"民歌是相同的西藏的佛教经文，"措鲁"也近似于"鲁体"民歌。"鲁体"民歌一般句数不等，有三、五、六句等，每句的音节相等，一般6～11个音节。其节奏特点是段与段、句与句之间相互对应形成相对稳定的程式。这种民歌形式应用，早在公元8世纪时就有文字记载，可以说是西藏民歌中最早的一种类型。

"谐体"民歌品种较多。从地区划分，"堆谐"流行于雅鲁藏布江上游地区；"康谐"流行于昌都以东的藏区；"巴谐"即巴塘弦子。从内容与形式来分："谐青"即颂歌，专在仪式、典礼上唱；"勒谐"即劳动的歌；"果谐"即圆圈舞；"达谐"即箭歌；"热谐"即铃鼓舞中唱的歌；"酉仓谐"即酒歌；等等。"谐体"一般每首四句，有时六句，但均为偶句。每句六个音节，分三顿，每顿二音节。

对藏族民歌的称谓，甘、青、川、藏等省区的藏族地区各有不同。就西藏来说，各地叫法也不尽相同，这仅是方言叫法而已，而内容与形式基本不外乎"鲁体"与"谐体"之类。

与其他民间文学样式比较起来，民歌更具有劳动人民的特点。从西藏民歌中，我们可以听到西藏人民发自内心的声音，可以看出群众对社会政治、经济和战争方面的思想见解和政治态度，并能了解到他们的生活方式、风俗习惯和基本愿望与要求。

在藏族的民歌中，还体现出一种人民群众对反动统治的反抗精神，表现了人民群众对社会丑恶的批判和强烈反抗。

揭露与歌颂，反对与追求，在藏族民歌中是比较突出的，这体现了藏族劳动人民对待整个社会的立场和态度。歌中反映了他们对黑暗的不满与反抗，有相当一部分表达了对新生活的渴望及对美丽的祖国、可爱的家乡的歌颂，甚至还指出了追求美好生活的必经之路。

藏族民歌中，情歌占很大比重。情歌的主题，虽是反映男女青年的自由爱慕，其实也揭露了维护封建农奴制度的礼教对婚姻自由的羁勒，更反映了青年男女争取婚姻自主和个性解放，反抗统治阶级的斗争。旧制度造成的爱情悲剧和争取恋爱自由的斗争，甚至在统治阶级里也有。17世纪末，六世达赖仓央嘉措的"情歌"，就是突出的例证。但是，创作情歌的主体却是广大劳动人民，这是必须注意的。如果以为情歌就是"哥呀""妹呀"的低级品，那就完全贬低了它的价值。1951年西藏和平解放，尤其是1959年平叛改革胜利后，西藏社会发生了翻天覆地的变化。随着时代变革，民歌也产生了一种新颖、热烈地反映新时代的内容和风格，这就是大家通称的西藏新民歌，以区别西藏传统民歌。新民歌与传统民歌无论在题材、思想和形式等方面都有着迥然不同的特点。新民歌以颂歌为主，它用丰富而生动的语言，热烈而朴实的感情，歌颂共产党、毛主席和中国人民解放军，歌颂新社会和人民的幸福生活，歌颂平叛改革和社会主义改造所取得的伟大胜利。它也是新时代的宣言、新长征的号角，鼓舞人们前进，推动人民沿着社会主义道路去夺取新的更大的胜利。

西藏新民歌平地崛起，类似《家乡变换新颜》《北斗星光辉照高原》《犹如甘露滴心窝》《唱不完心中美意》等这样的民歌，到处都有，为大家所熟悉。这说明了人民生活发生了巨大变化，赋予民歌丰富多彩的内容。

西藏民歌中深邃而丰富的思想内容，是通过优秀卓越的艺术形式表现出来的，而西藏民歌中所具有的人民性、广泛性和高度的思想性，又正是使它的艺术性不断完美的重要因素。

西藏民歌在艺术手法上，和其他民族的民歌有着共同性，比如形象思维方法，比、兴手法的运用和朴素洗练的语言等。所不同的是陈述方式和陈述对象，有它独到之处。下面，我们就西藏民歌中常用的五种艺术表现手法及其语言特色进行简单的分析。

比喻在藏语修辞法中分为两种，称为"喻饰"的即明喻，"隐喻饰"即暗喻。比喻在藏族民歌中运用很广泛，它使语言形象化，能收到具体、真实、鲜明的效果，起到取外事物的描绘来揭示本事物内部特征的作用，通过喻体表示人们对本事物的爱憎与褒贬。

藏族民歌之所以善于比喻，是因为民歌来自民众，人们通过日常的生活和劳动，接触了诸事物，认清了它们的本质特征；在表达自己思想时，往往就联系起自己所熟悉的具体事物，用外事物来表达内在的思想感情。常用的喻体，有花草树木、飞禽走兽、日月星辰、山川河湖、风雨雷电，以至神佛鬼怪、历史人物等，在西藏民歌中，还经常接触到哈洛花、鹫鹰、杜鹃、巴桑星、皎月、甘露、雅鲁藏布、喜马拉雅、岗巴拉、羊卓雍湖、救度母、文成公主等，这些都是与生活的条件和环境有关。由于采用了生动有力的比喻，使民歌比其他民间文学作品更显得引人、易记、流传广泛。

拟人在藏文修辞法中称为"比拟饰"。拟人是根据想象，把事物（包括生物、非生物和抽象概念等）当作人类描写。这种手法，表现生动、揭示真理、寄托感情。在讽刺、揭露、批判、反抗的民歌中，这种手法大量采用。

西藏民歌中常用拟人手法，是藏族人民表达自己内心感情时惯用的一种表现手法。在劳动人民和其他阶层一些人中，拟人手法的运用，往往是由于处于无权地位，但内心又压抑着悲愤不满的怒火，便借助自然景物，来发泄情绪、寄托情思，实质上是对黑暗的旧势力和不公平的社会的批判和反抗。因此，确切的拟人，往往读后会受到强烈的感染，触景生情，这就是拟人艺术手法的力量所在。

夸张在藏文修辞手法称为"夸张饰"。西藏民歌用夸张手法较多，它不是凭空胡想，而是在真实的基础上，对所表现的事物进行夸大的形容，使人读后感到既生动准确，又入情入理。

双关在藏文修辞法称为"合诠饰"。这种手法则利用民歌中词义或全歌含义，构成双重意义，即外表是一种意思，内里又是一种意思。双关修辞法的运用，反映了藏族语言丰富的内涵和魅力。

藏族民歌中的双关手法，与汉语修辞学中的"双关"含义不尽相同。汉语中"双关"多数运用"语义"双关和"谐音"双关，而藏族民歌中的双关，一般是全歌意思上的双关。

联想在藏文修辞法称为"引申饰"。这种艺术手法，是因物起兴，触景而发。由描写一事物而引起对它事物的联想，起到歌能穷而意不尽的作用。

藏族民歌的艺术表现手法，除了上面列举的常见的五种之外，还有重叠、对偶、排比、幽默等其他手法，这里就不一一叙述了。

谈到民歌的艺术手法，必然要谈到它的语言。西藏民歌的语言特色，可以用这么两句话概括：朴素洗练、清新通俗。藏族民歌绝大部分是绘声绘色，使人如闻其声，如临其境。它摈弃花花绿绿的辞藻，杜绝堆砌事实的现象，而是用朴素、明快的线条，深入浅出地描绘出活灵活现的艺术形象。

西藏民歌的语言特色，是由藏族人民的历史和环境、生活条件所决定的。它来源于群众，经过人们的口领文传，被锤炼得愈加完美。

琅玛厅的健康性

藏族的舞蹈与西方及区外的交谊舞在形式上的一个重要区别是，交谊舞是男女结成一对，单独跳，而藏族锅庄舞属于群舞，男男女女围成一圈，从局部而言，每个人单独跳，男男女女几乎无任何肢体接触；从整体上，是一起随着音乐的节拍跳，协调一致。所以从治安和道德上来看，不易出问题。同时，西藏的琅玛厅灯火通明，在堂堂正正、正大光明的环境下跳舞，台下观众及周围人都在行注目礼，不会有任何伤风败俗的行为出现。因而，藏族的舞蹈非常健康。

西藏琅玛厅的社会名声由此要比区外歌舞厅高，很多人，不论是高层人士还是底层人员，都能自如地谈论琅玛厅，上琅玛厅不是一件令人难堪和羞耻的事。而区外个别黑舞厅，灯光全关，男男女女在里面干什么很让人担心，舞厅也由此背上了不好的名声。每次一整顿，不论健康的还是不健康的舞厅全都要关掉。区外很多人喜欢跳舞，但对于上歌舞厅却讳莫至深，仿佛这是一件见不得人的事。

大众活动需要有性别平衡，这是一条自然规律，俗话说男女搭配干活不累，没有必要否认性之间的互相需要，男女双方在社会内容、文化风格、心理态度、个人能力上均有不同，可以取长补短，互相补充。西藏琅玛厅也有异性在一起的男女气氛，在舞会上，男孩子可以认识女孩子，女孩子可以相中男孩子，当然上琅玛厅并非只有男女关系的那一种目标，很多时候异性之间可以互相欣赏。所以，藏族少男少女喜欢上琅玛厅，中年人也喜欢，甚至老人也愿意去。

在舞会上跳舞的人也分三教九流，这可以从服饰上看出，从每个人的举止上看出，不过大家都是朝着欢乐的目标而来，一起跳舞，一起快乐才是最重要的，大家彼此包容，互相谦让，每个人的心情都非常好。只是有时可能激动过分，但这与脾气性格有关，不关乎道德问题，藏族年轻人，不仅男孩子，也有女孩子，一不小心就容易较真，出了不快就拳脚相向。这是西藏琅玛厅目前唯一可能存在的问题，但出现的事件数还是非常少的，整体上非常有序。

附录：西藏北部民歌

藏族人以热情开朗、豪爽奔放、能歌善舞闻名于世。西藏北部是纯牧区，那里的人们善歌善舞。西藏北部高原的牧民，生活一时狂风暴雨，一时阳光灿烂，居住在以高山河流相邻、与牛羊相伴的地方。他们主要的娱乐方式就是唱民歌、吹口哨、讲故事，最爱听关于"格萨尔王"的故事。他们的生活虽然很单调，但他们并不感到寂寞，恶劣的自然环境造就了他们不凡的毅力。

民歌是男女老少不离口的歌谣，他们干活在唱，走路也要唱。不同的场合有不同的歌声和歌词。牧羊人处在野外高山峡谷中或者一人独行时，放开喉咙高声地唱，好像告诉人们他在那里放牧或者给自己壮胆，警告狼或者其他野兽"我每时每刻都在牛羊边守着"，警告它们不要太放肆、突袭绝不会成功。集体场合唱歌声音要比野外低，主要以赛歌或对歌的形式唱。民歌没有专门的词曲者，都是自己兴词谱曲，自己唱。一传十、十传百，大家都会唱了，继续传承。没有任何音乐伴奏的情况下围着熊熊燃烧的炉火席地而坐，为了热闹，你唱一首、我唱一首。有时人集中较多时，会互相对歌或赛歌，歌声动听流畅、歌词内容丰富多彩。没有听过西藏北部民歌的人一定觉得每首歌的曲调差不多，其实每首歌的曲调都不一样，但调与调之间较相近。对歌时、赛歌时曲调可以重复，但歌词不能重复。民歌曲调很简单，节奏较慢。起头时很低，一直往上提，提到很高，以后慢慢地往下滑，没有太多的拐弯。

民歌的特点是，每一首歌共有2~3段，每段2~3句话，所表达的内容多种多样。歌词的内容，第一段一般赞美自然景色，第二段表达生活过程，第三段形容爱情。但民歌主体是情歌，当然还有别的很多内容。

比如有首歌的歌词大意是这样的：人们奉劝我不要站在高山上遥望，不站在高山上遥望，看不到山外的景色。父母奉劝我不要听信陌生汉子的话，不听信陌生汉子的话，弄不到宝贵的财富。

歌中表达了高原牧民视野广阔，又比较封闭，很难了解视野之外的世界，所以渴望到外面的世界去闯一闯。

另一首歌是这样唱的：在草原放牧的地方，忘了牦牛鞭子。不是忘了而是故意留在那里，誓愿永久地放牧。恋人相见的地方忘了白银手镯，不是忘了是故意留在那里，誓愿永不分离。

民主改革以后民歌词增加了新的内容，有歌颂翻身解放的，有歌颂共产党的，有歌颂改革开放的，等等。有首歌的歌词大意是这样的：无边无际的广阔草原，漫山遍野的牛羊群，从此我们牧民永远幸福，是共产党的恩情。

吹口哨也是牧民们的一种习惯和乐趣，口哨用途很多，平常主要在赶着牛羊或者招呼牛羊时吹，人与人之间打招呼或叫门时也可以吹口哨，甚至走路干活等。平常吹的口哨也是民歌的曲调。吹一阵口哨，哼一段民歌，给人一种很愉快的感觉。西藏北部牧区没有什么乐器，手脚不停嘴也不停，一举两得。

西藏北部牧区没有什么乐器，牧民们平时用的乐器是笛子，一种短短的、竹质的笛子，上面有好多孔，不是横着吹而是竖着吹，不大用来伴奏歌舞，一般是独奏，吹着玩。笛声悠扬动听，但一般不吹民歌的曲调。还有一种笛子是自己用手捏的，小小的样式像葫芦，上面有三个孔，声音尖尖的不能吹曲调（此处实指埙——编者注）。

另外，自古以来牧民们最爱听的一种故事，是关于"格萨尔王"的故事，人人都会说唱一段，故事内容丰富多彩，情节生动活泼，栩栩如生。无所不能的"格萨尔王"的英雄气概使牧民们沉醉在故事的情节里。累了一天的牧民，傍晚回来围在炉火边，叙叙家常，讲着故事，唱着民歌，这种习惯使他们的生活增添了许多乐趣。（中国西藏新闻网）

琅玛厅的经济性

相比国内其他许多大城市，拉萨只是一个小城，但全城拥有的琅玛厅的数量特别多。按照每个琅玛厅分配的人口数算，西藏琅玛厅在人口中的拥有密度很高。目前，进西藏琅玛厅中的人主要是藏族人群。区外人因为人口数少，另外游客对这一旅游形式还不了解，更要花有限的时间去一些大牌名胜古迹，所以区外人占西藏琅玛厅顾客人数的比例极低。琅玛厅受到西藏社会各界的广泛欢迎，消费群体巨大，需求旺盛，这完全可以说明其经营的成功。

西藏琅玛厅的赢利水平远比区外歌舞厅高，一个小规模的琅玛厅每天晚上的营业额可达数万元。琅玛厅不像区外的歌舞厅，主要依靠门票收入，一张门票最多也就10元，还有不少地方只能收5元、3元。举办方的营业收入并不高，赚不了多少钱。与西藏琅玛厅相比其赢利水平可谓逊色多了。西藏琅玛厅不收门票费，其营业收入有几个来源，主要是酒水收入，这是最大的消费项，很多地方规定了最低消费额，比如一罐拉萨啤酒售价12元，而市场售价不过4元，批发基本上2元左右。单从最低消费，举办方就赚到了区外门票收入的好几倍。其次是哈达购买费，在琅玛厅中，优秀的艺人或者节目出彩时，不仅全场报以赞赏，掌声不断，还要付诸实际行动，献以哈达。往往表演者在表演过程中，还要忙着接受消费者、崇拜者、欣赏者的哈达，节目表演完，表演者脖子上就缠满了哈达。哈达分白色和黄色两种，白哈达售价10元一条，黄哈达售价20元一条，而其成本只不过2～3元。

西藏琅玛厅是一种文化活动形式，同时也是一种商业模式。在模式设计上有利于刺激顾客消费。比如，一次次轮番上场跳舞，跳累了就带动了酒水的消费。同时，演艺节目一次次进入高潮，不断激起观众的亢奋心情，人在充满豪情尽兴的情况下，酒水消费量会倍增。还有，节目的精彩刺激哈达的一番番敬献，算起来一个晚上，消费者人均哈达的敬献量可达十条，甚至十几二十条。同时，劳逸结合的活动进程，能够让消费者保持消费的可持续性。整个琅玛厅只见侍者一箱箱地搬啤酒、搬饮料，一派热火朝天的场面。举办方高兴，消费者也高兴。

附录：藏传佛教世俗化与藏族民歌

佛教传入西藏，对西藏社会形成上千年的深刻影响，成为藏族群众的精神支柱。他们把能够理解的佛教思想作为人生的价值取向，他们的日常生活与藏传佛教活动相互渗透，难分彼此。手不离经筒，口不停真言，成为大多数藏族群众的生活常规。他们并不清楚太多的佛教教义，但是在全社会浓厚的崇佛气氛熏染下，"他们早已视宗教信仰为生活习惯、人生准则，是须臾不可缺少的东西"。社会上层和僧侣阶层的体系化的藏传佛教传至民间已发生了较大的变化，我们称之为藏传佛教的世俗化。在佛教世俗化的日常生活中，百姓歌谣的唱诵常常带有藏传佛教信仰的印痕，使西藏民歌显示出别具一格的民族个性。

（一）歌谣唱出的信仰之声

藏传佛教僧众以外的广大下层民众虽非职业化的宗教徒，但能尽其所能参加各种各样、大小不一的宗教仪式，念佛、转经、朝佛成为每日必修的功课和莫大的快慰。他们在从众、从俗的信仰活动中度过艰难的一生；他们在圣地佛光的普照下成为向往来世幸福的生灵。在他们主动参与的大小仪式中，他们往往利用歌谣来赞颂神佛，以此表明虔诚信仰的心迹。但是藏族群众作为藏传佛教最广大的信众，他们所信仰的绝非本族士绅或僧侣阶层掌握的藏传佛教，而是经过世俗化和民间化的藏传佛教。因此，他们的歌谣唱诵行为，作为他们传达这种世俗化信仰的一种文化表达，便具有了更多的功利色彩和世俗感情。

例如，在藏区的各种转山活动中，信仰者唱起的歌谣便是他们表露信仰的心音，这种转山的歌谣越过崇山峻岭，向"三宝"（佛、法、僧）带去的最高敬意：

加拉山的顶峰上，

堆有白石的峰标；

每次过山供奉你，

这次绕道莫误会。

这种在绕山过程中表现出诚惶诚恐、虔诚信奉之心迹的歌谣，完全来自信仰者对佛教坚定不移的信仰，因为他们对朝拜所引发的神佛的回报坚信不疑：

　　来到山巅我总要树幡，

　　不仅是表露我心虔诚，

　　还是因为经幡会带来好运；

　　遇到水我总要烧茶，

　　不仅是炫耀我有茶砖，

　　祈求圣水能保我康安。（拉萨民歌）

　　其中，"带来好运""保我康安"是唱诵者对信仰世俗回报的一种期望，具有极强的功利色彩，而藏族民歌中流露出的世俗感情也极为明显，例如东藏地区的一首情歌唱道：

　　你爱上我，

　　我也爱上了你，

　　咱俩心同意合，

　　一块到扎日山朝山去吧。

　　另一首拉萨的情歌在内容上亦与其类似：

　　你也没有朋友，

　　我也没有成亲，

　　我俩有缘相逢，

　　同去朝拜圣地吧。

　　从表层看，上两首民歌表现了始于人间的爱而终于对神的爱的主题。按表层主题推导，本应放弃人间的爱而投入于对神的爱，但是"朝山（圣）"要两人相伴而行，可见，民歌蕴意的第二层面是，借神力而强化人间爱的纯洁，表明共同朝山的目的在于使爱情受到仪式的净化与洗礼，人间爱的力量借助神性而得到加强；若将眼光进一步往深层探视，我们又看到了第三层，即男女的爱情已胜过对神的爱，诗歌旨在说明：一人朝山孤独，两人朝山幸福，宗教活动仅为宗教世俗化本身，超越于它的是人间固有的情爱。从这样的民歌中我们已经看到，具有高深教义的体系宗教一旦走出它庭院森森的寺院和经院，被下层民众接受，其实已相当程度地开始接受民间的改造，已经开始偏离了它那烦琐的宗教教义，已经融入了许多世俗感情，甚至有的内容跟民间传统的原始宗教信仰及其心理相混合，具有较为复杂的宗教内涵：

田地边缘上，

钉有拴马桩，

是否前世缘，

让马吃青苗。

"是否前世缘"是佛教徒对两性是否能顺利交结（婚恋）的特有的发问，而对这个问题的回答却是借民间巫术信仰的做法来判断，即"让马吃青苗"来定夺"是否前世缘"，这实际上是一种神明裁判心理。

（二）祈使：藏族民歌中的宗教仪式性言说

藏传佛教观念渗入到藏族社会生活的各个方面，当然也渗透在民歌的内容和表达方式上。从宗教的仪式性言说演化为歌谣的唱诵中，祈使手段是藏传佛教遗留给歌谣的一种特别的言说。

祈使可解为：（1）祈祷、祈求；（2）使动、命令。祈祷、祈求面向佛陀神灵世界；使动、命令面向芸芸众生。它们是针对神和人的两种不同的言说方式。运用式（1）说明仪式的唱诵者有求于神，他是神的受动者，只要对神有至诚的信念，则必是佛教的受益者；运用式（2）时，唱诵者以宗教思想传播者的身份出现，他用宗教思想劝告人生，晓谕规范，所以他是施动者，是施影响者，改善境遇者，是神佛的代言人或传声筒。运用式（1）（2）两种手法唱出的具有宗教内涵的民歌我们称之为祈使式民歌。这类民歌具有浓厚的神秘主义色彩。从那里，我们既能感受到颂歌般的明朗热情，也可捕捉到些许道德说教，如西藏阿里普兰科加村民歌《年轻的姑娘要拜佛》：

高高的山上狮子的窝／年轻时不转山老了后悔／为了年老不后悔／要转山拜佛／年轻的姑娘不要坐／要拜佛／要和亲朋好友齐拜佛(此三句隔段重复，后面重复处以▲代之)／／湖里游的鱼／年轻的时候要转湖／年轻的时候不转湖／后面有威力很大的铁棍／为了后面威力很大的铁棍／要拜佛／／▲／／岩石上的鸟／年轻时要转岩石／年轻时不转／后面有射箭的高手／为了后面射箭的高手／要拜佛／／▲／／走在草原上的鹿／年轻时要转草原／年轻时不转草原／后面有凶猛的猎狗／为了后面凶猛的猎狗／要拜佛／／▲／／坐在一起的亲朋好友／舞时要跟上整齐的脚步／不跟上脚步／到老也没有享受的洪福。

这首歌谣通过一系列的祈使句（要……不要……）奉劝"年轻的姑娘要拜佛"，来表明歌谣的唱诵者虔诚的宗教信仰和自觉的宗教责任感。歌谣借"年轻的时候"湖里游的鱼的"转湖"、岩石上的鸟的"转岩石"和草原上的鹿的"转草原"等动物行为来隐喻并进一步来劝说"年轻的姑娘"，要按从众、从俗的原则，去悉遵宗教仪式（要去转山，要和亲朋好友齐拜佛）。歌谣隐含了"年轻不拜佛，老大徒伤悲"的想法。歌者显然是认为，只有修持（转山、拜佛）才是日后摆脱痛苦（"年老的后悔""后面有威力很大的铁棍""后面有射箭的高手""后面有凶猛的猎狗"）的唯一办法。为了达到解脱的目的，歌者苦口婆心地告诫那些不谙世事的"年轻的姑娘"，去努力遵循佛教的思想原则和修习方法，希望她们汇入拜佛亲友的行列，否则"到老也没有享受的洪福"。由此可以看出藏传佛教在民间所表现出的那种"善行善报"的佛教"业报"思想，而这种思想又充满了浓厚的、功利化的宗教动机。再如，日喀则民歌《婚礼赞词第十：旗杆赞》：

杆顶经旗漫卷东风，
保护全家老少安宁。

山南戎地盛产良木，
一根树干五支冠顶。

下部可做搅酒小棍，
中部可做长长箭柄，

上部最好悬挂经旗，
举目张望高高天空。

格格骚骚多么快乐，
佛法弘扬人世太平。

这首民歌吟唱的重要目的在于求神保平安，它传达了宗教观念指导下的藏民的神秘的宗教体验和对婚礼场所中的经旗杆所具有的神性的赞颂。民歌1、2两句带有类似于祈祷或请求的口气，"杆顶经旗""保安宁"是歌者求祈颂赞的目的。由于旗杆具有招福保平安的奇能，歌者便满怀热情地整个地把它的好处说出来，什么"良木"啦，"搅酒小棍"啦，什么"长剑柄"啦，但"上部最好悬挂经旗"（第七句），这个使动句阐明：旗杆的一切好处来自神佛，因为只有"佛法弘扬"，才有"人世太平"，全诗热情的颂赞归结于此，是为典型的佛徒说道。

（三）藏传佛教与藏族民歌相近的心理指向

歌谣主要传唱于下层社会的民众中间，他们当中的许多人对佛教教义是一知半解的，尽管不少歌谣附着有藏传佛教的隐显不一的影响，但绝大多数充斥着世俗的成分。在西藏这个长期受藏传佛教浸染的地方，宗教和世俗不存在截然的对立，宗教和世俗两种格调在歌谣中有着特殊的整合，这是因为西藏的民间文学很大程度上是宗教禁欲主义的精神补偿。宗教戒律之下不能实现的东西就让它在口头文学中达成。久而久之，宗教与歌谣便形成某些共同的心理指向。它们是：

1.在想象中获得人性的自由。由于藏族百姓大多信奉佛教，信仰者的歌谣多数含有宗教色彩是并不奇怪的。这些民歌即使看不出宗教意味，但也有部分宗教心理。如一首藏族情歌唱道：

水！快帮我拉皮船，

风！快帮我推皮船；

免得家乡的姑娘，

等待我心情不安。

这首情歌的前两句用祈使的语气向自然物（水、风）求助，这些自然物都被视为活物，听任男主人的摆布、使唤、邀请，与其说这是比喻的用法，毋宁说是宗教中遗存的一种巫术心理表现。唱诵者巫术式地对水和风发出了命令和请求，迫使好的结果（来到姑娘身边）服从自己的意志（快帮我……）。在这样的唱诵行为中，爱情已经超越了现实生活的实际可能性。

歌者借助宗教般的想象，假想自己真的有神力相助，顺利来到姑娘身旁。这些歌词如同藏族的宗教信仰，观念上把愿望当作了现实。这种视愿望为现实的做法，恰恰是一种超自然境界。在佛教看来，他们所理解的超自然境界，正是听凭人性获得最高自由的理想境界，在这里宗教与歌谣达成了统一。

2. 借宣泄性的行为表达分散不良的心理注意。藏族的许多大型宗教活动（如雪顿节）都伴有文艺活动，具有庆典意味。在庆典中，日常生活活动暂停，人们进入了非生活性的游戏、娱乐、扮演的场合中。对于年轻人来讲，这是最佳不过的择偶期，大家集体性地借助庆典，得到精神上的释放或体力上的宣泄。藏族民歌中，这样的例子是屡见不鲜的："年轻的朋友们唱歌／转圈儿唱对歌心情最欢畅"；"草原上有一个会场／逛会的人有千千万万／人群中有心爱的姑娘／姑娘模样美不美我不管／只爱她心肠好哩"；"来到欢乐舞场／锅庄不跳何时跳／见到心爱的人儿／有话不说何时说"；"你听歌声多热闹／青年男女千千万万／舞姿好似彩云飘／要找情人莫胆怯／美貌女子任你挑"，这些歌舞活动伴随着宗教庆典进行，人们通过庆典中的歌舞来释放过重的生活负荷所致的郁闷，既是自我宣泄，也是自我表现。

3. 设计生活的结论，满足答疑解惑的需要。信徒把宗教作为精神上的第一需要，原因之一是为了探寻客体世界的充满神奇而又永恒的规律性。如关于事物和人类的起源，未来和死后的状况，等等。宗教无不时刻地从中寻找答案，这也是民间歌谣的重要主题。这些主题在歌谣中主要是通过一连串自问自答的设问句加以表达的。如藏族民歌《最初羊从哪儿来》：

最初吉祥羊从哪儿来？

最初吉祥羊从汉区来。

……

当初羊群关在啥地方？

当初羊群关在羊圈里。

……

开头羊群放牧在啥地方？

开头羊群放牧在草原上。

再如《要问竹子生哪里》：

要问竹子生哪里？

竹子故乡就在深山里。

要问竹子怎样去砍伐？

砍伐竹子要靠右手臂。

要问竹子怎样背？

背运竹子要靠右手臂。

要问竹子怎样背？

背运竹子要靠左肩膀。

要问竹子怎样捆一起？

捆绑竹子要靠花绳系。

要问竹子怎样来运送？

运送竹子要靠牦牛出大力。

要问竹子堆放啥地方？

拉萨渡口就是堆放地。

要问竹子搬到哪里去？

搬到法轮常转的拉萨去。

在这里，歌谣就是一本回答生活疑问的"教科书"，而这本"教科书"中所有的结论，都预先在宗教中设计好了，"要问竹子搬到哪里去？搬到法轮常转的拉萨去。"显然前面一系列问答都要回到宗教中，宗教给信仰者提供了现成的答案。诚如美国著名人类学家凯辛（R.Keesing）所说的那样："宗教首要的一个作用就是能够解释。宗教能回答现存的问题：即世界是怎样发生的，人类和自然物种及自然如何发生关系，人类为什么会死，为什么有成败，等等。"换言之，宗教回答了世界之所以如此和人如何面对及应付人生等问题。宗教性的解释，人们既从宗教活动中学到，也从歌谣中学到，歌谣某种意义上是宗教精神的传呼渠道。

（四）藏传佛教徒歌谣中的原始思维

藏传佛教作为佛教的重要支系，既与原始佛教思想一脉相承，又融合了西藏本土以原始苯教为代表的原始信仰，原始观念必然在藏传佛教中得到或隐或显的保存。作为藏传佛教徒表情达意的重要途径，歌谣也以自身的方式把这些原始观念加以传输，使原始思维在歌谣中找到了生息的土壤。

1. 借夸张式的言说显示语言的通神效力。歌谣唱诵常常在仪式性活动（诸如"晒佛节"这样的大型宗教性节日）中进行，这与它最初是作为通神手段有极大关系。既然人们相信歌谣唱诵有接通神秘力量的功能，那么歌者就会相信歌谣的唱诵会引发某些特殊的结果，于是他们刻意赋予歌谣以一些非现实化的特殊表达方式。例如，藏族歌谣大量使用夸张手法："牧人比神仙还美／羊儿比海螺还白／牧人和羊儿在一起／草原充满了光辉"（西藏江孜民歌）；"我和情人的誓言／已经刻在石上／哪怕三年大雨／誓言也不会消失"（四川德格民歌）。非现实的夸张技巧本身是在拔离生活，是对现实的变形；而这种变形使人远离现实关系，从而进入到神圣的、幻想的世界之中。可以说这种民间的变形与夸大，得益于原始信仰对理想世界的构建和对高原恶劣环境的想象性征服。这些非现实性的歌唱寄托了藏族人民对超自然力的信念和对生命意识的永恒追求。

2. 借颂赞祈求式的言说显现语言的巫术力。信仰者在歌谣中表白自己对神的赞美和依赖，是因为他们相信歌谣表达与神秘事物之间有必然联系，相信祈祷语能代替行事本身，于是他们抬手动足，做事干活之前或同时就使用祷告式的唱诵，试图以此招徕神力。如说，"神啊，帮我把青稞快快打完吧"，一言既出，心如获宝，再难的问题一经歌谣的作用便得到妥善的解决。西藏东部一带的一首《打青稞》调唱道："打青稞是艰苦的事／我们必须祈祷着才可以打完"，祈祷在此便成了解决麻烦的最佳方案，歌唱即成为祈祷的最佳方式。另一首《打青稞》调唱道：

> 我漫步走上山岭，
>
> 休息在"劳在"旁边；
>
> 其实我并不累，
>
> 因为我爱"劳在"。

对于信仰者来说，信仰活动的结果常给信众带来安宁、获济、解厄等宗教心理体验。这首民歌中，歌者对信仰物（如"劳在"）投注"爱"，按宗教教义解释，这信仰物反过来会将好的结果回报、反馈给信徒，亦即在信徒看来，人和神的关系是互动的。

　　在藏区，人们把人神的这种互动关系通过喇嘛联系起来，于是对神的信仰有时成了对藏传佛教神职人员喇嘛的信仰。许多歌谣中常有赞颂喇嘛的内容，如康区过去许多山歌中便常有"喇嘛保佑我不受痛苦"的句子。上面这首《打青稞》调的民歌，不论它是在打青稞的场合抑或是在其他场合唱将出来，吟唱内容显然跟"圣物"（劳在）有关。歌者"休息"在摆放圣物的神圣场地旁，意味着劳动（打青稞）的停顿，此时占据心灵的是他的宗教。人神的互动关系经常是在"休息"当中实现的。由此可见，信仰藏传佛教的普通民众是把宗教活动作为他们的文化活动展开的。通过宗教活动以缓解终日的劳累，使精神得到充分的休息与慰藉。宗教活动既是体力劳动的停顿，又是文化活动的展开。只有在这种场合，信仰者才可能集中地和大量地向神倾诉自己的感情，也才需要大量地进行赞颂和祈求，于是这种宗教性的歌谣唱诵，同时就成了民间文学的唱诵；歌谣中对神的塑造，同时就成为民间文学的创造。藏传佛教是体系宗教，但它的信众主要生活在民间。藏族民间中断劳作的"休息"既然是宗教活动的开端，那么上引《打青稞》在起源上必然来自藏传佛教的仪式或庆典，当它唱诵于劳动的间隙，便会使信徒相信这种唱诵所具有的巫术效应。

　　3. 性意象的文化隐喻。藏族民歌中有许多自然物象被用来作为爱情双方的象征，如长而直、上而硬的物象表男，以凹而曲、下而柔的物象表女。它们既是男女体态的隐喻，又是人类早期生殖崇拜的遗韵，它也与藏传佛教密宗里的乐空双运思想的传播有关。藏传佛教包含的这些与性有关的"大乐"观念为民间延续人类早期的生殖意识提供了文化暗示，歌谣更是极力加以渲染。通常情况是，象征男根和女阴的自然物并行共现于诗中，以代表歌谣中的男女双方。

　　流行于拉萨的一首藏族民歌唱道："父系是洁白雪山／母系是玉石蓝海／我自己是雪莲花／情人是玉蜂。"深受西藏民歌文化影响的大诗人、六世达赖仓央嘉措的情歌也是把恋爱中的男子喻为玉蜂，而把女子比作花儿："鲜花季节过了／玉蜂可别悲伤"。再如，以"白杨"和"山脚"比喻两性相爱："挺拔的白杨（阳性喻体）／明明种在山上／根儿却暗中朝着山脚（阴性喻体）伸延"，"莫非是白杨同山脚／私下里已经许下心愿！？"

4. 不断复现的"俄狄浦斯情结"（即恋母情结）。按照精神分析理论，子从母居到成人后进入社会，要斩断子对母依恋的痛苦，于是一个不绝于耳的命运主题从此成为人性的弱点和自然本性深受压制的内容，这就是"俄狄浦斯情结"。作为原始观念遗存形态之一，它也在歌谣当中得到隐显不一的呈示。康区的一首藏族民歌唱道：

> 拉萨布达拉山上，
>
> 不是没有杜鹃；
>
> 因为达赖思念母亲，
>
> 杜鹃不敢哀鸣。

这首唱诵达赖喇嘛思念母亲的民歌，与原始时代的恋母情结当然不可同日而语，但子对母的依恋之情却在歌谣中予以唱诵。藏传佛教统治藏族的身心，他们当中的许多人（包括达赖本人）从小被送到寺院为僧习经，他们对母亲的依恋在禁欲主义的经院生活的包围之中日复一日地被蚕食。歌谣借"杜鹃不敢哀鸣"表现陷入于对母亲思念之中的年幼的达赖"不敢哀鸣"，涌动于内心的自然情感在歌谣的唱诵中得到自然流露。歌唱者当然不是达赖，也不一定是其他的小沙弥，他倒可能是充满世俗朴素感情、深怀同情之心的成年人。他的歌声披露的是藏族颇具特色的恋母情结，它只能产生于宗教禁锢的生活环境之中。

佛教传入西藏后形成的藏传佛教，对藏族社会形成至深的影响。而随着藏传佛教传至中下层民众中的逐渐世俗化和民间化，蕴含有浓厚宗教色彩的藏族民歌一方面显示了藏传佛教对藏族心灵的浸染和渗透，另一方面也表达了藏族群众对现实生活、世俗感情的心理关怀。（文：夏敏）

第五章

DI WU ZHANG

游客风景

美的护卫

夏天拉萨满大街走着的都是跨单反相机的游人，他们背着行囊，看似悠悠闲逛，漫无目的，其实他们的目标很明确，就是寻找美，捕捉美，逮着了就果断"咔嚓"一下，而且下手快，出手准，追求完美，不留遗憾，为了美景，他们甚至可以蹲守几个小时、几天。比如，布达拉宫对面的药王山上，就满是这些追求至善至美的摄影发烧友。

有时看这些满街逡巡、眼睛上下左右不断搜寻的人，觉得他们仿佛是一群群士兵，一天天不厌其烦地提高警惕，在巡逻。他们警惕的是，生怕美在自己的眼前漏过，自己错过，尽管疲倦，仍然打起十二分精神。他们巡逻的是，坚守拉萨的每一个美，护卫拉萨的每一寸美。也许人会觉得奇怪，拉萨的美应由本地人维护，内地人来了，很快又走了，也许不再来，凭什么费心思维护。

其实，当前"地球村"的观念已经深入人心。拉萨不仅是拉萨人的拉萨，更是西藏的拉萨，中国的拉萨，世界的拉萨。爱护拉萨人人有责，我亲眼见到一个车队在我面前行进，"咣当"一声，前面车辆上甩下一个很大的垃圾包，重重地砸在人行道上，后面有车停住了，不止一两台，有人走下车来，把垃圾包重新捡起，并小心收拾起散落的一些残渣，整理好后，拎起垃圾包，走到刚才扔下它的那辆车，敲开车窗，重新把它扔了回去。

动作有点粗野，但这是环保的粗野，多么可爱。车内的人面红耳赤，不敢吱一声，比起刚才随便乱丢垃圾的残暴，把垃圾扔进去已是很温和了，这就是拉萨街上的一幕。拉萨之所以美，离不开美的行为，离不开美的护卫。

着藏装的区外女孩

穿上藏装，是许多区外女孩来拉萨美的体验、美的享受、美的感悟、美的表达、美的留恋、美的问候。许多女孩子甚至发现自己从来没有这样美过，原来自己另外一个美，另外一种美，另外一片美，是在拉萨，也就是说，如果不来拉萨，与这些美可能会错过一辈子。

藏装束腰，一袭长袍或者长裙从胸间一泻而下，女孩子穿了如天仙起舞，立身高原之上，自此有了高原的高度，有了白云的飘逸，有了蓝天的清纯。藏装表面看似仅一身装束，实则把高原的自然元素、高原的文化全部融进去了。藏装是高原的衣服，是高原气质在人身上的浸润，是高原美在人身上的赋予，是高原气度在人身上的呈现。

人可以不是高原的人，仅为匆匆过客，但经由藏装，区外游客仍旧可以获得高原的美，分享高原的爱。而高原对所有的人，其实也是公平公正的，区外女孩穿上藏装，和藏族女孩子一样漂亮。尽管人的内在气质和风格有差异，着装的效果和风味有区别，但不同的个性，更使同一类型服装的风格丰富起来。许多藏族女孩，特别是来自牧区的女孩，沉静而不乏野性，而许多区外女孩子虽然傲气，却不乏娴雅。同样的服装穿在不同女孩身上竟有了不同的美。

穿上藏装，就不止于仅仅脚踏上西藏，而是整个身体穿上了西藏文化，融入了拉萨的生活。来一次西藏，就尝试着做一回西藏人吧，着藏装就是这么一种更全面的尝试。而且让周围人误认为自己是藏族人也是一种发自内心的快意，一种因狡黠而带来的灰色快感。穿上藏装享受藏文化的恩泽，同时把这种美，这种快乐留在照片里，发给远方的亲人，告诉他们，留在这里做一个藏族女孩，其实很好，有许多好看衣服可以穿。

高原见证百年

去西藏、到西藏结婚，和亲爱的人在白云间牵手，和亲爱的人在蓝天下天长地久，现在已渐渐成为很多区外的年轻人的时髦。到西藏是梦想，结婚成家也是梦想，很多人把这两个梦想合二为一，一起实现了。拉萨的青年旅馆，是区外的年轻人在天堂的居所，更是很多青年男女的新房。

爱情应该是纯洁的，而西藏号称地球上最后一片净土，这片没有受到污染的大地，正好是纯洁爱情的绝配。这里的土地是洁净的，这里的水源是清洁的，这里的山是纯净的，这里的白云洁白无瑕，这里的蓝天一尘不染。在这样一片净土，这样一个圣地，甚至爱情也会升华，会加更洁白无瑕。

在蓝天白云下牵手，留下相爱动人、感动自己也感动爱人的那一刻，让

一辈子刻骨铭心。近年来，拉萨的婚纱摄影行业随着区外情侣的涌入，生意异常火爆，并形成了专门的蜜月游、婚纱摄影游等爱情旅游线路。新人们在定制的线路、规范化的旅游服务、专业摄影师的引导下，享受着高原爱情的甜蜜。

在世界屋脊，全球海拔最高的高原上结婚，也能体现婚姻的高度、人生的高度，结婚往往是一个人人生的转折点，一对新人新生活的开始，选取这样一个高度做转折点，不仅仅在于海拔的高度，更在于一起克服高寒缺氧，一起分享高原大美，互敬互爱、互持互助的高度。

很多新人在高原一起体悟到了高原的艰辛、高原的不易。人的生存并非天上掉下的馅饼，除了爱更要有责任、敬畏和尊重。高原环境太独特了，高原风光太独一无二了，高原文化也太独树一帜了。在这样独特的地方结婚、蜜月游、拍婚纱照，更能显示这么一个特殊的日子、独特的事件、两个不平常的独特的人非同一般的感情。

在高原喜出望外

大美的拉萨，人们来找美的时候，不知不觉把自己的一些丑也丢掉了，为美而来，自然弃丑而去，所以每个来拉萨的人，心中欢畅，与人为善，乐于助人，即便平时心有所纠结，也要释怀一些；即便对生活和社会有些不满，也要学会原谅一些；即便对人生有所遗憾，也要满意一些，因为览此高原大美，实在喜出望外。

很多来拉萨旅游的人，愿意在此长待一些日子，就因为这里不仅风景好，人也好。曾在八廓街一青年旅馆见到一女孩，一个人在此逗留两个月有余，每天乐哈哈的。人长得漂亮，来自内地的大城市，但绝没有在大城市待久了的那种虚荣，给人拒人于千里之外、钢筋水泥般的冷冰冰之感，也没有很多漂亮女孩子骄傲且待人接物的做作，或者女性出于自我保护的那份防范、小心翼翼和说话藏头露尾。相反，她坦率、真诚、简单、非常亲和。问她为何喜欢拉萨，答曰，这里改变了她。停了停，她又说，这里人好。地方好，人好，自己便也好了。

　　此外，一个人在旅途上，无论再艰辛，也容易丢掉以往的一切不快、心理负担，甚至缠绵，为了旅途，为了挑战艰辛，也要轻装上阵。甚至在艰辛的旅途中，人能够重新调整好自己，与困难搏斗，从此轻易进入新的生活。人往往难以想象，自己究竟有多强的适应能力。很多看起来不能丢掉的心情，看起来不可能逾越的障碍，在新的环境，特别是在旅途上，竟然轻轻松松丢掉了，竟毫无顾忌地释怀了。

　　一个奋斗的人，必有重重的障碍，必有不时的受伤，这是奋斗之人的现实，也是奋斗之人时时遭遇的常态，而要继续做好一个奋斗的人，继续奋力前行，又不能违背人之为人的自然属性。人是水做的，肉捏的，因而是脆弱的，并非像石头和其他物质一样刚而不摧，所以要学会丢弃，无论是丑、恶、失败，还是已有的成绩。

　　拉萨是一个理想的心灵驿站，远离一个人平时的环境，暂时脱离一贯以来的经历，远远高于一般人所待的不幸的卑微的尘世，人在此活得更高尚。

效仿

青藏高原远离中原，自然地理环境独特，同时其文化特色亦非常明显。高原文化氛围浓厚，是中华民族特色文化重要的涵养地。每一个来西藏的人不仅会被其自然风光吸引，更受其历史文化浸润。文化交流有时可称为借鉴，有时亦称效仿。区外人投入这个高原文化的海洋，也争相做这个海洋里的一朵朵小浪花。

来旅游的女孩子到拉萨后，往往首先被藏装和藏饰吸引。满街跑着身穿民族特色服饰的藏族同胞，在蓝天下张扬着亮丽、婀娜及英俊潇洒。因此许多女孩子会立即买上一把头绳，把五彩的丝带装扮在自己的头发上，尽快赶上这里的时髦。或者到照相馆、风景点，穿上藏装，享受藏文化下自己美丽的另一面。穿藏装摄影留念，把自己的另外一个美丽、令人惊异的美丽寄给远方的亲朋好友，让他们也分享自己的快乐一般必不可少。

逗留时间稍长的女孩子，甚至会做上几套合体的藏装，购买几套藏饰，作为平时的穿着。汉地的女孩子经地道、正宗的藏装、藏饰一打扮，尤其是高挑点的，仿佛就真的成了藏族女孩，可以"以假乱真"。拉萨的许多景点和寺院会免费或者低折扣对藏族同胞开放，其他民族游客一般要付高价钱买门票，着藏装的汉族女孩子，甚至很多时候还可以"蒙混"过关，得到和藏族同胞一样的优待。看来，文化上的效仿还有一些经济上的好处。听一位朋友说起，甚至景点的藏族门卫明明看穿了穿藏装的假"藏族"，也会睁一只眼，闭一只眼。因为人家觉得你尊重了他们的文化，光一套服装就几千块，应该奖励。

至于到拉萨后迅速学上几句藏语，阿佳、薄暮、格啦、扎西德勒满街叫的就更多了。来到西藏，来到拉萨，越来越多的内地人想尽快融入藏文化，想更多了解藏文化，向藏文化学习，这些都不断拉近了区外人和藏族同胞的距离。

区外人风景

大街上摇着扇子的行人一定不是拉萨人，无论是折扇还是花扇，都不是拉萨人日常生活的道具。扇子挡太阳稍显不足，挡雨无大用，至于扇风更是多此一举，拉萨多的是凉风和爽意，似乎扇子来到拉萨，倒成了当地人看区外人的风景，区外人呈现给拉萨的风景。

区外人还将很多其他风景呈现给了当地人，比如说话做事急急火火。许多人一下飞机，一落火车，就开始对藏地风景和文化激动万分，手舞足蹈，尤其看到布达拉宫，更是心潮澎湃，恨不得三步并作两步，一下子飞上山去。这些急不可耐的动作，都不是拉萨人所为。拉萨人熟谙高原的节律，一举一动皆沉稳，往往在缓缓而自制中迈动生活和生产的步伐。这也是他们能够长期在高原待下去的必循法则。

导游往往对新入藏的游客叮咛万分，走路缓一点，什么急事都不要急。但总有不少游客心怀人定胜天的抱负，结果胸闷者有之，虚脱者有之，呕吐者有之，上气不接下气者更有之，才到拉萨就不得不即刻打道回府者有之，高原反应堪称游客"贡献"给西藏的一道壮烈"风景"。但无论如何，于拉萨当地人也好，于游客顺利适应者也好，这些风景都值得尊敬。拉萨和西藏应该引以为豪，游客也应该为挑战到自我而骄傲。

游客能够不远万里，不远千里，至少也有几百里，花费自己辛苦工作才换回的旅费，并且劳神费力，克服心理压力，来到西藏，莅临拉萨，是对西藏、对拉萨的尊重、贡献和支持，他们的这些"风景"是西藏美好风景的一部分，是拉萨不断建设美好未来，获得其他省市大力支持的见证。大美拉萨离不开这些"风景"的支持，拉萨人民应该珍惜这样的"风景"。

无论如何，拉萨的风景，既有拉萨人的风景，作为旅游城市，市民们的风范本身就是拉萨的风景。又有游客的风景，两种风景相得益彰，相互理解，相互尊重，相互支持。唯有这样，拉萨风景、西藏风景，才会日臻完美。

感性美

很多情况下拉萨的大美于区外游客，十味只能解一味，主要是因为来的时间短，也没有专门的研习机会。有时尽管知道其美，但无法深入。有时连其美都只能是得到一个美丽的传说，更不能耳闻目睹。如果芸芸众生都能够看其美，知其美，得其美，那拉萨的美就可能不是那么大了。拉萨的美只有大到常人难以企及，才可名副其实，达到实至名归之大美。

比如广东游人来到拉萨，以饮食清淡著称的广东人碰上了膻味很重、烧煎味很浓的藏餐，闻到了藏餐的香，却无从品藏餐的味；看到了藏餐的广受欢迎，自己却无从涉味其中。这就是对拉萨的大美，尽管知晓，却无从涉入。正如同知道人家的好，自己却无从效仿。

再如山东人来到拉萨，尽管山东也有一些孔孟之道，但对于佛教信众如此顶礼膜拜，实有不解。寺院是西藏最重要的文化场所之一，林林总总这么多寺院，五花八门这么多仪轨，浩如烟海这么多神佛。知道其内涵丰富，意蕴深远，但实在对佛知之甚少，一进寺院就如同进了迷雾阵，不知道该怎么走，如何进去，如何出去，甚至踩了门槛也不知道是在频频犯规，进寺院如进自己的家。这就是十味只能知其一味，区外游客在寺院茫然失措。

还有很多佛教故事、藏地传说，何人说起无从考据，年代久远无从考证，更添上神化色彩，让区外游客难辨真伪，难明了其内在逻辑，甚至故事的主线也五花八门，各有各的说法。由于历史脉络难理，个中逻辑难取，看来对待拉萨的大美，当更多从感性，而应少从理性来看待。区外游客初来乍到，对藏地文化知之甚少，要解其道理，实非三两日之功，因此对大美的拉萨，外地游客但听导游所言，但从书上所载，但从景点说明文字所说。因为是小学生，就听从师傅、前辈、比你熟悉的一些人吧。

总之，区外人心中的大美拉萨，应更多是感性的。

照片对美的承载

照片是区外游客在西藏采撷的果子，西藏的果子大丰收了，西藏的美景太丰富了，西藏的文化太多彩了，每一个初来拉萨的区外游客都恨不得狮子大张口，把沿途所见都拍下来，把沿途所闻都录下来，随身携带的相机兼手机是一路上最累的机器，始终保持拍摄的姿势。

辛勤的拍摄使人不放过所见的每一处美景，注意力持续保持在美丽的风景上，让人发现比没使用相机时更多的美。更重要的是，光凭眼睛看，美景转瞬即逝。看过了，疲劳了，眼睛里，脑海中很难留下什么影像。到西藏不拍照，等到离开时会发现，这一路仅仅是热闹了，最后却是竹篮打水一场空，枉费了西藏之行，所以到西藏旅游，多拍照是必需的。

一台相机走西藏，这么优美的景，这么高贵的高原，一台简单的相机肯定不能与之匹配，拙劣的拍摄水平肯定不能与之相容，否则就会像宝贝装在一个破箱子里，随时会被磨破。一件宝贝不能放在不值得拥有它的人的手上，所以来西藏，来拉萨，应当精进自己的拍摄技艺，也应当升级自己的设备水平。

　　游客用心感受西藏的美，通过相机捕捉西藏的美，定格西藏的美，也使游客的西藏之行成为永恒。一个实体的西藏，经由相机，不知演绎出多少个西藏，每个游客回去后，都会带回一个西藏。西藏也因千千万万游客而衍生出千千万万个西藏，而且这千千万万个西藏绝无雷同。每个人都有自己的角度，理解不同，剪裁不同，也就会有无穷无尽个西藏了。

　　有关西藏风光、人物、文化等内容的照片，一直是拉萨乃至西藏旅游文化的重要组成部分，每年各种旅游摄影大赛、征稿、出版、展示活动众多。要说大美拉萨，除了实体世界的拉萨，更有摄影世界的拉萨，在这儿，拉萨的美得到无穷无尽的诠释，而且美总也拍不完，刻画不完。同时，摄影的艺术美，更给拉萨的大美推波助澜。

渴望已久的美

拉萨的大美，也是一种渴望已久的美。大多数来西藏的游客早已听闻过美丽的西藏，从教科书，从文艺作品，从电视，从电影，从歌曲……各种途径了解过西藏，但受其他因素，比如路途、时间、自然条件，或者其他什么影响，一直未能成行。到拉萨需要决心，需要信心，需要诚心，因而每个来拉萨的人都不容易，从而拉萨的大美也是难得的大美。

曾听不少游客说，来拉萨是很久的梦，终于咬咬牙，成行了，这就是决心。来西藏不同于去国内其他地方，隔着重重的高原，坐火车进藏一般都要几天几夜，即便坐飞机，飞行距离也比较长，尤其要克服高寒缺氧，种种身体的不适。甚至一些不恰当的宣传，把来西藏的困难夸大了，反而给人带来心理压力。这都令不少梦想来西藏的人望西藏而却步。

　　来西藏需要有信心，其实这个信心很容易树立，稍一思索，高原上藏族群众世世代代长于斯，耕作于斯，放牧于斯，生活于斯，大家都是人，难道国内其他地区的同胞就不能挑战一下自己吗？高原上也有了越来越多的区外人，比如四川人，他们既能出盆地奔向广阔的平原，又能插向青藏高原。四川人在我们身边太普遍了，因而担心身体不适不能待在青藏高原大可不必。除了极少数重症病人，绝大多数人都可以上青藏高原，再加上现代医疗设施的进步，医药技术的发达，人类挑战高原，起码短期内挑战高原已无多大困难了。

　　来西藏需要诚心，要有对藏文化的一定理解。西藏吸引人之处不仅在于其自然风光，更在于其人文宝藏，高原文化长期以来既与中原文化紧密联系，又自成一体，很值得区外人琢磨和学习。西藏号称天堂，佛教氛围浓厚，同时藏学涵养丰富，在许多学科门类均有高深的建树。藏族群众既崇尚自然，又专于修心，在中华民族大家庭中，藏族是一个极重内心修为的民族。

　　拉萨的大美，在海内外已经广为传播，但要真正体会、体悟、体察以拉萨为代表的西藏人情风物、自然风光，百闻不如一见。

　　心中艳羡拉萨和西藏已久，一定要成行。

入乡随俗

到一个地方，尤其是刚到一个地方，不明就里，但大致的方向，如善恶美丑，还是能够把握的。毕竟人与人之间，地方与地方之间，共性大于个性，于是也就产生了入乡随俗，这个随俗是对当地文化的尊重，是对当地文化的信心，是对当地文化的认可，也是人在异地的一种策略。毕竟初来乍到，要在一个地方扎下脚，必须先要依靠这一方水土，要融入这一处社会，要交上这一帮朋友，必须先要有一定的付出精神，而不能自以为是。知进退，先做好一个欣赏者，一个赞助者，然后才可以进。

旅游虽仅三两日，或者十天半个月，但也是入乡，因此不可不随"俗"，尤其像拉萨这样的大美之地、世界屋脊、中华民族特色文化高地、世界圣

城，每年都吸引了海内外、全世界的目光。单个的游客往往对青藏高原听闻如雷贯耳，来了之后更加心悦诚服，不臣服都不行。拉萨的美，拉萨的好，拉萨人自有其摄取之法，领略之方，包括转经、拜佛等种种宗教礼仪，献哈达等各种世俗礼仪。

区外人来到拉萨，也想祈一些福回去，尽管缺少修为，也有急功近利、临时抱佛脚之嫌，但终归是行动了，实干比不实干好。于是有人也买一个经筒，学着藏族同胞转一转，动作之幼稚，行为之滑稽，甚至如幼童耍玩具，但毕竟人家想学，想碰碰运气，想融入藏文化，值得鼓励，不应笑话。

还有人装模作样，也双手合十，在佛祖面前表善心，也随藏族同胞一样布施个小钱。但起码在一瞬间，在进寺院的一刹那，一些从不近佛之人也想着要向佛，尽管可能只是一时的热度，一地的热度。但不可否定其向善之心，毕竟行了善比不行要好。

还有人模仿、学习当地的民俗和生活习惯，女孩子找人绑一些头绳，男孩子在脖子上、手上戴上一些佛珠，这些都美了当地的大批小商小贩，当然也美了这些游客，一个获得劳动收入，一个获得美的感受。还有人深入学习当地的一些礼仪，比如饮酒时，先敬天，再敬地，再敬神。到当地人家做客时饮青稞酒，一道道程式都努力做好。

应当明白，尤其是面对一些大道，一些大美时，亦步亦趋的模仿和遵从，也是一个很好的处世法则。

求美的美

在一个纯粹旅游的城市，除了一小部分为旅游服务的人，其他人都是游人，他们在这里不追求名，不追逐利，他们的行为与名利无关，仅是为美而来，为美而去。他们的行为也是美的行为，举止也是美的举止，他们因求美而人美心美。一个人一段时间在一个地方只求美，实在是大美，拉萨的大美也与此相关。

不带着名，不为着利，只带着一颗求美的心，登上青藏高原，来到拉萨。美是文化，是精神财富。大多数美的元素是可复制的、无穷无尽的，美的拥有在于理解，在于发现，在于境界，因而美的追求不会像追名逐利那样要争夺资源、尔虞我诈、心灵灰暗，美的追求是共享资源、心灵相通、心态阳光。

拉萨拥有世界上最明媚的阳光，阳光饱满而富贵，在这样的地方，再加上一颗颗阳光的心，自然和社会相互促进，大美的风景和大美的人生相得益彰。拉萨也由此成为世界上最好的旅游城市，游人的心与高原的心相碰，迸发出这个世界上最伟大的风景。

在拉萨的街头看游人，如同看拉萨的另一幅美好的风景，人类社会难得的一个个大美。人不被金钱奴役，不受浮名的束缚，一切由着美好的心愿，一切顺着美好的愿景，一切回归人追逐真善美的本分。拉萨因此更美好，世界因此更美好，毕竟这个世界的美更由人而生，而旅游和拉萨更为此推波助澜。

在拉萨的街头看游人，看他们悠悠四顾、信马由缰，心中装满拉萨的爱，眼中盈满拉萨的景，脑海中塞满拉萨的美。拉萨的高原风景，满足了游人们美的需求，拉萨的历史文化迎合了游人对真的追求，拉萨的宗教民俗文化回报了人们对善的向往。

拉萨的大美也在于它造就了一批批美的游人，感召了一批批美的游人。

骑行美

在拉萨的许多青年旅馆，一进门就可以看到，一排排山地自行车，车轱辘个个磨得光溜溜的，显然是跋涉了万水千山，历经千里万里而来。看着这些车，感到它们经受磨砺，仍然那么刚硬，到底是铁打的，虽然有些磨损，去了一些漆，或者生出了斑斑锈迹，有些斑斑驳驳的沧桑，但整体而言仍是势不可当，以那身子骨，以那架势，再跑个千里万里也不在话下。更不用说再一次启程，完成回程。

拉萨的大美风景，很多时候又表现在一个个细小的场合中，比如这一台台不畏艰辛的自行车以及它们的主人。这些人一路骑行至此后，把自行车擦拭干净，整整齐齐地搁在旅馆的一角。这些自行车像马儿一样，也该保养一下、休息一下。不是数天，而是历经连月的运转后。自行车静静地躺在那儿，享受青藏高原的安详，也许昨天到来之前，它和它的主人还在与高原做艰难的抗争。

自行车的主人也许正在房间里呼呼大睡，而且要连睡几天，以睡去一路以来，甚至几十天、数月的疲劳。虽然进进出出旅馆的人中，难以辨认哪些是自行车的主人，哪些不是，但可以想见他们和自行车一样刚硬，一个是血肉之躯，一个是钢铁做的，两者的坚强和耐心不相上下。正是因为这两者的配合，自行车和人，相互支持、相互激励，一路千里迢迢，相依为命，才来到青藏高原，来到拉萨，无数人心目中的圣城。

这样的旅馆，居住的大多是这样的人，能够长途跋涉，自觉自愿，挑战高原，也挑战自己。青年旅馆因为住了他们而具有了非同一般的素质。都是骑行人，都是"驴友"，彼此见了，不知道有多少共同的话要说。骑了这一路，当然是铁哥们，难兄难弟，有战斗友谊。挑战高原的经历自然把他们归为一类，而傲视不能挑战高原不能挑战自己的其他人。是"驴友"，大家都自豪。

　　在茫茫的青藏高原上，无论是风和日丽、风景秀美，还是狂风暴雨、冰雹飞雪、天地黯淡，在川藏线上、在青藏线上、在滇藏线上，都有顽强的骑行人。他们俯着身子，风餐露宿，自行车是他们的马匹，车后驮着行囊，一点点路程的攒，一点点蜿蜒前行，他们随时可能葬身雪海，随时可能遭受山石塌方的侵袭，或者泥石流的伤害。至于经历严寒暑热，那更是平常事。

　　总有一个问题要问，人的生存价值到底是什么，可能就像一样的风景，各人的理解不一样，骑行人竞相前往拉萨，可见拉萨的大美，是能够让人如此拼搏的大美。

爱的风景

拉萨的风景，很多场合是爱的风景，区外的许多青年男女，相约到拉萨，践行爱的誓言，让拉萨见证他们的爱情，让蓝天白云衬托他们的爱情，让神佛赐福他们的爱情。或者是因为对爱要有更坚强的保证，近年来，青年男女逛寺院的越来越多，在佛面前许愿的越来越多。通常此时，佛只是安详地看着他们，仿佛他们前世、今生的爱情佛全都知道，只是不说破，倒是饶有兴趣地看着这些男女在做爱情的小游戏。

少男少女本身也成了青藏高原一道亮丽的风景，无论是区内区外，藏族、汉族等各个民族的。歌德说过，哪个少女不善怀春，哪个少男不善钟情。在青藏高原的恋爱更给少女增添娇羞，更给少男增添英俊。其结果是，恋人的美丽更美丽了高原，恋人的英俊更英俊了高原。

从地质上看，青藏高原本来是一片年轻的大陆；从情感上看，正是因为来自区内外、海内外的年轻人，特别是恋爱中的少男少女，青藏高原更年轻了，更有青春活力了。大街小巷时时洋溢着青春的气息，无处不跃动着青春的弹性。拉萨真像一个小伙子，或者一个小姑娘。

年轻人是这个世界的中坚，引领一个时代的风骚，是任何国度的典型代表。年轻人所到之处一定是这个世界上最动人之处，年轻人所游之地一定是这个世界上最精彩的地方。同时，年轻人的聚集，本身就是美丽风景的扎堆儿。大美的拉萨，被我们这个时代的年轻人选中。拉萨不仅自身是精彩的，更因为年轻人更加精彩。

拉萨应邀作为许多年轻人爱的见证，拉萨的风景也匹配了人一生最亮丽的爱的风景，人生的最爱可能就这么一次，许多人把最爱寄予了这片高原，拉萨的风景也因此成了爱的风景，让人一辈子刻骨铭心的风景，也是不知多少人梦寐以求的风景。

年轻的朋友们，要爱就到拉萨爱吧，拉萨等着你。

尊重之美

拉萨的大美，在于心的大美，如果你和拉萨人交上朋友，你就会和拉萨交上朋友。也只有和拉萨人交上朋友，你才算真正和拉萨交上朋友。如果你只把自己当作走马观花的游人，当作外人，你就不能真正深入拉萨的内心，发现它的心灵美，从而难得其大美，尤其是如果你不尊重拉萨，不尊重拉萨人，拉萨的大美绝不会给你。

不尊重可能有意也可能无意，可能有心也可能无心，但终归是缺乏某种素养，忽略了某种情怀。最典型的是有些游客举着相机乱拍，不分场合，不顾他人的感受，没有征得他人的允许，无视相关规定，不管他人隐私，自私自利。自己拍得倒是快活了，但人家很可能因此受到伤害。拍照是游人的权利，但绝不是无限制的权利。不约束自己拍照片的冲动，不检点不文明的拍照行为，拍照很可能会遇到极大的不方便。许多地方和人已经开始拒绝拍照，这就是因为不尊重而导致拉萨大美的错失。

　　以往许多游客有不少不文明行为。比如八廓街附近有一处花园，围栏内围了一些名贵的花草，并置一水塘，养了许多可爱的鱼，为了保护这些娇贵的生命，主人特地写上：禁止入内，爱护一草一木。但一些游客仍不自觉，无视主人的劝阻，闯了进去，只图一时快活，自顾自拍照。后来这个有名的花园就被迫关闭了。

　　一些游客先前不文明的行为，导致了拉萨人和外地游客之间的心理隔阂。后来的游客即便有修养、想友好，也得不到应有的回应和回报。比如，许多唐卡店以往对游人是友善的，但因为发生过一些不愉快，现在唐卡店对游客的拍摄行为一律喊"不"。当前游客走进任何一家唐卡店，买唐卡可以，如提出拍照，老板和伙计都会冷冷地拒绝。不要责怪他们的冷淡，他们是被一些不文明的行为惹得不高兴了。

　　人贵相知，游客和拉萨人也好，游客和拉萨也好，只有相知，才可以开启心灵的大门，心灵之花才可以美丽绽放。拉萨的大美，只有在打开心灵的大门后，才可以完美呈现。而要打开这扇大门，和拉萨人民心连心，和拉萨人交朋友就很重要，游客虽然是在拉萨短期停留，但即便是三两天，也要对拉萨人、对拉萨真诚。

大美的感受策略

美在于再创造，如果在拉萨，有一天你觉得该看的都看完了，再看就是重复了，该打道回府了，那一定不是拉萨真的被看完了，大美的拉萨是看不完的。之所以你觉得已经到了尽头，很可能与那一天，你身心疲惫有关系。人疲惫了，机体的活力就会减弱，包括头脑和心跳。

应该说，不是拉萨的风景你已看完，拉萨的大美你已经领略尽，而是你的审美接受能力暂时归零。这时候无论有再多再亮丽的风景，你都会认为它不是风景，风景于你而言只是一堆废物。与其说风景已尽，不如说你体能已尽，才情已尽，最大的问题是你自己，而不是风景。

应该说此时此地最好的方法是暗示，告诉自己只是身体疲倦了，智力衰竭了，感情压抑了。此时最好暂时放弃紧张的游览节奏，小居几日，休息休息，以待身体机能和活力的恢复。同时告诫自己，审美的基础是强健的体魄、寻常的心以及不受约束的智慧，尤其心力应是旺盛的。

许多人游历青藏高原，节奏过于紧张，对高原旅游也没有树立起正确的观念，来一次就想吃下整个拉萨、全部西藏，于是每天马不停蹄地到处跑，还要顶着高原反应的不适和压力。这样的旅游日程安排很快会让人身心疲惫，以致身体不安，心智不稳，旅游因此就会失去应有的创造力和乐趣。

这些人来拉萨本来能够获得一个更加大美的拉萨，就因为打疲劳战，操之过急，盲目冒进，以致对拉萨只能浅尝辄止。善于游览的人首先关注基本方面，比如身体健康轻松，心智活跃保持创造力。有了这个基本方面，一般平常的风景也能看出美来，更何况这大美的拉萨，其美应该是取之不尽、享之不完的。

需要谨记，拉萨是看不完、走不完、装不完的，重要的是，要保持好一个好身体、好心情、好头脑。

青藏高原的理想

游历青藏高原，是很多人的梦想。从高原上飞下来那么多美丽的歌声，这些歌声响遍了祖国的大江南北，从歌声中认识西藏，从歌声的雄浑中感知西藏，从富于穿透力的嗓音中沉迷于西藏。借着电视里的歌声，看到了青藏高原的蓝天白云，还有那雄伟的布达拉宫。西藏是另一个世界，与我们身边完全不同的一个世界，但隔着歌声，离着距离，还有那据说让人疼痛、付出代价的高原反应。西藏还有无数的传奇，数不完的神佛，绵延上万公里的美景，永远追逐不完的牛羊：藏羚羊、野牦牛……

关于青藏高原的理想，很多人难以实现。正如每个人年少的理想，长大后或者夭折，或者转向，比如职业，总难如少年时的愿，最后只能拿做一行爱一行安慰自己。许多人想了青藏高原不知多少回，但最后都总是把成行的计划放在等一下再说，等以后再定。等一会儿后接着的故事往往是少有成行的希望。很多夫妻想一起去，妻子等丈夫有假，丈夫有时间了但妻子又没时间了，还有的要等全家一起出发，还有的要等孩子考上大学，还有的要照顾老人，老人在不能远离。一个青藏高原去的艰难，可知当前中国人休假的难处，民生还有很多不容易。

青藏高原的理想，有志者事竟成。能够将到西藏的想法付诸实践，很多人都是付出了果敢的决心，做出了艰难的决定，甚至还有人辞去了工作，专门到西藏一游。内地职场时下有一个名词叫"裸辞"，专门指那些放弃包括工作在内的一切，去往类似西藏这样地方的人。很多人从此就做一个背包客，寄情名山大川。而作为神奇的西藏，有的人为欣赏大美风景而来，有的人为佛而来，有的人为修身养性而来，有的人为安居在这片世外桃源而来，有的就冲着神奇的藏药和温泉为医疗保健而来。

总之，来一趟西藏不容易，作为旅游，也需要有理想和决心。

附录：女白领裸辞出游感叹人生易老，被指向社会撒娇

裸辞出游，向社会撒娇？

"2011年9月，离开南京，花了276元，买了最廉价的火车票，全程40多个小时，抵达海拉尔。"

"2011年12月11日，旅行第86日，离开西藏，离开中国。"

"2012年1月，踏上印度的土地。一落地，第一件事就是调整手表，与中国有两个半小时时差。"

这些时间坐标，被定格在王泓人的旅行日记里。这位23岁的外企白领，单身，2011年辞去工作，带着3000多美元，跨越亚非两大洲的多个国家。近日，她将自己的经历写在《再不远行，就老了》一书中，引发了读者与网友的共鸣。

城市中，许多人的生活都日复一日上演着几乎同样的剧情，来自生活、工作的压力让他们的脑中经常会闪现一个念头：辞职去旅行。但是面对辛苦打拼得到的一切，这念头似乎只能让人"望梅止渴"。

王泓人的选择是"裸辞"。她说："人生，不是只有办公室；工作，不是只有写字楼；世界，不是只有北上广，然而青春和激情却在这三者之间消失殆尽，你真的能如此淡定吗？"

再不远行，就老了

王泓人原来在一家世界500强企业工作，过着与大多数都市年轻人相同的生活：早上坐公交车去公司，在办公室里从早到晚对着电脑，常加班到深夜，第二天又是前一天的拷贝。但她心里却藏着一个梦想：去看看外面的世界。

日子一天天过去，王泓人看着同事们结婚生子，突然意识到，自己"再不远行，就老了"。

终于，在某个周末夜晚，王泓人借着酒劲儿，跟父亲说出了自己的想法，父亲抿了一口酒，夹了一口菜，说："读万卷书，行万里路。趁年轻，出去游历吧。"

就这样，王泓人上路了，带着简单的行囊和一个要看世界的梦想。

与王泓人一样，原在大庆有一份稳定工作的华子，也因为自己的一个决定而彻底改变了生活。

华子自小跟着父亲在大庆长大，他的QQ签名档上写着："秃头、龅牙、矮胖、鸭嗓、小眼、没房、没车、没钱，这就是真实的我。"

工作按部就班，生活波澜不惊，华子以为自己一辈子也就这样了。28岁时，他仍觉得"迷茫，没激情，生活是一潭死水"，厌倦了现状的华子想换一种生活方式，于是，他辞掉工作，离开自己生活了20多年的城市，在唐山、合肥等地辗转3年。

刚度过自己30岁生日的云莉，不习惯同事间的钩心斗角，尽管薪水可观，但她还是选择了"裸辞"。没几天，她"一拍桌子"就离开了北京，去了自己一直向往的地方——新疆。她没有乘飞机，而是坐火车，她说："反正我有大把的时间，应该看看路上的风景。"

对这些能放下工作出游或在异地重新开始生活的同龄人，28岁的王伊羡慕不已，她对现在朝九晚五的生活很不满，每当看着朋友出游的照片，她总在想"如果用那些加班的时间出去看看世界，或许一切都会不一样"。但若真让她放弃现在的工作与生活方式，她又有所顾虑，她想得最多的就是：用双脚和双眼体验过世界后，自己在现实社会中的"价码"，是变高了还是降低了？

旅行是个技术活

辞了职的王泓人第一次上路，选择20天左右的短线旅行，去了内蒙古、大连、北京。然后她回家总结了经验教训，调整行装，再次启程。当时只想着去甘肃和新疆的她，之后却停不下脚步，继续从西藏到西伯利亚、印度、斯里兰卡、埃及、埃塞俄比亚……因为一个偶然的机会，王泓人开始一边打工一边赚取旅费，扛着摄像机帮人拍婚礼，机器一扛就是几个小时。交通开支能省就省，睡机场、睡火车站、拼车，对王泓人来说，旅行这件事，是个技术活。

在旅途中，王泓人吃了自己人生中"最硌碜的一顿饭"；参加过陌生人的婚礼；坐过最拥挤的火车，车厢里挤满了人，还有人悬在半空中；在飞机上遭遇"咸猪手"……尽管如此，王泓人仍在路上。

而让云莉最难忘的是新疆。她至今仍记得那个晚上，在一家旅社的木屋里，与当地的高山向导、旅行中遇到的朋友一起喝酒。席间，向导拿出吉他唱起了歌，一曲《白桦林》后，又是一首哈萨克族民歌，尽管听不懂歌词内容，云莉还是感动不已。

在交谈后，云莉才得知，这个皮肤黝黑，看起来并不起眼的向导，也有自己的故事：他毕业于北大，8年前，当时月薪8000元的他因为不喜欢北京的生活，"裸辞"来到新疆，成为高山向导，走遍新疆。目前，他月收入只有2000多元。上了山，常常要待半个月，无聊时，他们的消遣就是喝酒，在他看来，这才是自己想要的生活。

向导的故事感染了云莉，她明白，每个人都可能有"裸辞"的勇气，但也要"有技术"地完成梦想，那位年轻的向导就以工作的方式留在了自己喜欢的新疆。

云莉16岁时的梦想又被召唤回来：想要去流浪。"我的偶像是三毛，总有一天我要去流浪。或许我会在广西开一间客栈，行走不光要有姿态，还要有'技术'。"云莉很坚定。

2007年，为了证明自己的存在方式，"贪玩、爱上网、无法料理好生活"的小贝踏上了陌生的旅程，去过成都、大连后，小贝来到北京这个他很早就想去的地方。

"到了那里，我第一次感觉到迷茫，面对高额开支，我不知道是否能撑下去，一个人租着不到5平方米的地方，每天都不想回那个让人窒息的住处，如同监狱一样。"北京带给小贝很深的感触。他决定降低要求，重新开始。他将下一站选在上海，然后是广州。每到一个城市，小贝都会找一份新的工作，用这样的方式继续行走。

裸辞是逃避现实的极端方式

这些年轻人用不同的姿态走在路上，但最终他们都将面临一个选择：继续在路上，还是回到从前的生活中？

小贝在广州时，父亲突然脑出血，他连夜赶回去，在病床前陪父亲了整整一个月。在走遍中国的东线之后，小贝想回归故土。"做一个生活独立、孝敬父母的青年。"小贝觉得这一路的风景和经历，已经让他的内心完成了一次自我蜕变。

　　尽管王泓人热爱在路上的感觉，但她认为出去看世界，不一定要辞职，她说："这是一种相对极端的方式，未必适合每个人，应该选择适合自己且力所能及的方式。"

　　关于年轻人"裸辞"出游或在一个城市重新生活，北京大学中文系教授张颐武认为，"有一定的可取之处。当你和周围人的人际关系处理不好，事业发展进入瓶颈，很容易萌生这种想法。但冷静地看，远行是逃避，跟人交流的问题、环境的问题依然存在，并非到一个新环境就能适应一切，试图改变环境的同时，更要改变自己。"

　　张颐武还认为，"再不远行，就老了"的观点，是在"向社会撒娇"。

　　"远游未尝不可，但应该抱着'走是成长'的想法去远行。人生有很多选择，并不是留在本地就无作为、体验人生就非要到外地。年轻人要对社会和自身有客观清醒的认识，扎扎实实做好自己的事。"张颐武说。

　　结束4个多月的旅行，云莉回到北京，并找到新工作。她表示，在合适的时间还会选择"裸辞"，但目前，她希望继续工作。"30岁的我，明白自己该做什么，不能用旅行逃避现实，毕竟已不能像20多岁时抬脚就走，但我可以选择假期去旅行。"不过，流浪的梦想与她最喜欢的三毛，云莉从来忘记，但她的梦想不会"搭错车"。

　　王泓人对旅行结束后的生活至今尚无规划，但她在北京曾经看到的一幕，让她印象深刻：某日下班高峰，她去乘公交车，站台上，下班的年轻人排着一眼望不到队尾的长队，不时有刚下班的人加入排队的行列中。"站在队尾的人几时才能搭上回家的车？"王泓人绝望地想着，突然，那一刻，她无比怀念起在呼伦贝尔的日子。（文：张黎姣、刘瑜）

释放的感觉

在重庆看到的要么是钢筋水泥的楼房，要么是大山。无论是平视，还是抬头，所见的都是这些。如果想要见到重庆的天空，必须把脸朝上，成垂直状，如果戴着帽子，帽子肯定要掉下来。即便如此，所见的重庆的天空也是破碎的，是被高楼戳破，被大山划破的。重庆即使以前没有这么大的面积，也有大山做障。然后多了这么多高楼，也便是徒增了更多的山。重庆虽为城市，实际上是山，而且成了现代更大的山。在高处俯瞰整个城市，重庆的高楼鳞次栉比，如同黑压压的大小山错落。城市人叫市民，也可以叫作山民了。

从重庆来到拉萨，首先有一种被释放的感觉。长期被囚禁在大山里，被锁在高楼筑成的牢房里，一朝在拉萨得到了解放。这里的房屋不给人压力，就那么两三层，稍远一点距离目光就可以跃过去。拉萨河谷虽然仅给拉萨城一点点面积，但它的视觉距离却很宽广，周围的群山也并不高，而且平缓的河谷平地，让拉萨城可以容身，可以从容展开，而不必被挤到山脚下，压到山腰上，而重庆的城市建设就是这么一种艰辛。拉萨的城市并不大，甚至只是相当于重庆的一两个区的面积，但小得精致，小得恰到好处，重庆的几个区其实彼此之间的分割程度也比较大，很多人平时主要活动在一两个区。拉萨的小其实足够一个人的活动范围了，各类设施也应有尽有。

到拉萨的重庆人，有一种要超越的感觉，仿佛自己可以跃过城市，跳过群山，走向遥远的天外。所有的山都不高，它可能离你很远，但看起来又是那么近，世界上许多的著名大山都坐落在青藏高原，但在拉萨看大山，仿佛并不高，这就是拉萨的博大、青藏高原的厚实，真可谓不显山不露水。而天空在高高的青藏高原之上，仿佛也并不高，云彩总是低悬的，白雾总是与屋相接、与山腰相连。云雾可以把人托起，人似乎可以扶摇直上，这就是青藏高原给人的飘逸神奇。

拉萨真是与天最接近，与天相接的地方。

深陷拉萨的大美

拉萨的大美，如果你仅仅是看在眼里，那么看了以后，你就可以轻松离去，离开这青藏高原，不背上更大的心理负担，不带上更多的牵挂。但如果你看到心里去了，你就完了，你从此就难以离开高原，离开高原如同心被割掉。即便无奈硬要离开高原，也会魂牵梦萦，时时梦回高原，你这一辈子也就离不开高原了。如同爱上一个人，你此生就只好围着他转了。

拉萨的大美不仅在于其博大，更在于其独特，与众不同，你在世界其他地方所找不到的大美。在其他地方既然找不到，当你识得这种大美，深陷这种大美，留恋这种大美，离不开这种大美，你就只好在高原寻了，从此你也就离不开高原了。

改革开放以来，不知多少藏族年轻人曾经离开过家乡，大多数是求学或者留学，少数是因为其他，如工作、旅游，但很少有藏族群众不回青藏高原，哪怕远涉重洋，大洋彼岸条件再优厚，哪怕内地再繁华，有再好的工作机会和生活条件，他们也要回来。因为那些地方不是高原，从小伴随的那些蓝天白云，那些山，那些气氛，西藏以外的其他地方都没有，只有回到青藏高原才能找到，而要找到这些东西，就只有回高原，高原几乎是他们的全部。

而又有多少其他地方的人，来到拉萨，认识高原，有感高原，深陷高原，再也离不开高原。有不少旅游者来到高原后，才做出决定，要"裸辞"掉工作，还要放弃其他一切，从此心甘情愿留守高原。许多这样的女孩子在高原上找了男朋友，在高原上把自己嫁掉，把自己献给高原。还有不少商业精英，来一趟拉萨，发现了商机，从此会找各种途径来拉萨做生意，赚不赚钱在其次，关键在于享受高原的风光和文化，还有虔诚和善良。在八廓街一带不知有多少来自区外群众开设的商铺。拉萨是他们很多人的第二故乡，自从他们来到拉萨，就再也离不开拉萨，从此也就把自己交给了拉萨。

附录：西藏的内地创业梦：
四位普通女孩的"菜鸟"照和西藏梦

国庆假期还没到，四位普通女孩张晓冉、王肖庆、高红艳、赵晓禅就相约着从河北、陕西来到了西藏。原本打算在西藏游玩10天的4个姑娘，只在拉萨待了3天，在大学期间是同班同学的她们就下定决心辞去公职，留在西藏，并且调整好没有工作压力的心情，在拉萨狂吃、狂买、狂拍照。现在她们就只等国庆长假结束后，回去递交辞职报告，然后再相约重返西藏。

"我们虽然是四个普通人，拍照都是菜鸟级别的，甚至来西藏之前连个旅游攻略都没有做过，但这并不妨碍我们一到西藏就爱上这里并且决定留下来的。"

四个年轻的女孩大学毕业两年多，工作也已经稳定下来，是什么样的想法让他们同时打好辞职报告，决定留在西藏发展？女孩子们给出的答案只有一个——热爱。

"普通人的梦想也很伟大，菜鸟的摄影水平也并不丢人。"四个女孩在拉萨游玩了3天后，已经下到林芝，沿途看到所有的景色都被她们装进了自己的照相机里。欣赏自己拍的照片和与其他游客交流旅游心得给她们的旅途带来了很多快乐。

梦想到底是什么？女孩子们给出了一个这样的答案：到西藏、留下来、恋爱、简单生活。（中国西藏新闻网）

因熟悉而接受

拉萨的大美，有时又在一种熟悉和习惯，许多拉萨年轻人到祖国内地念过小学、初中、高中或者大学，大多数人都说区外也不错，但绝大多数拉萨年轻人会选择回西藏，这与许多区外来藏的公职人员总是想着要调离西藏形成鲜明对照。要是拉萨不好，藏族年轻人不会抢着回来；拉萨要是好，为何区外来的大学生刚来就马上要想着回去。所以一个地方的美实在是与熟悉和习惯有关系。

其实西藏的大美不仅拉萨人留恋，许多区外来的人也留恋，虽然需要克服诸多困难，但很多人还是选择了留在西藏，尤其是一些体制外的企业主，还有各行业的一些员工，尤其以四川人和重庆人居多，许多人来西藏会经商，最典型的是开饭店，一干就是一辈子，其实作为自由职业者，他们大可以选择其他地方，不必像公职人员那样有工作调动之难、之苦、之烦、之累。

但许多人还是在有选择的情况下，长期选择留在拉萨，接受拉萨的大美。可见拉萨真的有大美，除了风景，也必定还有一些美处。人对风景日久易生审美疲劳，一定有其他的一些所谓具有"长效机制"的美。这些美让区外人愿意长期待在西藏。比如生意好做、社会稳定，还有人情味足、市场秩序好，或者干脆就是熟悉了、习惯了。拉萨的美给人带来了长待于此的惯性，从此不再做地区职业转换。

曾经问过很多在拉萨开小店的老板，包括饭店、理发店、茶馆、浴室、商店和旅行社等，他们大都来藏有很长历史，从打工到当老板，多则几十年，几乎与改革开放同步；少则三五年。再问他们怎么来的，有亲戚带的，老乡介绍的，还有自己闻风赶过来的，少部分人是到这里旅游后再在这里找到发展机会的。又问他们是否愿意长期待下去，基本上都持肯定态度，对这里熟悉了，习惯了，也就不畏惧高原了。当然更多是拉萨的好处、美处留住了他们。

　　我又咨询过许多单位的人事或者人力资源部门，新毕业的区外大学生来藏，头五年是变动频繁期，五年之内要走的就走了，不走的基本上留下的概率很高，毕竟对拉萨的大美有一个认识的过程，有些人一来就对高原的工作和生活条件难以接受。对拉萨的大美虽然不拒绝，对拉萨的诸多好处不是不知道，但以高寒缺氧一票否决拉萨。很多人随着时间的推移，更多熟悉拉萨，更多习惯拉萨，从此就留下来了，不愿意走了。拉萨的大美就在这些人的心目中，牢牢地扎根了。

距离之美

拉萨有一个可爱之处是，对区外人而言，拉萨已经是一个很远的地方，重重关山，天堑高原，既然已经很远，故乡难回，就不再多去想内地了。在区外工作的人一个月可能回老家几次。像广东这样的地方，虽然相距东北遥远，但东北打工者一年起码要回去一次。而如果是在西藏，特别是基础设施落后的以往，一年、两年甚至几年，都可能回去不了一次。

既然故乡很远，不容多想，就把西藏当作自己的第二故乡吧。距离远反而有助于许多人扎根西藏、依托西藏。因为距离远，与老家疏于联系，也没条件多打交道，慢慢地人情世故也就疏离了。朋友的圈子主要在西藏，社会交往就在这片高原上。社会关系决定人的存在，从此人也就不知不觉依赖高原，生活在高原了。

拉萨的远，可以说是困住了许多人，也可以说是创造了很多人，把他们由区外人改造成西藏人。因为远，故乡已经淡去，远亲不如近邻是高原社会关系的贴切写照。不仅这一代，更是下一代，很多藏二代、三代回父母和长辈老家原籍的次数越来越少，新一代的故乡概念也就越来越淡薄了，西藏的故乡概念也就更加深厚了。拉萨之大美，因距离而更加成立了。

拉萨独特美的形成也更多是因为距离。由于路途遥远，加之气候环境恶劣，交通条件落后，路途就显得更加漫长了。长期以来，西藏与其他地区往来交通少于其他边疆少数民族地区，因此在文化发展过程中，很多时候自身创造的成分多，外来交流的成分相对少，长此以往就形成了独特的高原文化。因而高原文化的大美，也与距离有关。

同时，也正因为高原，西藏的自然环境也不同于其他地区，因而具备不少独特的高原自然奇观，西藏也就因此成为海内外人士观光览胜的好去处。拉萨自然风光之大美，独具的景观之新、奇、生气勃勃，与距离形成的差别也有直接联系。

　　距离使很多游人钟情于西藏，专心于西藏，西藏的大美也由此更被他们熟知，应该说光到拉萨旅游一两次，加起来十天半个月的工夫，不足以使人了解拉萨的大美。想要获取拉萨的大美，需要向长期待在西藏的人学习。西藏的大美，也因为这些人而更美。

回味之美

　　区外来的游客，到了拉萨总会有要离开的一天，面对蓝天白云这样的大美，实在难以割舍，于是只好拼命地拍照，把照相机都拍得发烫，甚至达到了工作极限，原来照相机也有累的时候、疲倦的时候。也只有在高原，照相机的主人才可能达到这样的疯狂程度；也只有在拉萨，照相机才尝到了工作到极限的滋味。许多游客几乎不肯放过自己见到的每一个有意义的镜头。西藏路途遥远，来一趟的成本很高，很多人都把来拉萨看作自己难得的一次人生之旅，倍加珍惜，生怕错过。

　　回去后，拉萨也就成了摆在案头的记忆，时时可以打开它、回味它。同时，记忆也修正了一切的不适和艰辛，去一趟拉萨，经时间一沉淀，经记忆一过滤，剩下的就只有美好了。拉萨的美从此也就挂在他们的嘴边了，这种美甚至成了向他人展示的材料、个人炫耀的资本、人生难得的自豪。毕竟迄今为

止，全中国乃至全世界只有少数人到过西藏，更别说外国人了。拉萨是许多人的梦想，大只是少数人的现实，所以这些少数人有资格显摆在别人的梦中。

回到家，工作的城市，平时打拼的地方，一切可能又复归常态，开始一日复一日的朝九晚五，或者日日不得安闲，去一趟拉萨，也成为人生难得的一次放假、休闲、放纵自己。只是感慨拉萨没有让自己白跑一趟，白去一次，此行足慰人生。现代人工作繁忙，生活艰辛，要出去走一走，就应该挑一个好点的地方，让自己辛辛苦苦挣来的钱不白费，让自己好不容易挤出来的时间不随便浪费。要问中国最应该去的是哪些地方，拉萨肯定是其中之一，且不说最值得去。

不少旅游景点的名大于其实，名实难归。但凡有一点可取之处，也叫不虚此行，但每每听到游客们希望而去，失望而归，或者所谓的美好风景，却让人波澜不惊。但到了拉萨，可能就相反，可能实在于其名，喜出望外，旅途的效果超出预期，希望而来，满意而去，久久不忘，很多人来了一次，还想来第二次，第三次。西藏太大，占中国国土的八分之一，光凭一次短暂的旅行，难以搞定她。

后 记

《国内游客心目中的大美拉萨》一书的写作，是从区外文化的角度，从游人的视野，对拉萨大美的新探索、新发现，对揭示西藏文化、丰富拉萨文化内涵具有重要意义。

全书以充满感性、富于人文气息的通俗语言完成，雅俗共赏。

写作的过程较为艰辛，需要访谈大量来过西藏的区外人士，其中既包括朋友、同事、亲戚，更包括大量的陌生游客。当然，同时也充满乐趣，一定程度上而言，作者正是因为热爱拉萨，所以才充满激情地歌颂她。

本书的完成首先要感谢我们伟大的祖国，正是因为在母亲的怀抱，拉萨才更美好。其次要感谢拉萨人民，是他们数千年来创造了灿烂的文化。再次要感谢接受访谈、贡献文化智慧的区外人士，他们同时也把自己的爱和欣赏给了拉萨。当然也要感谢拉萨市政府、西藏社会科学院，是这两家单位统筹了这一造福拉萨人民、促进文化繁荣、经济发展的课题。此外，还不得不感谢，而且不能忘记的一个人是，西藏社科院不幸病故的副院长仲布研究员，最初是他全面组织了这个系列课题。还有相关的领导，他们一直在精心跟踪这个课题，工作细致，为课题完成做出了贡献。当然，也要感谢中国社会科学院及数量经济与技术经济研究所的领导和同志们，他们为我在西藏的工作提供了机会。

另外，还有我的父母、家人，我需要尽情感谢他们，是他们支持我在西藏工作。需要感谢的人还有很多，在此不一一细说。

写作已经完成，作者充满了对这片土地、这里的人民的感恩。

都成

2016 年 4 月 11 日